本书是国家社会科学基金重点项目
"中国社会主义革命和建设时期经济发展道路研究"
（项目批准号：22AZD007）成果

谱写发展奇迹

新中国重大经济成就精讲

贺耀敏 著

全国百佳图书出版单位
时代出版传媒股份有限公司
安徽人民出版社

图书在版编目(ＣＩＰ)数据

谱写发展奇迹:新中国重大经济成就精讲/贺耀敏著.—合肥:安徽人民出版社,2022.11

ISBN 978－7－212－11479－4

Ⅰ.①谱… Ⅱ.①贺… Ⅲ.①中国经济—经济发展—成就 Ⅳ.①F124

中国版本图书馆 CIP 数据核字(2022)第 099960 号

谱写发展奇迹:新中国重大经济成就精讲
PUXIE FAZHAN QIJI:XINZHONGGUO ZHONGDA JINGJI CHENGJIU JINGJIANG

贺耀敏　著

出 版 人:杨迎会	策　　划:何军民　王大丽
责任编辑:王大丽　李　芳　王　琦	责任校对:张　春　方贵京
责任印制:董　亮	装帧设计:观止堂_未　氓

出版发行:安徽人民出版社 http://www.ahpeople.com
地　　址:合肥市政务文化新区翡翠路 1118 号出版传媒广场八楼
邮　　编:230071
电　　话:0551-63533258　0551-63533259(传真)
印　　制:安徽新华印刷股份有限公司

开本:710mm×1010mm　1/16　　印张:16.75　　字数:230 千
版次:2022 年 11 月第 1 版　2023 年 4 月第 3 次印刷

ISBN 978－7－212－11479－4　　定价:68.00 元

版权所有,侵权必究

目 录

引 言 ……………………………………………………………… 1
一、从新民主主义到社会主义 …………………………………… 1
  新民主主义不是终点 …………………………………………… 1
    新民主主义是近代中国的根本出路 ………………………… 2
    东北解放区的经济实践 ……………………………………… 4
    建立新中国的经济纲领 ……………………………………… 7
  思考向社会主义过渡 …………………………………………… 10
    收拾旧河山,建设新世界 …………………………………… 10
    毛泽东思考如何过渡 ………………………………………… 15
  建立社会主义经济制度 ………………………………………… 18
    对农业的社会主义改造 ……………………………………… 19
    对个体手工业的社会主义改造 ……………………………… 21
    对资本主义工商业的社会主义改造 ………………………… 22
    社会主义经济制度的建立 …………………………………… 24

二、开展有计划的经济建设 ……………………………………… 26
  迅速开始有计划的经济建设 …………………………………… 27
    苏联的经验:工业化压倒一切 ……………………………… 27
    集中力量办大事的紧迫性 …………………………………… 31
    中国的计划经济体制 ………………………………………… 34

大力推进国家工业化建设 ······ 37
以重工业为中心的国家工业化 ······ 37
以"一五"计划为例 ······ 38

架起国家工业化的脊梁 ······ 42
"156项工程"建设 ······ 42
"一五"计划建设的宝贵经验 ······ 45

三、独立自主、自力更生之路 ······ 48

中国建设只能走自己的道路 ······ 49
探索中国自己的建设道路 ······ 49
《论十大关系》讲话的发表 ······ 51
中共八大的重大决策 ······ 53

中国人民艰苦奋斗的缩影 ······ 56
鼓舞人心的"四个现代化" ······ 57
"鞍钢宪法" ······ 59
大庆精神 ······ 61

工人阶级群英谱 ······ 64
"高炉卫士"孟泰和"青年榜样"王崇伦 ······ 65
"铁人"王进喜 ······ 67

四、三线建设与西部发展 ······ 72

三线建设是一项重大战略部署 ······ 73
毛泽东的战略思考：以备战遏制战争 ······ 73
加快三线建设的战略决策 ······ 76

三线建设规模和重点项目 ······ 79
三线建设史无前例、规模宏大 ······ 79
攀枝花钢铁工业基地 ······ 83

建设并形成中国战略后方 ………………………………… 85
　奠定西部发展的物质基础 …………………………………… 88
　　新中国没有忘记西部发展 ………………………………… 88
　　建设并初步形成西南交通网络 …………………………… 90
　　建成一批现代工业生产基地 ……………………………… 92
　　三线建设效应的两面性 …………………………………… 93

五、从计划经济走向市场经济 …………………………… 95

　改革开放对市场经济的探索 ………………………………… 95
　　计划经济体制成为改革对象 ……………………………… 96
　　《中共中央关于经济体制改革的决定》 …………………… 98

　市场经济不是"洪水猛兽" …………………………………… 101
　　社会主义也可以搞市场经济 ……………………………… 102
　　邓小平南方谈话 …………………………………………… 105

　社会主义市场经济高歌猛进 ………………………………… 108
　　确定中国经济体制改革的目标 …………………………… 109
　　社会主义市场经济体制建设的第一个里程碑 …………… 112
　　社会主义市场经济体制建设的第二个里程碑 …………… 114
　　社会主义市场经济体制建设的第三个里程碑 …………… 117

六、走向更加开放的中国 ………………………………… 120

　中国的发展离不开世界 ……………………………………… 120
　　对外开放是关键的一招 …………………………………… 121
　　对外开放第一大突破：试办经济特区 …………………… 122

　构建全方位对外开放格局 …………………………………… 126
　　对外开放第二大突破：浦东开发开放 …………………… 126
　　对外开放第三大突破：加入世界贸易组织 ……………… 129

推进更高水平的对外开放 ········ 134
对外开放第四大突破:建设自由贸易试验区 ········ 134
对外开放第五大突破:建设贸易强国 ········ 139

七、"一带一路"建设蓝图 ········ 143
全球发展的中国方案 ········ 143
"一带一路"不是"新殖民主义" ········ 144
美国主导的世界经济体系"富了谁" ········ 148
分享中国发展"红利" ········ 151
"一带一路"催生新世界经济秩序 ········ 152
三次"一带一路"座谈会 ········ 155
造福沿线各国人民 ········ 158
基础设施建设和投资 ········ 159
彰显中国负责任的大国形象 ········ 162

八、全面建成小康社会 ········ 166
建设小康社会理想目标 ········ 166
邓小平的小康理想 ········ 166
全面建设小康社会 ········ 169
从全面建设到全面建成 ········ 173
全面建成小康社会目标 ········ 174
全面建成小康社会难点 ········ 177
打赢脱贫攻坚战 ········ 180
世界减贫与发展的成功案例 ········ 181
中国彻底解决绝对贫困 ········ 183
中国特色减贫道路和反贫困理论 ········ 186

九、"三新"与高质量发展 ... 189

快速发展的现代化经济 ... 189
产业结构不断优化 ... 190
新兴产业和现代服务业蓬勃发展 ... 191
从"制造大国"到"制造强国" ... 193
先进制造业成就卓著 ... 197

我国经济发展进入新常态 ... 199
准确理解经济发展新常态 ... 200
推动高质量发展 ... 202

"三新"与创新驱动发展 ... 207
新发展阶段、新发展理念、新发展格局 ... 207
中国为世界发展树立了榜样 ... 213

十、促进全球发展的中国方案 ... 218

人类命运共同体 ... 218
人类命运共同体理念的提出 ... 219
人类命运共同体的思想渊源 ... 222

推动全球治理和全球发展 ... 229
引领全球治理体系改革 ... 229
倡导全球发展的有效方案 ... 233

全球发展体现国际共同呼声 ... 236
全球发展正在成为国际共识 ... 236
中国面对疫情的国际担当 ... 237

结　语 ... 242

主要参考文献 ... 245

后　记 ... 252

引 言

中华人民共和国的成立,是第二次世界大战后对世界影响最大的事件。中华人民共和国经济的快速发展和迅速崛起,改变了 20 世纪后半叶以来,特别是 21 世纪以来世界的格局,是现当代世界历史上最重大的事件。中国人民在中国共产党的领导下创造了举世瞩目的经济发展奇迹,从一穷二白的半殖民地半封建社会经济走向了欣欣向荣的社会主义现代化经济。习近平指出:建立中国共产党、成立中华人民共和国、推进改革开放和中国特色社会主义事业,是五四运动以来我国发生的三大历史性事件,是近代以来实现中华民族伟大复兴的三大里程碑。经过 70 多年的社会主义建设,中国经济已经为实现第二个百年奋斗目标积累了雄厚的物质基础和丰富的历史经验。

在中国共产党的领导下,70 多年来新中国取得的重大经济成就不胜枚举:

中国成功选择并实行了社会主义制度,探索并形成了中国特色社会主义发展道路。在中国建立社会主义制度本身就是一件极具挑战的伟大事件,在此之前还没有一个社会主义国家是建立在像中国这样贫穷薄弱的基础之上的。在中国共产党和毛泽东等第一代共产党人的带领下,中国人民大力推进社会主义经济制度的建立和国家工业化建设,通过自力更生、艰苦奋斗,终于建设起了一个比较完整的现代工业体系和国民经济体系。改革开放和现代化建设给社会主义中国的经济插上了腾飞的翅膀,中国共产党和以邓小平等为代表的共产党人在这一时期创立了中国特色社会主义,焕发了中国人民建设中国特色社会主义的空前热情与活力,中国社会经济呈现了前所未有的快速发展,人民生活发生了巨大改变,中国的国际地位空前提高。进入中国特色社会主义新时代以来,中国共产党确立了习近平新时代中国特色社会主义思想为我国新时代社会主义建设的指导思想,为新时代中国特色社会主义制度和道路开辟了广阔空间。与此同时,全面深化改革推动着中国经济向着更高阶段迈进,供给侧结构性改革推动着中国经济转型升级的全面展开,正在形成的对内对外开放塑造着中国新的战略格局,新的"两步走"战略规划了到21世纪中叶全面实现现代化和中华民族伟大复兴的发展路径。中国特色社会主义制度和道路日益显示出勃勃生机。

中国经济发展成果展现了现代化建设的辉煌业绩。走向国家独立、民族解放、人民幸福是第二次世界大战以后世界上许多国家追求的梦想,因为只有在这样的基础上才能实现国家经济现代化。1949年,在中国共产党的领导下中国人民终于实现了这一目标,这使处于半殖民地半封建社会的旧中国从此进入社会主义建设的新中国,从而为现代化经济的快速发展创造了条件。新中国现代经济的起点是什么样子?毛泽东1954年6月在最高国务会议上谈到我们不能骄傲时说:"现在我们能造什么?能造桌子椅子,能造茶碗茶壶,能种粮食,还能磨成面粉,还能造纸,但是,一辆汽车、一架飞机、一辆坦克、一辆拖拉机都不能造。"[①]实现国家经济现代化是党和政府的重要奋斗目标,其间既有顺利发展时期的成绩和快乐,又有曲折发展时期的困难和反思。70多年来特别是改革开放40多年来,中国经济建设和发展走过了极其不寻常的历程,经济体制改革和对外开放取得了举

---

① 《毛泽东文集》第六卷,人民出版社1999年版,第329页。

世瞩目的成就,中国发展道路的探索积累了宝贵的成功经验。2021年中国经济发展又交出了一份精彩的答卷:中国GDP总量达到17.7万亿美元,人均GDP达到1.2万美元,年末外汇储备余额32502亿美元;这一年美国GDP总量为22.9万亿美元,欧盟27国GDP总量为15.73万亿美元,中国GDP总量首次超过欧盟27国,达到美国GDP总量的77.29%,中国社会生产力和综合国力迈上了新的台阶。

中国社会主义经济的发展速度谱写了人类社会的"发展奇迹"。一百年前,中国共产党的成立改写了中国现代经济的发展轨迹,中国从一个人口众多、一穷二白、科技文化水平落后的国家,一跃成为当今世界经济发展最快、最有增长活力、最具国际影响力的第二大经济体,中国的崛起谱写了世界经济发展史上的奇迹。中国共产党的几代领导人都对中国经济快速发展表达了强烈的愿望。毛泽东在1955年10月29日的一次会议上说:"我们的目标是要赶上美国,并且要超过美国。美国只有一亿多人口,我国有六亿多人口,我们应该赶上美国。""不是说赶上美国不要一百年吗?这个看法我也赞成。究竟要几十年,看大家努力,至少是五十年吧,也许七十五年,七十五年就是十五个五年计划。哪一天赶上美国,超过美国,我们才吐一口气。""我们在整个世界上应该有这个职责。"[①]邓小平提出我国实现现代化的"三步走"战略目标:第一步,从1981年到1990年,国民生产总值翻一番,解决人民的温饱问题;第二步,从1991年到20世纪末,国民生产总值再翻一番,人民生活达到小康水平;第三步,到21世纪中叶,人均国民生产总值达到中等发达国家水平,人民生活比较富裕,基本实现现代化,然后在这个基础上继续前进。中国已经经历了十三个国民经济五年计划(规划)建设,其中记录了包括"156项工程"在内的国家工业化奠基工程建设,记录了"三线建设"和国防工业建设高潮,记录了经济特区、沿海开放城市到浦东开发、全面对外开放新格局,记录了西部大开发、振兴东北地区老工

---

① 《毛泽东文集》第六卷,人民出版社1999年版,第500页。

业基地、长江经济带高质量发展、粤港澳大湾区经济发展和京津冀协同发展，记录了北斗组网、神州飞天、中国高铁、港珠澳大桥等重大工程项目建设。

中国的经济结构和产业结构发生了前所未有的"深刻变化"。70多年前的中国还停留在以农业生产为主的发展阶段，尽管有一些手工业和传统工业，但是在国民经济中占比很低。70多年来，中国在这个起点上开展了大规模的工业化建设和国民经济体系建设，逐步发展成为一个以现代制造业为主、现代服务业蓬勃发展的大国，国民经济结构和产业结构空前改善。中国国民经济结构和产业结构的深刻变化，一方面表现为三大产业之间的比例关系调整，另一方面则表现为各个产业内部结构的调整。1949年中国的国民收入中，农业所占比重高达68.4%，工业仅为12.6%，处于传统农业发展状态的农业所占比重决定着中国国民经济的面貌。到1952年，第一、二、三产业的比例为50.5%、20.9%、28.6%，传统农业仍然占到一半以上。再经过26年的发展特别是国家工业化建设，到1978年三大产业的比重则为28.1%、48.2%、23.7%，中国国民经济结构和产业结构面貌初步改观。改革开放使中国国民经济结构和产业结构变化驶上了快车道，到2021年三大产业比重已经调整为7.3%、39.4%、53.3%，对经济增长的贡献率分别为6.7%、38.4%、54.9%。需要特别提出的是，2012年第三产业比重就已经达到45.5%，首次超过了第二产业而成为国民经济第一大产业。这一变化显示出在经济取得高速增长的同时，经济结构和产业结构在不断优化。目前，中国拥有联合国产业分类中全部工业门类，有200多种工业产品产量居世界第一，从2010年起制造业增加值稳居世界第一。

中国已经成为引领经济全球化势不可挡的重要力量。在新中国成立之初，中国试图与包括西方国家在内的世界各国发展经济贸易关系，但是严酷的事实是以美国为首的西方国家遏制、封锁、打压中国，力图摧毁刚刚诞生的人民政府。1950年的货物进出口总额仅为11.3亿美元。在20世纪50—70年代，中国整体进出口虽有增长，但是仍处于较低水平。1978年的货物进出口总额仅为206亿美元，居世界第29位，这与中国大国地位不相适应。中国经济是在各种封锁打压的夹缝中顽强成长起来的！改革开放以来，随着冷战格局打破，中国抓住了经济发展的战略机遇期。中国经济积极搭上了经济全球化的快车，对外开放程度不断深化，形成了全方位对外开放格局。特别是2001年中国加入WTO之后，中国参与经济全球化的进程飞速发展，极大地改变了中国经济的面貌和在世界经济中的地位。中国是经济全球化的受益者，也是最主要的支持者。伴随着中国开放型经济的迅速发展，中国对外经济关系也发生了重大变化。对外开放是中国改革开放和社会主义现代化建设新时期最重要的战略抉择之一。中国不会关上对外开放的大门，中国提出的共建"一带一路"倡议，就是要把中国的对外开放推向一个更高的阶段。有关数据也表明了中国的立场和行动，2012—2021年，中国货物进出口总额从24.4万亿元增至39.1万亿元，增量达14.7万亿元，中国从2017年以来连续5年保持世界货物贸易第一大国地位，2021年中国成为货物与服务贸易世界第一大国，中国在国际市场所占份额由10.4%增至13.5%。当前中国仍坚定支持多边贸易体制，积极推进贸易投资自由化、便利化。中国不会成为国际贸易秩序的破坏者，将全面发展多边经贸关系和区域经济合作，共建"一带一路"。但是，我们还必须看到："当今世界正经历百年未有之大变局。当前，新冠肺炎疫情全球大流行使这个大变局加速变化，保护主义、单边主义上升，世界经济低迷，全球产业链供应链因非经济因素而面临冲击，国际经济、科技、文化、安全、政治等格局都在发生深刻调整，世界进入动荡变革期。今后一个时期，我们将面对更多逆风逆水的外部环境，必须做好应对一系列新的风险挑战的准备。"[①]

中国人民政治生活实现了"彻底翻身"、生活水平实现了"历史性飞

[①] 习近平：《在经济社会领域专家座谈会上的讲话》，人民出版社2020年版，第2—3页。

跃"。在中国社会政治生活中,人民是崇高而又具体的。习近平不断强调指出:"人民对美好生活的向往,就是我们的奋斗目标。"70多年来,人民始终是中国共产党和人民政府心中最大的牵挂,全心全意为人民服务始终是中国经济发展的根本目标。从1949年新中国成立开始,中国共产党和人民政府就在全国范围内大规模地医治战争创伤,恢复正常生产和生活秩序。仅用了短短几年,彻底废除了封建土地所有制,全面实现了"耕者有其田"的伟大理想,使数亿贫苦农民翻身解放,拥有了自己的土地;彻底解决了10余年的恶性通货膨胀,积极安置了数百万人就业,并从全国范围解决了广大人民流离失所、困苦不堪的生活问题。70多年来中国城乡人民的物质和文化生活发生了巨大变化。其一,70多年来城乡居民人均收入快速增长。1949年城镇居民人均年收入不足100元,农村居民人均纯收入不足50元;1978年城镇居民人均可支配收入增加到343元,农村居民人均收入增加到134元;2021年城镇和农村居民的人均可支配收入分别增至47412元和18931元。这样的增长速度在同期世界其他国家是没有的。其二,中国城镇居民恩格尔系数显著下降,2021年中国城乡居民恩格尔系数为28.6%,比1978年降低35.3个百分点。居民支出中用于文化娱乐等消费增长迅速,中国基本建成全球最大的移动宽带网,网上支付、网上消费成为时尚。其三,文化教育状态彻底改观,总体水平跃居世界中上行列。新中国成立初期中国文盲率高达80%,1982年文盲率降至22.8%,2021年又降至2.67%左右。尤其是高等教育的发展速度举世瞩目,2021年在学人数4430万人,高等教育毛入学率已达到57.8%,高于中高收入国家平均水平。接受高等教育人口达2.4亿,新增劳动力平均接受教育年限达13.8年,劳动力素质结构发生重大变化。其四,中国城镇化水平显著提升,新中国成立之初城镇人口占总人口的比重仅为10.6%,1978年升至17.9%,2021年达到64.7%。中国已经开启全面建设社会主义现代化国家新征程,这是一个历史性的飞跃。在新的历史起点上,习近平指出,我国已进入高质量发展阶段,社会主要矛盾已经转化为人民日益增长的美好生活需要和不平衡不充分的发展之间的矛盾。党在现阶段的任务是,团结全国人民凝心聚力、努力奋斗,开创实现第二个百年奋斗目标的新局面。

中国共产党是领导中国现代化建设和实现中华民族伟大复兴的"核心力量"。中国特色社会主义已经进入新时代,这是今天中国的历史方位。正像习近平指出的:"中国特色社会主义进入新时代,意味着近代以来久经磨难的中华民族迎来了从站起来、富起来到强起来的伟大飞跃,迎来了实现中华民族伟大复兴的光明前景;意味着科学社会主义在二十一世纪的中国焕发出强大生机活力,在世界上高高举起了中国特色社会主义伟大旗帜;意味着中国特色社会主义道路、理论、制度、文化不断发展,拓展了发展中国家走向现代化的途径,给世界上那些既希望加快发展又希望保持自身独立性的国家和民族提供了全新选择,为解决人类问题贡献了中国智慧和中国方案。"[1]在成功实现了第一个百年奋斗目标之后,还要乘势而上开启全面建设社会主义现代化国家新征程,向第二个奋斗目标进军。对于实现第二个百年奋斗目标,中国共产党已经确立分两个阶段来进军:"第一个阶段,从二〇二〇年到二〇三五年,在全面建成小康社会的基础上,再奋斗十五年,基本实现社会主义现代化。""第二个阶段,从二〇三五年到本世纪中叶,在基本实现现代化的基础上,再奋斗十五年,把我国建成富强民主文明和谐美丽的社会主义现代化强国。"[2]在这个奋斗进程中,中国共产党始终是中国现代化事业的领导核心。这是因为中国共产党始终坚持全心全意为人民服务的宗旨,始终坚持人民至上的理念。正像习近平在谈中国抗击疫情的经验时指出的那样:"抗疫斗争伟大实践再次证明,中国共产党所具有的无比坚强的领导力,是风雨来袭时中国人民最可靠的主心骨。中国共产党来自人民、植根人民,始终坚持一切为了人民、一切依靠人民,得到

---

[1] 《习近平谈治国理政》第三卷,外文出版社2020年版,第8—9页。
[2] 《习近平谈治国理政》第三卷,外文出版社2020年版,第22、23页。

了最广大人民衷心拥护和坚定支持,这是中国共产党领导力和执政力的广大而深厚的基础。"①

正是因为如此,本书从中国经济发展中撷取了 10 件影响深远的重要成就,为广大读者深入阐释和分析,希望增强读者对新中国经济发展的更深理解。

---

① 《习近平谈治国理政》第四卷,外文出版社 2022 年版,第 101 页。

一、从新民主主义到社会主义

1949年10月1日中华人民共和国的成立,标志着中国共产党领导的新民主主义革命的彻底胜利和社会主义革命与建设的开始。在新民主主义革命取得彻底胜利之后,关于中国要往哪里去,在人们的思想中还是存在着许许多多的不同认识的。是坚持新民主主义革命、巩固新民主主义秩序,还是坚持继续革命、向着社会主义方向前进?中国共产党根据日益变化的国际国内形势,及时地作出了科学回答,那就是推进新民主主义向社会主义过渡。

新民主主义不是终点

中国共产党领导的新民主主义革命"实现民族独立、人民解放,彻底结束了旧中国半殖民地半封建社会的历史,彻底结束了极少数剥削者统治广大劳动人民的历史,彻底结束了旧中国一盘散沙的局面,彻底废除了列强强加给中国的不平等条约和帝国主义在中国的一切特权,实现了中国从几千年封建专制政治向人民民主的伟大飞跃,也极大改变了世界政治格局,鼓舞了全世界被压迫民族和被压迫人民争取解放的斗争"。"中国共产党和中国人民以英勇顽强的奋斗向世界庄严宣告,中国人民从此站起来了,中华民族任人宰割、饱受欺凌的时代一去不复返了,中国发展从此开启了新纪元。"①

新民主主义是近代中国的根本出路

解决近代以来中国的前途和命运问题,把中国从半殖民地半封建社会的泥潭中拉出来,实现中华民族伟大复兴的伟大理想,只有一条道路,那就是中国共产党领导中国人民进行新民主主义革命,进而开展社会主义革命和建设。尤其是中国共产党与国民党及其政权的对峙和分歧,决不仅仅是基于两党的恩恩怨怨的对峙,而是直接关系着中国未来前途与命运的对峙。毛泽东早在1945年就指出,国共两党对峙的实质:"是建立一个无产阶级领导的人民大众的新民主主义的国家呢,还是建立一个大地主大资产阶级专政的半殖民地半封建的国家?"②中国共产党和中国人民的奋斗目标,就是要"将中国建设成为一个独立、自由、民主、统一和富强的新国家"③。

中国共产党改变了中国近现代历史发展的方向和进程,即不需要经过资本主义发展阶段来开启走向社会主义的发展方向,不需要等待无产阶级发展壮大来走向社会主义前进进程。半殖民地半封建社会的特征决定了中国共产党能够与中国工人阶级斗争紧密地结合起来,能够与中国最广大农民群众的斗争紧密地结合起来,这两个"紧密结合"来自中国社会的这种半殖民地半封建性质。这就使得中国工人阶级斗争能够并且可以与中国广大农民阶级斗争融为一体,共同构成中国近代以来伟大的人民革命斗

---

① 《中共中央关于党的百年奋斗重大成就和历史经验的决议》,人民出版社2021年版,第8、9页。
② 《毛泽东选集》第四卷,人民出版社1991年版,第1130页。
③ 《毛泽东选集》第三卷,人民出版社1991年版,第1030页。

争和民族解放斗争。中国人民和中华民族的前途和命运也因为这一时代巨变而出现了新的发展变化。帝国主义的侵略战争和经济掠夺唤醒了中国,而新中国的建立极大改变了世界发展趋势和格局,在整个20世纪世界发展都因为中国的参与而发生了深刻的变化。

毛泽东深刻论述了在半殖民地半封建社会的中国走资本主义道路是行不通的。首先,帝国主义不允许。它们侵略中国的目的,是要把中国变成它们的殖民地和附属国,绝不是要把封建的中国变成资本主义国家。它们瓜分中国,断绝了中国发展资本主义和建立资产阶级共和国的道路。其次,中国资产阶级不能完成本阶级的历史使命。中国的大资产阶级,是依附于外国资本主义并为其服务的阶级,并同中国的封建势力有千丝万缕的联系,它们同帝国主义和封建势力结成反动联盟,始终是中国人民的敌人。中国的民族资产阶级,在政治上动摇,在经济上软弱。它们受帝国主义和封建主义的压迫,具有一定的反帝反封建的革命性,但又同帝国主义和封建势力有或多或少的联系。这就决定了它们不能完成反帝反封建的革命任务。辛亥革命虽然推翻了清王朝的统治,结束了中国2000多年的封建专制政体,但并没有实现建立资产阶级共和国的理想。辛亥革命后,中国私人资本主义经济仍然得不到发展。中国近代社会经济发展的客观规律决定了资产阶级民主革命的任务,历史地落到中国无产阶级及其政党中国共产党的肩上。[①]

新民主主义经济也是与半殖民地半封建经济相对峙的一种崭新的经济形态,它是由社会主义国营经济领导,包括合作经济、私人资本主义经济、个体经济和国家资本主义等多种经济成分的经济形态。新民主主义经济不可能像其他社会的新经济成分那样,可以从旧有的社会经济母体内孕育,即不可能在半殖民地半封建社会内部自发产生,而必须在通过新民主主义革命,先打碎旧的国家机器,建立新的革命政权的条件下产生。新民

---

① 参阅毛泽东《中国革命与中国共产党》《新民主主义论》《论人民民主专政》等著作。

主主义经济以新民主主义革命政权的建立为前提,而新民主主义政权又必须有新民主主义经济的存在和发展才能巩固。新民主主义革命的政权建立和新民主主义的经济建设都是新民主主义革命不可分割的重要内容。新民主主义革命决定了新民主主义经济,作为一种过渡性经济形态,前途不是资本主义,而是社会主义。由新民主主义经济过渡到社会主义经济是近代中国经济发展必然趋势。因而,发展近代中国经济的唯一的出路只能是新民主主义经济。

东北解放区的经济实践

东北解放区是我们党领导的人民解放战争的重要战场和首先取得胜利的广大地区,这里不仅成为我们党领导人民解放战争的重要军事战略后方和战略物资供应地,还成为我国开展大规模国民经济恢复的重要根据地和有计划的经济建设的重要试验场。

在解放战争时期,迎接中国革命的新高潮实际上就是在全中国争取新民主主义的全面胜利,在军事上战胜国民党及其武装力量,在政治上建立人民当家做主的新政权,在经济上实行土地改革并建立新民主主义经济。东北解放区处在中国革命的新高潮的最前沿,最有可能探索出一条实现新民主主义经济管理体制的发展道路。而事实上,东北解放区正是最早开始大规模进行新民主主义经济建设的解放区,也是中国共产党接管的全国经济比较发达地区和拓展以城市建设为中心的崭新工作局面的地区。

中共中央十分关注东北解放区的发展,决定"让东北工作先行一步"。1946年东北财政经济委员会成立后,成为东北党政军民统一的财经行政机构。随后又成立了东北银行、东北铁路管理总局、东北军区军工部、东北贸易总公司等机构。1948年11月沈阳解放以后,中共东北局在恢复被战争破坏了的经济的同时,狠抓有计划的经济建设,创造了许多经济恢复和经济建设的好经验、好做法,为新中国成立后全国稳定物价和统一财经工作做了试点和准备。对于长期从事武装斗争的中国共产党来说,在取得了东北解放区的军事胜利之后,更为艰巨的任务就是要在东北解放区探索建立一套符合新民主主义经济发展要求、迈向社会主义经济发展未来的经济管理体制和运行体制。

1949年初,东北局和东北行政委员会决定成立东北经济计划委员会及各级计划机关,负责制订1949年全东北国民经济建设的初步计划。与此同时,在东北一级工业、农业、军需、铁路、交通、商业、财政、银行等各部门中,均成立计划处或计划科,负责计划工作。1949年东北的计划以恢复工业,特别是重工业为核心,取得了突出的成效。这一年东北各类国营工业,除纺织、造纸工业外,均完成和超额完成了生产计划。其中生铁、平炉钢锭、电炉钢锭、电铜和原煤分别超额83.5%、28.4%、57%、25%和24%。[①]可以说,东北的计划经济建设是我党最早进行的计划经济建设,为全国解放之后大规模的计划经济建设准备了队伍和经验,而陈云是我党最早组织和领导计划经济建设的领导人。

中国革命重心由乡村到城市的转变是十分深刻的转变,充分认识这种转变的重大意义是在新的发展阶段领导中国革命的必要前提。早在1945年5月,陈云就在中共七大发言中专门讲了城市问题,他说将来进城时,要把农村家务保持好,还要保护好城市机器;同志们到了城里,千万别把机器搞坏了,没有机器,恢复经济会很困难。毛泽东在这次会议上讲:"比如现在经济建设才开始,将来还要搞大工业,陈云同志讲不要打烂机器,搞大工业我们相当生疏。为什么这次大会提出不要打烂机器这样一条呢?因为我们在这方面还没有知识。"[②]在东北解放战争中,陈云不断提醒我军将士要在战争中重视城市、保护城市,他多次强调:任何破坏群众纪律的行为都

---

① 朱建华等:《东北解放区财政经济史稿》,黑龙江人民出版社1987年版,第212—213页。
② 中共中央文献研究室编:《陈云年谱》上卷,中央文献出版社2000年版,第418页。

是等于在军事上打了败仗。① 在接收东北最大的城市沈阳时,陈云创造性地提出了"各按系统,自上而下,原封不动,先接后分"的一套较完整的保障顺利、和平接受城市的工作原则,发挥了重要的作用。

由于东北工业的特殊性,特别是在工业经济中公营比重比私营比重大,李富春还特别提出必须尽快恢复与发展公营工业和公营企业,使党真正能领导整个国民经济前进,"有步骤地使东北地区实现工业化,从而推进全国工业化的进程"。为此,他提出了在领导方法和工作方法上的"四个转变":一是强调集中统一,"我们的任务,是要管理一个统一的国家,建设一个统一的国家。要管理好和建设好一个统一的人民国家,就必须贯彻集中统一的原则,严格做到思想上、组织上、行动上的一致"。二是学会"弹钢琴","现在必须有重点地全面配合,像弹钢琴那样,十个指头轻重缓急协同动作,而不是一个指头弹"。"这就是说,党政军民要认真建立各级委员会,贯彻民主集中制的组织原则,依靠组织去推动工作,而不是依靠个人。工作要分工负责,做到计划性和准确性,并且要建立工作制度和工作秩序,严格遵守"。三是要求精雕细刻钻研业务,"我们要进行细致的工业建设工作,就不能满足于大概的估计和一般的领导,而需要钻研业务,需要准确的计划、具体的领导和细致的组织工作。当政策、计划确定之后,要保证它的实现,就要依靠严密地组织每一个执行过程,具体钻研执行当中的问题,提出解决问题的办法,并且还要及时总结经验,推进工作"。四是实行经济核算,"现在要转入大规模的经济建设,就必须实行经济核算。拿供给制度不打算盘的习惯去从事工业建设,就会不计算劳动力,不计算原材料消耗,不计算成本,结果浪费很大,国家财产损失严重。因此,一定要建立经济核算制和定额制"②。

在东北解放区的经济结构中,国营经济拥有绝对优势,这就决定了国

---

① 《陈云文选》第一卷,人民出版社1995年版,第311页。
② 《李富春选集》,中国计划出版社1992年版,第66—68页。

营经济在东北解放区新民主主义经济中的领导地位。陈云十分强调计划经济建设的必要性,1948年8月他指出:在工业中我们还缺乏计划性,这就使原料、机器、人员、产销等等,缺乏调剂和衔接,产生浪费和损失。时任东北局财经委副主任的李富春指出:"凡是关系国计民生的企业,如铁路、银行、大矿山、大工业,以及地方与私人无力创办的大企业,都应归东北最高政府经营。"东北解放区"整个经济要搞好,需要依靠国营经济发展领导与调节作用,以国营经济组织地方公营经济,扶植合作经济,引导私人经济的发展"。① 据此,东北局决定制订1949年工业生产计划,如果可能则进一步拟订1949年及1950年两年的生产计划,以便我们学习并走向计划生产。一是必须规定国营企业的生产计划;二是必须规定各省、市、县公营企业的生产方向和计划;三是必须调查合营和私营工厂的情况,以便给予生产方向上的指导,在可能的条件下实行订货加工。② 此外,要使银行成为全部公家机关的总会计,并在全部经济工作中起调剂作用。③

建立新中国的经济纲领

全国解放前夕,中共七届二中全会于1949年3月5—13日在河北省平山县西柏坡举行。毛泽东在开幕会上作了重要报告,会议通过了《会议决议》,提出党的工作重心必须由农村转移到城市,城市工作必须以生产建设为中心;分析了新民主主义各种经济成分的状况和党所必须采取的正确政策;指明了中国将由农业国转变为工业国、由新民主主义社会转变为社会主义社会的发展方向。

毛泽东在讲话中深入分析了中国社会各种经济成分在新民主主义新

---

① 《李富春选集》,中国计划出版社1992年版,第53页。
② 《陈云文选》第一卷,人民出版社1995年版,第373页。
③ 中共中央文献研究室编:《陈云年谱》上卷,中央文献出版社2000年版,第530页。

经济中的发展方向、经济地位和历史作用,提出了中国共产党确定的基本经济纲领和方针。① 那就是:第一,革命后建立的是新民主主义社会,这个社会是过渡性质的。五种经济成分并存是新民主主义社会的经济形态。由于社会主义性质的国营经济起决定作用,中国的前途必然是社会主义。第二,新民主主义的基本经济纲领是在国营经济领导下,多种经济成分并存、共同发展,实行公私兼顾、劳资两利、城乡互动、内外交流的政策。第三,利用、限制和改造是中共对民族资本的总方针。对内节制资本、对外统制贸易,是新中国在经济工作中的两个基本政策。第四,要谨慎地、逐步地、积极地引导分散的个体农业经济和手工业经济向着现代化和集体化方向发展。第五,实现由农业国转变为工业国需要很长一段时间,但是中国经济建设的速度将不是很慢而可能是相当快的,中国的兴盛是可以计日程功的。

中共七届二中全会实际上确定了"人民革命建国纲领"——《共同纲领》的总基调。毛泽东对于即将成立的新中国充满了憧憬,他在1949年6月15日新政治协商会议筹备会上说:"中国的命运一经操在人民自己的手里,中国就将如太阳升起在东方那样,以自己的辉煌的光焰普照大地,迅速地荡涤反动政府留下来的污泥浊水,治好战争的创伤,建设起一个崭新的强盛的名副其实的人民共和国。"②这个新生政权就是在彻底废除了南京国民政府一切腐败落后的基础上,构建起了崭新的人民当家做主的人民共和国和人民政权。

1949年9月21—30日,在中南海怀仁堂召开了中国人民政治协商会议第一届全体会议,毛泽东在开幕词中指出:"现在的中国人民政治协商会议是在完全新的基础上召开的,它具有代表全国人民的性质,它获得全国人民的信任和拥护。因此,中国人民政治协商会议宣布自己执行全国人民

---

① 《毛泽东选集》第四卷,人民出版社1991年版,第1430—1434页。
② 《毛泽东选集》第四卷,人民出版社1991年版,第1467页。

代表大会的职权。"毛泽东庄严宣告:"占人类总数四分之一的中国人从此站立起来了!"出席这次会议的代表来自党派、区域、军队、团体和特邀5个界别46个单位662人。会议通过了《中国人民政治协商会议组织法》和《中华人民共和国中央人民政府组织法》,选举毛泽东为中央人民政府主席,朱德等为副主席,通过了具有临时宪法作用的《中国人民政治协商会议共同纲领》(以下简称《共同纲领》)。

《共同纲领》也是建国纲领,它包括序言和总纲、政权机关、军事制度、经济政策、文化教育政策、民族政策、外交政策7章60条。其中与经济有关的内容有:第一,《共同纲领》规定:"以新民主主义即人民民主主义为中华人民共和国建国的政治基础。""中华人民共和国为新民主主义即人民民主主义的国家,实行工人阶级领导的、以工农联盟为基础的、团结各民主阶级和国内各民族的人民民主专政,反对帝国主义、封建主义和官僚资本主义,为中国的独立、民主、和平、统一和富强而奋斗。"第二,《共同纲领》规定:"中华人民共和国经济建设的根本方针,是以公私兼顾、劳资两利、城乡互动、内外交流的政策,达到发展生产、繁荣经济之目的。"第三,《共同纲领》确定:国家应在经营范围、原料供给等方面,"调剂国营经济、合作社经济、农民和手工业者的个体经济、私人资本主义经济和国家资本主义经济,使各种社会经济成分在国营经济领导之下,分工合作,各得其所,以促进整个社会经济的发展"。第四,《共同纲领》对各种经济成分的性质和作用及国家应采取的政策进行了规定:"国营经济为社会主义性质的经济。凡属国有的资源和企业,均为全体人民的公共财产,为人民共和国发展生产、繁荣经济的主要物质基础和整个社会经济的领导力量。""合作社经济为半社会主义性质的经济,为整个人民经济的一个重要组成部分。人民政府应扶助其发展,并给以优待。""凡有利于国计民生的私营经济事业,人民政府应鼓励其经营的积极性,并扶助其发展。""国家资本与私人资本合作的经济为国家资本主义性质的经济。在必要和可能的条件下,应鼓励私人资本向国家资本主义方向发展。"

总之,《共同纲领》有关经济方面的政策规定体现了这样一些原则:一是坚决实现国家的政治独立和经济独立;二是没收官僚资本,将封建半封建的土地所有制改变为农民的土地所有制;三是坚决保护人民群众的合法财产;四是坚决发展新民主主义经济,推进国家的工业化;五是坚决调动一切积极因素,形成新民主主义经济的繁荣局面。

思考向社会主义过渡

从1949年新中国成立到1956年社会主义改造基本完成,这是新中国历史的第一个时期。中国共产党带领全党全国各族人民,经过长期浴血奋战,完成了新民主主义革命,建立了中华人民共和国;确立了向社会主义过渡的基本战略路径,建立了社会主义基本制度;实现了中国历史上最深刻最伟大的社会变革,为当代中国一切发展进步奠定了根本政治前提和制度基础。

收拾旧河山,建设新世界

首先,废除帝国主义在华特权。毛泽东在中共七届二中全会上指出:"不承认国民党时代的任何外国外交机关和外交人员的合法地位,不承认国民党时代的一切卖国条约的继续存在,取消一切帝国主义在中国开办的宣传机关,立即统制对外贸易,改革海关制度,这些都是我们进入大城市的时候所必须首先采取的步骤。在做了这些以后,中国人民就在帝国主义面前站立起来了。"[①]

---

① 《毛泽东选集》第四卷,人民出版社1991年版,第1434页。

这就是说：第一，要彻底改变国民政府时期赋予外国的一切损害中国人民尊严和利益的特权，实现真正的平等是中国人民和国家根本利益的要求。例如，新中国建立初期全国有外资企业1333家、职工12万人、资产12.3亿元。人民政府取消了这些企业享有的特权，保护其按照新中国法律正当经营。第二，要彻底废除国民政府时期与外国签署的一切不平等条约和损害中国人民利益的外交关系，实现真正的互利是中国人民和国家根本利益的要求。例如，明确新中国根据独立自主、平等互利原则与外国政府和民间恢复发展贸易关系，实行对外贸易国家统制，重要货物进出口由国家统购统销，并通过海关对进出口贸易实行监管。第三，要彻底取消帝国主义在中国开设的各种文化宣传和文化奴役的机构，取消其在华享有的一切文化特权，建设新中国自己的社会主义文化。新中国人民政府不允许外国机构和个人在中国设立宣传机构、兴办报纸杂志和广播；对于接受外国津贴的各类机构给予一定时间宽限，但必须遵守新中国的法令。第四，要彻底取消外国对中国对外贸易的实际控制权，根本改革国民政府时期的海关制度，实现维护中国人民和国家根本利益的要求。例如，新中国成立后立即收回了关税和海关管理权，1949年10月25日宣布成立中央人民政府海关总署，相继发布《海关总署试行组织条例》《中华人民共和国暂行海关法》等法令文件，对海关组织机构、任务和职权，进出口货物监管等都作了具体规定。

废除帝国主义在华特权和一切不平等条约与发展平等的国家关系是一致的。毛泽东在天安门庄严宣读了《中华人民共和国中央人民政府公告》，向世界表明了中国人民愿意与一切平等待我的国家发展外交关系。"本政府为代表中华人民共和国全国人民的唯一合法政府。凡愿遵守平等、互利及互相尊重领土主权等项原则的任何外国政府，本政府均愿与之建立外交关系。"

其次，没收官僚资本、建立国有经济。没收官僚资本、建立国营经济是新中国建立之后经济领域重要的工作任务,是肃清官僚资本影响、确立国营经济地位的重要举措。没收官僚资本,主要是没收南京国民政府的国家垄断资本以及蒋、宋、孔、陈四大家族的官僚资本。1949年4月25日发布的《中国人民解放军布告》就没收官僚资本申明:"凡属国民党反动政府和大官僚分子经营的工厂、商店、银行、仓库、船舶、码头、铁路、邮政、电报、电灯、电话、自来水和农场、牧场等,均由人民政府接管。"对于在接管城市过程中一时难以确认是否属于官僚资本的企业和财产,采取了监管、代管或冻结的办法。在旧中国,国家垄断资本控制了全国工业的67%、银行业的67%、交通运输业固定资产投资的80%。

对于这一部分没收的官僚资本企业,采取了按照不打烂企业组织机构和生产系统的办法,保留原职、原薪、原制度,完整接收,然后逐步改造,使之成为社会主义国营企业。到1950年初,接收这类资本工矿企业2800余家、金融企业2400余家。截至1952年,全国国营企业固定资产原值为240.6亿元人民币,其中大部分为没收的南京国民政府国家资本企业资产(不含其土地价格)。除去折旧后净值高达167.1亿元人民币。例如,对于官僚资本经营的中国银行和交通银行,就采取了既坚决没收又十分慎重的措施。接管中国银行之后,坚决没收官股,保留私股权益,改组董事会等管理机构,留用全部职工并实行原职原薪;接管交通银行也是采取同样措施。中国银行和交通银行改组后仍正常运营,并于1950年1月以总管理处名义向海外分支机构通电,号召海外员工保护行产,安心工作。对于原官商合办的银行如新华信托储蓄银行、中国通商银行等,接管后没收官股并实行公私合营。这些被接管的金融机构都必须接受中国人民银行的领导,据上海、北京、天津三地统计,中国人民银行仅在三地就接管官僚资本金融机构128家,接收员工9530人。[1]

---

[1] 当代中国丛书编辑委员会编:《当代中国的金融事业》,中国社会科学出版社1989年版,第39页。

没收官僚资本构成了新中国成立初期国营经济物质技术基础的最主要部分,对官僚资本企业采取先接收后改造的思路,使这些企业成为社会主义的国营企业。没收官僚资本企业和帝国主义在华企业构成了新中国成立初期国营经济物质技术基础的最主要部分。

国营经济是社会主义性质的经济,是整个社会经济的领导力量和发展生产、繁荣经济的重要物质基础。东北解放区是新中国成立之前最早开始建立比较完备系统的国营经济体系的地区,在这里也最早开始了发展经济的计划编制。所以,在新中国成立前后特别是国民经济恢复时期,东北地区是比较彻底地实行新民主主义经济并开始向社会主义经济迈进的地区。1948年11月东北全境解放后,中央作出了"让东北工作先走一步"的战略,使东北成为全国经济建设的后盾。为此,允许东北暂用东北银行发行的东北地方流通券,一直使用到1951年4月。不将东北与关内货币统一起来的原因,是为使东北经济迅速恢复,减少关内通货膨胀可能带来的冲击,以促进全国的经济建设。[①]

再次,实行土地改革,废除封建土地制度。中国共产党领导的土地革命,不同于国民党以及其他人士主张的农业改良方案,而是以彻底废除封建土地制度、真正实现"耕者有其田"赢得了最广大农民群众的支持和拥护,有着广泛的阶级力量和社会基础。土地改革不仅仅是把土地从地主之手转移到农民之手的简单易行的事情,而是一场剧烈的经济斗争,是一场深刻的社会革命。新中国成立之初,全国约有2.64亿农业人口(总人口约3.1亿)的新解放区,主要是华东、中南、西南、西北四区,尚未进行土地改革。如果不及时地、有步骤地加以解决,那将对国民经济的恢复和发展,特别是对国家财政经济状况的好转产生不利影响,也无法在全国范围内基本消灭封建土地制度和剥削制度。刘少奇指出:"土地改革的基本内容,就是

[①] 中国社会科学院、中央档案馆编:《1949—1952中华人民共和国经济档案资料选编》(基本建设投资和建筑业卷),中国城市经济社会出版社1989年版,第256页。

没收地主阶级的土地,分配给无地少地的农民。这样,当作一个阶级来说,就在社会上废除了地主这一个阶级,把封建剥削的土地所有制改变为农民的土地所有制。这样一种改革,诚然是中国历史上几千年来一次最大最彻底的改革。""土地改革的基本目的,不是单纯地为了救济穷苦农民,而是为了要使农村生产力从地主阶级封建土地所有制的束缚之下获得解放,以便发展农业生产,为新中国的工业化开辟道路。"[①]

1950年6月30日,中央人民政府委员会第八次会议通过了中国共产党提出的《中华人民共和国土地改革法(草案)》六章四十条,确立了土地改革的总路线:依靠贫农雇农、团结中农、中立富农,有步骤地分别地消灭封建剥削制度,发展农业生产。土地改革法宣布:废除地主阶级封建剥削的土地所有制,实行农民的土地所有制,借以解放农村生产力,发展农业生产,为新中国的工业化开辟道路。

新中国土地改革分三批进行。第一批1950年冬至1951年春,在1.2亿农业人口地区进行;第二批1951年冬至1952年春,在1.1亿农业人口地区进行;第三批1952年冬至1953年春,在3000多万农业人口地区进行。到1953年春,中国(除部分民族地区和港、澳、台地区)的土地改革已告完成。经过土改,中国农村土地占有发生了根本变化,将封建地主土地所有制转变为个体农民的土地所有制。

新中国土地改革顺利、迅速完成,对中国社会经济的发展具有巨大的推动作用和深远的意义。第一,土地改革废除了封建地主土地制度和剥削制度,这就从根本上动摇并消灭了封建落后势力的基础,拔除了中国社会经济特别是农村经济长期贫困落后的根源,为中国社会经济的发展提供了广阔的空间。第二,土地改革激发了广大获得土地农民的生产积极性,促进农业生产迅速恢复和发展,不但减免了过去农民向地主缴纳的700亿斤粮食的沉重地租,而且是20世纪50年代前期农业生产连年增产的主要原

[①] 《刘少奇选集》下卷,人民出版社1985年版,第32、34页。

因。第三,土地改革是农村土地所有权的再分配,是社会利益的大调整,最直接的受益者是占农村人口60%~70%的贫苦农民,广大农民成为推动中国工业化和经济现代化的重要力量。必须看到,土地改革解决了农村的土地问题,满足了农民的土地要求,建立了个体农民的土地所有制。但是,这种生产技术十分落后、极度分散的小规模农民土地所有制和生产经营方式,与中国工业化和社会经济发展的矛盾越来越尖锐。土地改革改变了传统农业的所有制基础,并没有完成对传统农业的改造。进一步的改造任务已经被提到中国共产党和人民政府面前。

毛泽东思考如何过渡

在中国建立社会主义制度并发展社会主义经济,是中国共产党的奋斗目标。在中国建立社会主义制度不能照搬苏联的模式,必须经过新民主主义革命和建设阶段,再进入社会主义革命和建设阶段,这是中国共产党领导中国革命的"两步走"战略。① 中共七届二中全会肯定并确立了这一战略,即中国革命的第一步,是改变半殖民地半封建的社会形态,建立无产阶级领导的各个革命阶级联合专政的新民主主义社会;第二步,在新民主主义革命为社会主义发展扫清道路后,建立社会主义社会。新中国成立之后特别是在国民经济恢复时期结束之后,向社会主义转变就被提到了党和国家的议事日程上。

面对遭受长期战争破坏的满目疮痍的国民经济,中国共产党最早对医治战争创伤、恢复国民经济作了较长时期的安排。当时包括毛泽东在内都认为,新中国成立后首要任务还不是立即转变为社会主义社会,而是迅速地恢复和发展国民经济,开始大规模的国家工业化建设,使新民主主义的政治、经济、文化形态有相当程度的发展,为中国稳步地由农业国转变为工

---

① 《毛泽东选集》第二卷,人民出版社1991年版,第666—685页。

业国,由新民主主义国家转变为社会主义国家奠定基础。① 1950年毛泽东还认为:"在各种条件具备了以后,在全国人民考虑成熟并在大家同意了以后,就可以从容地和妥善地走进社会主义的新时期。"②1951年2月他又提出一个中国的长期发展战略,即"三年准备、十年计划经济建设"的设想。可见,这时还没有明确提出向社会主义经济过渡的问题。

但是向社会主义过渡问题一直是毛泽东反复思考的重大战略问题。1952年9月24日,毛泽东在中央书记处会议上首次提出:"十年到十五年基本上完成社会主义,不是十年以后才过渡到社会主义。"③在他看来,通过国民经济三年恢复,在新民主主义五种经济成分中,其他经济成分都已经挂在了社会主义国营经济"车头"上了。这说明他关于中国向社会主义过渡的思想发生了变化,他的建议为中共中央书记处所接受。10月,毛泽东委托刘少奇在赴苏联参加苏共十九大时就中国向社会主义过渡问题征求斯大林的意见,刘少奇比较详细地书面介绍了中国共产党的战略设想、时间安排和过渡路径,斯大林表示赞成。④

1953年2月,毛泽东在外出考察过程中约请地方干部了解农村互助合作情况。在听取邢台县委第二书记、县长张玉美介绍邢台县入社、入组的农户已经占到总农户的87%,农民对合作化十分拥护的情况后,毛泽东很兴奋,说道:"多数农民是愿意走社会主义道路的,因为这是一条由穷变富的道路,关键是我们领导采取什么态度。""农业不先搞机械化,也能实

---

① 中共中央文献研究室编,逄先知、金冲及主编:《毛泽东传(1949—1976)》上,中央文献出版社2003年版,第239页。
② 《毛泽东文集》第六卷,人民出版社1999年版,第80页。
③ 中共中央文献研究室编,逄先知、金冲及主编:《毛泽东传(1949—1976)》上,中央文献出版社2003年版,第236页。
④ 中共中央文献研究室编,逄先知、金冲及主编:《毛泽东传(1949—1976)》上,中央文献出版社2003年版,第242—244页。

现合作化,中国不一定仿照苏联的作法。"①他在武汉与中共中南局负责人谈话时提出:"新民主主义是向社会主义过渡的阶段。在这个过渡阶段,要对私人工商业、手工业、农业进行社会主义改造。""国家实现对农业、手工业和私营工商业的社会主义改造,从现在起大约需要三个五年计划的时间,这是和逐步实现国家工业化同时进行的。"他还谈到了具体改造的途径问题:"个体农业,要用合作社和国营农场去代替,手工业要用现代工业去代替。""对民族资产阶级,可以采取赎买的办法。"②

1953年6月15日,毛泽东在中共中央政治局会议上首次比较完整地阐述了过渡时期总路线。他指出:"什么叫过渡时期?过渡时期党的总路线和总任务是什么?从中华人民共和国成立,到社会主义改造基本完成,这是一个过渡时期。党在过渡时期的总路线和总任务,是要在十年到十五年或者更多一些时间内,基本上完成国家工业化和对农业、手工业、资本主义工商业的社会主义改造。"他强调说:"党在过渡时期的总路线是照耀我们各项工作的灯塔,不要脱离这条总路线,脱离了就要发生'左'倾和右倾的错误。"他认为在过渡问题上发生急躁情绪就要犯"左"倾错误,而在当时仍然坚持"确立新民主主义社会秩序""由新民主主义走向社会主义"和"确保私有财产"则是右倾错误:"我们提出逐步过渡到社会主义,这比较好。""走得太快,'左'了;不走,太右了。要反'左'反右,逐步过渡,最后全部过渡完。"③

这年年底,过渡时期总路线的完整表述最终确定下来:从中华人民共和国成立,到社会主义改造基本完成,这是一个过渡时期。党在这个过渡

---

① 中共中央文献研究室编,逄先知、金冲及主编:《毛泽东传(1949—1976)》上,中央文献出版社2003年版,第246页。
② 中共湖北省委党史资料征编委员会编:《毛泽东在湖北》,中共党史出版社1993年版,第2—4页。
③ 《毛泽东在中共中央政治局会议上的讲话》(1953年6月15日),《党的文献》,2003年第4期。

时期的总路线和总任务,是要在一个相当长的时期内,逐步实现国家的社会主义工业化,并逐步实现国家对农业、对手工业和对资本主义工商业的社会主义改造。这条总路线是照耀我们各项工作的灯塔,各项工作离开它,就要犯右倾或"左倾"的错误。1954年6月,过渡时期总路线被写入第一届全国人民代表大会通过的《中华人民共和国宪法》。

  1955年3月,中国共产党全国代表会议在北京召开,毛泽东在会议开幕词中向全党提出了要在大约三个五年计划期内实现过渡时期总路线中提出的总任务,在大约几十年内把我国建设成为一个强大的高度社会主义工业化的国家的宏伟目标。他指出:"我们现在是处在新的历史时期。一个六万万人口的东方国家举行社会主义革命,要在这个国家里改变历史方向和国家面貌,要在大约三个五年计划期间使国家基本上工业化,并且要对农业、手工业和资本主义工商业完成社会主义改造,要在大约几十年内追上或赶过世界上最强大的资本主义国家,这是决不会不遇到困难的,如同我们在民主革命时期所曾经遇到过的许多困难那样,也许还会遇到比过去更大的困难。但是,同志们,我们共产党人是以不怕困难著名的。我们在战术上必须重视一切困难。对于每一个具体的困难,我们都要采取认真对待的态度,创造必要的条件,讲究对付的方法,一个一个地、一批一批地将它们克服下去。"[①]这种高瞻远瞩的视野和铿锵有力的态度,充分体现了中国共产党人推进中国向社会主义过渡的伟大自信。

建立社会主义经济制度

  促进新民主主义经济蓬勃发展并向社会主义经济转变,在国民经济恢复时期也是存在许多有利条件的。第一,充分发挥中国共产党和革命胜利

---

① 《毛泽东文集》第六卷,人民出版社1999年版,第392—393页。

之后的强大政治优势与组织优势,迅速稳定社会政治秩序和环境,确保国家经济恢复与经济建设顺利推进。一是中国共产党在政治上的鲜明主张和军事上的巨大胜利及纪律严明、富有理想、敢于牺牲、高效清廉赢得了人民。二是中国共产党宏伟的奋斗目标和踏实的工作作风及强大的组织体系深入广大农村和城市基层,成为事业的领导核心。第二,学习苏联等社会主义国家建设经验,全面加强政府宏观经济管理职能,建立系统有效的计划经济体制和国民经济指挥系统。一是建立起高度集中的政府主导型经济体系和经济指挥系统,集中有限资源,优先发展国营经济,统一国内市场,有力调整市场供求。二是采取一系列消除影响国家经济运行的政策措施,控制市场和重要行业,打击偷税漏税行为,统制对外贸易,发展农村供销合作社。第三,运用政治和体制优势最大可能减小经济恢复发展的不利因素。一是集中经济资源,克服经济发展起点低、基础薄弱、发展不平衡等问题。二是加强政府干预,改善人民生活、提高教育水平、促进医疗卫生事业、扩大就业。三是克服严重经济困难,顽强坚持抗美援朝,抵御西方国家经济封锁。

从1953年开始,中国进入了社会主义革命和建设时期。在中国共产党过渡时期总路线的指引下,大规模、有计划的社会主义改造和社会主义建设同时推进。在经济关系变革方面,相继开展了轰轰烈烈的社会主义改造运动,迅速建立起了以公有制为主体的社会主义基本经济制度。

对农业的社会主义改造

在逐步实现国家对生产资料私有制的社会主义改造过程中,农业的社会主义改造具有决定性的意义。因为当时我国有5亿多农业人口,农业是国民经济的基础。农民个体经济,是劳动者的私有制。在土地改革完成之后,农民怎样才能走上共同富裕的道路,避免两极分化,并有利于采用先进技术和大型农业机械,迅速提高农业生产力,适应社会主义工业化的需要,这是必须认真对待和解决的问题。

我国对农业的社会主义改造,就是通过使农民组织起来走合作化的道路,把小农经济逐步改造成社会主义集体经济的方式实现的,从流通领域切断农民同资本主义的联系,从生产领域逐步将农民劳动者私有制改造成为社会主义集体所有制。

土地改革之后,中国农村社会形成了大量的小生产。小生产使传统农业的经营方式、生产技术、劳动组织完整地保留下来,改造传统农业的历史任务远未完成。在农业中汪洋大海般的小生产不可能为社会主义工业化创造必要的经济、社会条件。而且二者之间的冲突和矛盾日渐显露出来,一是以个体小农的小规模经营为特征的农业与以社会化大生产为主要内容的社会主义工业化之间存在着矛盾。据一些地方调查数据显示,土地改革后贫雇农平均每户只有12.5亩耕地,1/2头耕牛,2/5部犁,1/11部水车;中农平均每户有19亩耕地,9/10头耕畜,7/10部犁和1/7部水车,一户还配不起一套生产工具。这样的生产水平不可能为社会主义工业化提供更多的农产品和资金积累。[①] 二是建立在生产资料私有制基础之上的个体小农经济与以国营经济为主体的社会主义初级工业化之间存在着矛盾。最突出的矛盾就是个体农业无法满足和保证国家工业化所需要的商品粮食和原材料供应。三是个体小农经济的小商品生产的整体无计划性与社会主义工业化的有计划性之间也存在着矛盾。个体小农经济生产的自给性和盲目性不可能保证持续稳定地提供社会主义工业化所需要的农副产品,从而直接危及工业化的发展和国家经济计划的贯彻执行。因此,必须对土地改革后涌现出的个体小农经济进行社会主义改造,使之适应计划经济体制的要求,成为社会主义经济的重要组成部分。

由于新中国成立初期国家不可能向农业进行资金、技术等大量物质投

[①] 柳随年、吴群敢主编:《中国社会主义经济简史》,黑龙江人民出版社1985年版,第66页。

入，我国选择了改变个体农业劳动组织形式和农村经济关系的途径。在改造过程中，我国发挥了强大的政治优势即组织领导力量和社会动员力量，并焕发了广大农民群众对社会主义新生活的向往，广泛动员并大力推进农业合作化。1953年12月，中共中央通过的《关于发展农业生产合作社的决议》指出：孤立的、分散的、守旧的、落后的个体经济限制着农业生产力的发展，与社会主义工业化的矛盾日益突出。中国共产党在农村工作中的最根本的任务，就是教育和促进农民群众逐步联合组织起来，逐步实行农业的社会主义改造，使农业能够由落后的小规模的个体经济变为先进的大规模生产的合作经济，使农民能够逐步完全摆脱贫困的状况而取得共同富裕和普遍繁荣的生活。

对个体手工业的社会主义改造

由于我国现代工业起步较晚，手工业生产在国民经济中占有相当大的比重。据1952年统计，全国手工业从业人员为736.4万人，加上兼营手工业生产的农民，达1930万人；手工业产值为73.17亿元，占工业总产值的21.36%，占工农业总产值的8.8%。我国的手工业就其与农业分离的程度和与现代工业的关系来说，大致可分为四种类型：一是从属于家庭农业的家庭手工业；二是作为农民家庭兼业的手工业；三是独立经营的个体手工业；四是雇工经营的工场手工业。其中第三种类型在数量上最多。在过渡时期总路线中，个体手工业要通过手工业生产合作社逐步转变为社会主义集体所有制企业，这是对个体手工业进行社会主义改造的主要形式。

1953年12月公布的《关于党在过渡时期总路线的学习和宣传提纲》指出："分散的个体手工业的生产是十分落后的，不能使用新的技术，在生产和销售中会遇到许多不可克服的困难，并且也是不稳固的，如果听其自然的发展，也会走资本主义的道路，就是少数人发财、大多数破产的痛苦的道路。因此,必须对个体手工业进行社会主义改造,引导手工业劳动者走社会主义的道路。""把手工业者逐渐组织到各种形式的手工业合作社(手工业生产小组、手工业生产供销社、手工业生产合作社)中去,是国家对手工业实行社会主义改造唯一的道路。""手工业者一方面是劳动者,但同时又是私有者,因此,必须经过说服、示范和国家援助的方法,提高手工业劳动者的社会主义觉悟,使他们自觉自愿地组织到手工业合作社中。"到1956年6月底,全国组织起来的合作社已超过10万个,合作社手工业者已占手工业者总数的90%。到当年年底,全国手工业合作社达9.91万个,社员509.1万人;合作社成员已占全部手工业从业人员的91.7%,手工业合作组织的产值已占全部手工业产值的92.9%;手工业产值占全国工业总产值的16.6%,占全国工农业总产值的9.1%。

对资本主义工商业的社会主义改造

对资本主义工商业的社会主义改造是当时工作的重点。在国民经济恢复时期,资本主义工商业得到了较快的发展。尤其是在国家对资本主义工商业采取利用、限制的政策指导下,引导和鼓励资本主义工商业转变为国家资本主义经济,公私合营经济得到了很大发展。1952年,公私合营经济企业已有1000多户,产值占全国工业产值比重从1949年的2%提高到1953年的6%。

对资本主义工商业进行改造主要是通过国家资本主义三种形式具体推进的。国家资本主义的低级形式是由政府或国营企业向私营企业加工订货、统购包销,从流通领域将私营企业与国营经济联系起来,这是国民经济恢复时期的主要形式。国家资本主义的中级形式是在低级形式基础上,加强对私营企业的合同管理、加强企业内部工人的监督等,这是1953—1955年的主要形式。国家资本主义的高级形式是公私合营,即由政府或国营企业以投资入股的方式与私营企业在内部产权层面进行结合。毛泽东对国家资本主义在改造资本主义工商业中的作用进行了深入研究,指出:"中国现在的资本主义经济,其绝大部分是在人民政府管理之下的,用各种形式和国营社会主义经济联系着的,并受工人监督的资本主义经济。这种资本主义经济已经不是普通的资本主义经济,而是一种特殊的资本主义经济,即新式的国家资本主义经济。它主要地不是为了资本家的利润而存在,而是为了供应人民和国家的需要而存在。""这种新式国家资本主义经济是带着很大的社会主义性质的,是对工人和国家有利的。"[①]这就为形成对资本主义工商业实行利用、限制、改造的方针起了定调的作用。

到1956年底,全国公私合营的私股为24亿元人民币,其中工业17亿元,商业6亿元,交通运输业1亿元。公私合营企业原资本家可以获得一个固定的股息,根据1956年7月国务院发布的《关于对私营工商业、手工业、私营运输业的社会主义改造中若干问题的指示》,规定全国公私合营企业的定息户,不分工商、不分大小、不分盈余亏损户、不分地区、不分行业、不分老合营新合营,统一规定为年息5%。先规定发放10年,然后视情况再定。据1957年统计,全国拿定息的私方在职人员81万余人,平均每人每年拿定息148元,可见当时的私营工商业规模是很小的。

通过公私合营途径对资本主义工商业进行社会主义改造,使这些企业的产权关系、企业管理、生产运营、工人地位等都发生了根本的改变,政府对公私合营企业完全按照国营企业的计划模式管理,企业投资计划、生产计划、供销计划等纳入国家计划。对资本主义工商业的社会主义改造是我国经济领域的一场深刻社会革命。

---

① 《毛泽东文集》第六卷,人民出版社1999年版,第282页。

社会主义经济制度的建立

社会主义改造就是国家对农业、手工业和资本主义工商业等非社会主义经济通过实行国有化或集体化的路径，将其改造成为社会主义经济关系的过程。进行三大改造是新中国经济发展的必然选择，国民经济的迅速恢复和大规模开展的国家工业化，都要求加快调整各种非社会主义经济关系。1952年与1957年各种经济成分在国民收入中的比重：国营经济由19%增加到33%，合作经济由1%增加到56%，公私合营经济由1%增加到8%，资本主义经济则由7%到基本消灭，个体经济由72%降至3%。三大改造的完成确立了社会主义基本经济制度，使中国发生了最深刻、最伟大的社会变革，半殖民地半封建社会的经济基础彻底被革除。

在社会主义制度建立过程中，1953—1957年我国经济发展也取得了显著的成就。国内生产总值从824.4亿元增至1071.4亿元，增长了30%；人均国内生产总值从142元增至168元，增长了18.3%；农村居民消费水平从72元增至82元，增长了13.9%；城镇居民消费水平从188元增至222元，增长了18%；社会消费品零售总额从348亿元增至474.2亿元，增长了36.3%。三大产业增加值之比从45.9∶23.2∶30.9改为40.1∶29.6∶30.3。这些成就都是在开展大规模经济建设、迅速医治战争创伤、全力解决大范围失业救助等背景下实现的，实属不易。

正像中共中央《关于建国以来党的若干历史问题的决议》中指出的那样："在一个几亿人口的大国中比较顺利地实现如此复杂、困难和深刻的社会变革，促进了工农业和整个国民经济的发展，这的确是伟大的历史性胜利。"中国共产党提出过渡时期总路线并付诸实施，"创造性地完成了由新民主主义革命向社会主义革命的转变，使中国这个占世界四分之一人口的东方大国进入了社会主义社会，成功实现了中国历史上最深刻最伟大的社会变革。新民主主义革命的胜利,社会主义基本制度的确立,为当代中国一切发展进步奠定了根本政治前提和制度基础"。[①]

[①] 习近平:《论中国共产党历史》,中央文献出版社2021年版,第53页。

二、开展有计划的经济建设

习近平指出:"我们党领导人民进行社会主义建设,有改革开放前和改革开放后两个历史时期,这是两个相互联系又有重大区别的时期,但本质上都是我们党领导人民进行社会主义建设的实践探索。中国特色社会主义是在改革开放历史新时期开创的,但也是在新中国已经建立起社会主义基本制度并进行了二十多年建设的基础上开创的。""对改革开放前的历史时期要正确评价,不能用改革开放后的历史时期否定改革开放前的历史时期,也不能用改革开放前的历史时期否定改革开放后的历史时期。改革开放前的社会主义实践探索为改革开放后的社会主义实践探索积累了条件,改革开放后的社会主义实践探索是对前一个时期的坚持、改革、发展。"他特别强调指出:"之所以强调这个问题,是因为这个重大政治问题处理不好,就会产生严重政治后果。"[1]20世纪五六十年代我国经济建设的核心问题,就是集中全国力量推进国家工业化建设,尽快改变中国经济贫穷落后面貌。

---

[1] 习近平:《关于坚持和发展中国特色社会主义的几个问题》(2013年1月5日),《求是》,2019年第7期。

迅速开始有计划的经济建设

在中华人民共和国成立之初,毛泽东就率团访问了苏联。苏联的工业化建设成果给他留下了深刻的印象。1950年3月3日,他在回国途中到达沈阳时,在东北局高级干部会议上说:"我们参观了苏联一些地方,使我特别感兴趣的是他们的建设历史。他们现在的工厂有很大规模,我们看到这些工厂,好像小孩子看到了大人一样,因为我们的工业水平很低。但是,他们的历史鼓励了我们。""第一个社会主义国家发展的历史,就给我们提供了最好的经验,我们可以用他们的经验。"[①]

苏联的经验:工业化压倒一切

作为中国人民的领袖,毛泽东在苏联看到其工业化成就时首先想到的是中国的未来和希望。在中国建设强大的现代化国家是毛泽东的宏伟理想,早在1944年他就明确提出:"由农业基础到工业基础,正是我们革命的任务。"[②]而我们缺乏大规模国家工业化建设的经验,苏联为我们提供了一个可以借鉴的范例。

苏联的工业化一度被视为社会主义工业化的典范和模板。早在苏联开始进行社会主义建设时,列宁就根据苏联国情创造性地发展了马克思主义,为社会主义工业化建设准备了理论基础。苏联快速实现国家工业化的根本理论依据主要有这样几个方面:

[①] 中共中央文献研究室编,逄先知、金冲及主编:《毛泽东传(1949—1976)》上,中央文献出版社2004年版,第53页。

[②] 《毛泽东文集》第三卷,人民出版社1996年版,第207页。

第一,社会主义工业化是在国有制条件下进行的,它克服了生产资料私有制基础之上资本主义工业化的不可克服的内在矛盾。列宁在谈到国家对整个国民经济进行集中领导时,提出要"组织计算工作,监督各大企业,把全部国家经济机构变成一整架大机器,变成一个使几万万人都遵照一个计划工作的经济机体"①。科学的计划是经常自觉保持平衡的计划,是使国民经济较快发展的计划。实际上,社会主义工业化与资本主义工业化的显著不同点之一,就是发展进程的计划性。社会主义工业化的计划性,是使它优于资本主义工业化的基本因素。

第二,社会主义工业化必须首先确保生产资料优先增长。列宁在论述建立社会主义大工业时,十分强调生产资料优先增长的理论。在他看来,这不仅符合马克思关于社会再生产的一般原理,还更适用于社会主义比较落后的物质技术基础及迅速发展社会生产力的要求。生产资料优先增长根本体现为重工业的优先发展,特别是最基本重工业部门的优先增长。十月革命后,列宁尖锐地指出:"不挽救重工业,不恢复重工业,我们就不能建成任何工业,而没有工业,我们就会灭亡,而不能成为独立国家。"②"'重工业',是社会主义的主要基础。"③但是,重工业不能脱离农业和轻工业而孤立发展,重工业即生产资料的生产归根到底是为发展消费资料服务的。列宁指出:"社会产品的第Ⅰ部类(生产资料的生产)能够而且应当比第Ⅱ部类(消费品的生产)发展得快。但是决不能由此得出结论说,生产资料的生产可以完全不依赖消费品的生产而发展,也不能说二者毫无联系……生产消费(生产资料的消费)归根到底总是同个人消费联系着,总是以个人消费为转移的。"④总之,苏联社会主义工业化道路的核心思想——优先发展重工业,是列宁最早提出并付诸实施的。

---

① 《列宁选集》第三卷,人民出版社1972年第2版,第455页。
② 《列宁全集》第四十三卷,人民出版社2017年第2版(增订版),第286页。
③ 《列宁全集》第四十三卷,人民出版社2017年第2版(增订版),第215页。
④ 《列宁全集》第四卷,人民出版社2013年第2版(增订版),第44页。

第三，社会主义工业化只能主要依靠甚至完全依靠国内积累或内部积累，不能像资本主义国家那样掠夺和剥削他国人民。社会主义原则决定了社会主义国家工业化积累资金的方式和途径与资本主义工业化根本不同，既不能靠剥削本国人民、增加人民的经济负担来进行积累，又不能靠对外扩张、掠夺他国财富来进行积累，只能靠"内部积累"，即靠各行各业、全体人民的"厉行节约"。在一定时期内，农民所要作出的贡献将会更大一些。为此，列宁积极提倡开展劳动竞赛，指出在劳动群众中蕴藏着巨大的力量，苏维埃政权的工作就是为这些力量的发挥扫清道路。当然，社会主义工业化的内部积累并不完全排除利用资本主义国家的资金、技术和经验，列宁提出的租让制和合营企业就是利用资本主义国家经济力量的最早尝试。他曾经写下这样一个公式："苏维埃政权＋普鲁士的铁路管理制度＋美国的技术和托拉斯组织＋美国的国民教育等等等等＋＋＝总和＝社会主义"[①]。在列宁的这个公式中，社会主义就是集人类文明于一体的社会制度。

这种经济体制的最大特点，就是国家或政府充分参与经济发展过程，发挥空前的政治优势，调动一切可以动员的力量，为实现国民经济高速发展而奋斗。这种社会主义工业化模式，后来成为许多经济基础比较落后的社会主义国家选择的道路。为什么要选择这种工业化道路？主要是因为它有这样一些特点：

特点之一是这种工业化模式具有强有力的手段和政治优势，以进行集中计划、动员、调集和配置经济资源的宏观管理，从而迅速实现经济发展所要求的较快、较大的结构变动。经济学家刘易斯指出：经济发展理论的中心问题是要解决一个由原先的储蓄和投资占不到国民收入 4%～5% 的社会本身变为一个自愿储蓄增加到国民收入 12%～15% 以上的经济过程。它之所以成为中心问题，是因为经济发展的中心事实是迅速的资本积累（包括用资本的知识和技术）。在我们能解释为什么储蓄同国民收入相对

[①] 《列宁文稿》第三卷，人民出版社1978年版，第94页。

增加之前,我们不能解释任何"工业"革命。① 也就是说,积累率的提高是经济文化比较落后的低收入国家步入现代经济增长阶段所必不可少又十分不易获得的条件。计划经济体制则可能充分利用强有力的社会力量和政治优势,保证较高的积累率。通常计划经济体制国家的积累率都在25%~30%甚至更高,一般发展中国家的积累率则多在15%以下。高积累的客观后果之一,就是使计划经济体制国家较快地奠定工业化基础,建立起较独立、完整的国民经济体系,实现经济结构的迅速转变,使以重工业为核心的现代工业突出发展,从而改变国民经济的落后面貌并增强国家的综合实力。

特点之二是这种工业化模式具有强有力的全面提高和改善人民生活水平的力量,使人民较迅速地摆脱极端贫困状态,实现较高的收入分配均等化,为最低收入阶层提供必要的生活必需品和社会保障。现实中实行计划经济体制的国家几乎都是经济文化比较落后的国家,它们不但面临着迅速改变国民经济落后面貌的历史任务,而且面临着迅速提高人民生活水平、摆脱贫困的现实要求。在计划经济体制下,主要是通过发展社会生产力和实现较高的收入分配均等化的途径来提高或改善人民生活水平的。从国际比较中,可以十分清楚地看出,计划经济体制国家在同经济发展水平及人均收入水平相近的国家相比时,其人民所享受的直接福利标准和实际生活水平要更高一些。

特点之三是这种工业化模式具有强有力的克服严重经济困难、解决经济生活中出现的紧迫问题的能力。这种解决经济棘手问题、克服严重经济困难的能力来自高度集中计划的体制优势。这种体制可以动员最为广泛的社会经济力量,集中解决或克服经济生活中遇到的困难和障碍,从而确保整个国民经济高速发展。在第二次世界大战中,苏联经济的高度集中计

---

① 【美】W. A. 刘易斯:《劳动无限供给条件下的经济发展》,载《现代国外经济学论文选》第8辑,商务印书馆1984年版,第63页。

划性和全国范围的快速反应能力,充分证明了这种体制的有效性。在中国社会主义革命和建设中,这种体制优势同样发挥过重要作用。

集中力量办大事的紧迫性

新中国与苏联的国情有很大不同,中国不可能完全照搬苏联模式。但是,中国的国家工业化还是学习和借鉴了苏联计划经济的许多做法。

正如中国计划经济建设的主要领导人李富春在1953年11月的一篇题为《中华人民共和国怎样发展工业建设》文章中所说的:"中国人民在取得了革命的胜利以后,就开始了一个新的时期,即逐步过渡到社会主义的新时期。中国人民在一步一步地向社会主义这一伟大目标前进的道路上,开始了有计划的国民经济建设。中国共产党人和全国人民最主要的任务,就是有计划地发展我国的社会主义工业,促进农业和手工业的合作化,使我国由落后的农业国变为社会主义的工业—农业国。只有实现国民经济计划化和正确指导全国经济的发展,才能完成这些复杂而巨大的任务。"[①]他在谈到第一个五年计划的基本任务时说:"集中力量发展重工业,建立国家工业化的基础,保证国民经济中社会主义成分的比重稳步增长。在这一总目标之下,相应地发展农业和轻工业,积极地有效地促进农业和手工业的合作化,并在发展生产的基础上提高人民的物质生活和文化生活水平。"[②]

为什么要把发展重工业放到这么重要的位置?李富春指出:"把发展国家的重工业作为五年建设的中心环节。这是需要巨额的资金、较长的时间和比较复杂的技术,才能做到的。但是,我们必须坚持这一方针而不能选择另外的方针。因为只有建设国家的重工业,即发展冶金、燃料、电力、

[①] 《李富春选集》,中国计划出版社1992年版,第109页。
[②] 《李富春选集》,中国计划出版社1992年版,第110页。

机械、基本化学等工业，才能建立我国工业的坚实基础；才能保障国防的巩固和国家的安全；才能建立强大的经济力量，保证我国国民经济的完全独立和社会主义经济力量的迅速增长；才能给轻工业以广阔发展的前途，给农业的改造提供物质和技术的条件，使我国经济不断增长，人民的生活不断改善。"①

因而，中国选择集中力量来全力加快实现国家工业化，更是从中国自己的经济发展实际和当时的国际国内背景出发的。下面我们将1952年中国主要工业数据与1860年的英国、1890年的法国和1910年的俄国主要工业数据进行一下对比：

1952年中国与英（1860年）、法（1890年）、俄（1910年）等国主要工业数据对比②

	英国（1860年）	法国（1890年）	俄国（1910年）	中国③（1952年）
煤	87.9百万吨	—	—	0.66亿吨
原油	—	—	11.3百万吨	44万吨
铜	16.3千吨			
铅	64.3千吨			
锡	6.8千吨			
铁矿石	8153千吨	3472千吨	5742千吨	—
生铁	3888千吨	1962千吨	3047千吨	193万吨
原钢	334千吨（1871年）	683千吨	3314千吨	135万吨
棉纺锭数	30387千锭（1861年）	5040千锭（1891年）	7900千锭（1908年）	—
营业铁路长度	14603公里	33280公里	66581公里	2.29万公里

---

① 《李富春选集》，中国计划出版社1992年版，第110—111页。
② 以上数字来自《帕尔格雷夫世界历史统计》欧洲卷（1750—1993）第四版，经济科学出版社2002年版；《帕尔格雷夫世界历史统计》亚洲、非洲和大洋洲卷（1750—1993）第三版，经济科学出版社2002年版；1952年中国官方数据引自国家统计局编《新中国五十年》有关数据，中国统计出版社1999年版。
③ 国家统计局编：《新中国五十年》有关数据，中国统计出版社1999年版。

续表

	英国 （1860年）	法国 （1890年）	俄国 （1910年）	中国① （1952年）
铁路 货运量	89.8百万吨	92.5百万吨	235百万吨	13217万吨
铁路 客运量	153.5 百万人次	241.1 百万人次	195百万人次	24518万人
商船(帆船 和轮船)	25663艘	14001艘	2504艘	—
商船 （汽船）	2000艘	1100艘	943艘	—

可见，在1952年中国准备实施计划经济和工业化建设之际，中国的主要工业数据与英国、法国和俄国几十年前的主要工业数据相比还是有差距的。

这种落后局面怎能不使中国共产党人着急？1953年6月15日，毛泽东在谈到中国社会主义工业化时说：工业在国家经济中的比重要超过农业。现在我国工业很落后，一架飞机、一辆坦克、一辆汽车、一辆拖拉机都不能造，许多机器不能造。什么叫国家基本工业化？工业在国民经济中的比重，至少要达到51%，或者达到60%吧！按照苏联的经验，工业比重要达到70%才算工业化，我们现在还差42%。我国的工业化，工业比重也要达到70%。② 在当年年底首次明确提出中国要实行的是社会主义工业化。可以说，实现国家工业化代表了中国共产党和中国人民对建立自己的国民经济体系和现代工业体系的迫切愿望。尽快实现社会主义工业化，是中国人民自鸦片战争以来梦寐以求的目标。国际历史经验和我国当时的具体国情都要求我们只能并必须选择社会主义工业化道路，即以较快速度优先发展重工业，同时重视发展轻工业和农业，有计划地进行社会主义建设。

优先发展重工业势必就会增加积累、挤占消费，必然就会影响到人民

---

① 国家统计局编：《新中国五十年》有关数据，中国统计出版社1999年版。
② 《毛泽东在中共中央政治局会议上的讲话》（1953年6月15日），《党的文献》，2003年第4期。

群众当前生活水平的改善。对此,毛泽东专门论述了"施仁政"问题,指出:"所谓仁政有两种:一种是为人民的当前利益,另一种是为人民的长远利益,例如抗美援朝,建设重工业。前一种是小仁政,后一种是大仁政。两者必须兼顾,不兼顾是错误的。那末重点放在什么地方呢?重点应当放在大仁政上。现在,我们施仁政的重点应当放在建设重工业上。要建设,就要资金。所以,人民的生活虽然要改善,但一时又不能改善很多。就是说,人民生活不可不改善,不可多改善;不可不照顾,不可多照顾。照顾小仁政,妨碍大仁政,这是施仁政的偏向。"[①]可以说,把重工业优先发展的道理讲透了。

中国的计划经济体制

新中国经济建设是在国家的组织领导和管理下有计划地进行的。国家通过一定的组织系统,采取适当的管理方式对生产、流通、分配和消费过程进行指导、协调和监督,从而形成一套计划管理体制,直接指挥并制约着国民经济的发展。尤其是在国民经济恢复时期,国家将一切重要的经济权力都集中到中央,把全国的财政收支、物资调度、现金管理等都集中统一管理起来,这对于国家财政经济状况的根本好转起了重要作用。1950年3月政务院通过了《关于统一国家财政经济工作的决定》,此后又陆续发布了《关于决算制度、预算审核、投资的施工计划和货币管理的决定》《基本建设工作暂行办法》《货币管理实行办法》等,形成了初具规模和比较成熟的计划经济体制和投资管理体制。中央人民政府政务院财经委员会在陈云的领导下,为恢复国民经济做了大量卓有成效的工作,特别是突出了计划引领的积极作用。1950年8月下旬,中财委召开计划会议,讨论编制1951年计划和三年奋斗目标,提出当时的主要任务是搞好经济调整和恢

---

① 中共中央文献研究室编:《毛泽东年谱》第二卷,中央文献出版社2013年版,163—164页。

复,为将来大规模经济建设做好准备。1951年11月下旬,中财委召开计划会议,提出当时基本建设的投资重点是重工业、铁路和水利,并对1952年29种主要工业产品生产控制数字进行了安排,对提高国营工业比重进行了规划。

在进行国家工业化建设中,为了更好地发挥这种制度和体制优势,进一步学习和借鉴苏联经验,推动集中统一领导的计划管理体制逐步完备,党和政府建立起了从上到下垂直领导的计划管理机构,直接计划管理的范围不断扩大,包括生产、投资、物资、劳动工资等方面的管理权日趋集中。在国民经济恢复时期建立起来的集中统一管理投资体制,主要特征体现为四个统一:一是统一基本建设投资计划管理制度;二是统一建设项目管理制度;三是统一基本建设资金拨付与管理制度;四是统一基本建设投资管理机构。

1952年11月,为了更好地指挥和领导大规模计划经济建设,中央人民政府成立了国家计划委员会,从全国调集一批熟悉经济工作的干部充实到了该机构中。当时国家计划委员会直接隶属中央人民政府,与当时的政务院平级,并各有分工。国家计委的主要职能和任务就是制订国民经济发展的年度计划和中长期规划。

1954年2月,中共中央发出《关于建立与充实各级计划机构的指示》,明确要求中央人民政府所属各经济部门和文教部门必须建立和健全计划机构,并把计划机构逐级建立到基层工作部门和基层企业单位。这些计划机构业务上与国家计委的有关各局建立经常密切的联系。各大区行政委员会、各省(市)、省属市及县人民政府,应设立计划委员会,各级计划委员会在业务上同时受上级计划机关及国家计委的指导。例如,从投资管理体制来看,"一五"时期基本确立了高度集中管理体制,基本建设投资由国家计划部门统一安排,直接负责决策相关投资规模、投资结构、投资布局、项目安排事宜,企业和建设单位只是国家计划的执行者;国家计划管理主要通过指标控制来实现,各部门、各地区必须严格执行计划指标,无权增减调整指标;所有建设资金由国家财政统收统支、无偿划拨使用。这种投资管理体制的基本特征,一是国家计划部门集中了投资决策权和管理权;二是确立了投资要素中央统一调配制度;三是强化了建设资金统一拨付与管理制度;四是形成了重点建设制度以确保包括"156项工程"等顺利完成;五是加强了基本建设计划管理机构和项目管理制度。① 总之,随着"一五"计划的完成,我国高度集中统一的经济计划体制也建立起来。

事实上,最早的计划经济体制是在东北解放区开始建立的。1949年东北解放区就已经制订了比较详尽的经济计划,开始进行大规模计划建设了。在东北解放区的国营工业企业和铁路部门,学习和借鉴苏联的企业管理方式和计划管理方法,计划管理已经得到普遍推广。新中国成立后,国家大力推动企业进行民主改革,并学习和借鉴苏联工业管理和企业管理体制,在国营企业中建立了一套与苏联管理体制相类似的管理体制。1953年开始执行第一个五年计划,我国国民经济管理体制学习和借鉴了苏联模式,形成了高度集中的经济管理体制。到1956年底,随着社会主义改造的基本完成,逐步形成了以指令性计划为主、指导性计划为辅的计划经济体制。

我国计划经济体制的形成,既有源于中国自己实践经验的总结和提炼,又有来自国外成功发展经验的借鉴和尝试。例如,在农业、财政、金融、物价等领域形成的宏观管理体制,主要来自中国自己经验的总结,具有明显的中国特色;而在工业交通、基本建设、物资管理、劳动工资等领域形成的部门管理体制,则主要是学习和借鉴苏联经济建设的经验与做法。在学习和借鉴苏联经验的过程中,中国共产党还是保持着清醒的认识,那就是一定要从中国的实际出发。例如,在制订计划时,陈云就指出:"苏联专家搞的表太复杂,不能完全照办,必须和我们的现状结合起来。中国是农业

---

① 曾培炎主编:《中国投资建设50年》,中国计划出版社1999年版,第222—224页。

国,不可能把每家有几个鸡、几头猪都统计起来。中国开始建设时,计划的线条是粗的,将来由粗到细。"①

大力推进国家工业化建设

社会主义工业化通常是指现代工业部门在社会主义国民经济中取得优势地位的过程。即用现代经济要素和科学技术装备工业,并进而装备农业和国民经济的其他部门,使国家由落后的农业国转变为先进的工业国的过程。

以重工业为中心的国家工业化

在一个半殖民地半封建社会建设社会主义、实现国家工业化,新中国面临着繁重的历史任务。经过国民经济恢复时期的艰苦努力,我国主要工农业产品产量已经达到或者超过历史最好时期,但是整个工业的基础薄弱。早在1945年4月,毛泽东就指出:"没有独立、自由、民主和统一,不可能建设真正大规模的工业。没有工业,便没有巩固的国防,便没有人民的福利,便没有国家的富强。""在新民主主义的政治条件获得之后,中国人民及其政府必须采取切实的步骤,在若干年内逐步地建立重工业和轻工业,使中国由农业国变为工业国。""中国工人阶级的任务,不但是为着建立新民主主义的国家而奋斗,而且是为着中国的工业化和农业近代化而斗争。"②1949年3月召开的中共七届二中全会,标志着党的工作重心的转移和转变,即由以乡村为中心转移到以城市为中心、从以革命为中心转变到

---

① 《陈云文选》第二卷,人民出版社1995年版,第137页。
② 《毛泽东选集》第三卷,人民出版社1991年版,第1080、1081页。

革命与建设并重上来。

1950年,刘少奇在一份手稿中记录了他关于加快国家工业化建设的思想。"中国劳动人民的生活水平和世界许多先进国家比较起来,还是很低的。他们还很穷困,他们迫切地需要提高生活水平,过富裕的和有文化的生活。这是全国最大多数人民最大的要求和希望,也是中国共产党和人民政府力求实现的最基本的任务。""只有工业化和电气化,才能建立中国强大的经济力量和国防力量。""我们为了筹集资金去建设我们的工业以创造将来更好的生活,在我们不饿不冻并能保持通常的健康的条件之下,我们尽可能多节省一点,少花费一点,以便由国家把资金积累起来,去加快工业化的速度。"我们的工业化道路不同于资本主义国家工业化道路,而"是社会主义的或人民民主主义的国家工业化的道路。采用这条工业化道路,就能在工业化的过程中相应地逐步地提高劳动人民的生活水平,避免失业、饥饿和破产的痛苦,并且不需要去侵略其他的民族和国家,更不需要进行战争"[①]。

1952年12月中共中央发布的《关于编制1953年计划及五年建设计划纲要的指示》进一步提出:"国家大规模的经济建设业已开始。这一建设规模之大,投资之巨,在中国历史上都是空前的。为了加速国家建设,除应动员全国力量,集中全国人力和财力以外,必须加强国家建设的计划工作,使大规模建设能在正确的计划指导下进行,避免可能发生的盲目性。"[②]

以"一五"计划为例

国民经济有计划按比例地发展,是社会主义经济的内在规律和要求;

[①] 《刘少奇论新中国经济建设》,中央文献出版社1993年版,第169、172、176、177页。
[②] 中共中央文献研究室编:《建国以来重要文献选编》第三册,中央文献出版社1992年版,第448页。

制订社会经济发展的中长期计划,则是国家对社会经济发展实施宏观计划管理的重要环节。新中国成立70多年来,国家坚持对国民经济的有效治理和指导,已经制定并实施了关于国民经济和社会发展的13个"五年规划"(计划)。习近平指出:"用中长期规划指导经济社会发展,是我们党治国理政的一种重要方式。从1953年开始,我国已经编制实施了13个五年规划(计划),其中改革开放以来编制实施8个,有力推动了经济社会发展、综合国力提升、人民生活改善,创造了世所罕见的经济快速发展奇迹和社会长期稳定奇迹。实践证明,中长期发展规划既能充分发挥市场在资源配置中的决定性作用,又能更好发挥政府作用。"①

"一五"计划是其中最为成功的"五年计划"之一。1951年2月,中财委根据中共中央提出的"三年准备,十年计划经济建设"的思想,开始试编第一个五年计划。1952年8月,周恩来、陈云、李富春率中国政府代表团赴苏谈判并争取苏联对中国计划经济建设的支持,代表团携带了向苏联提出的我国五年建设的基本任务、指导方针和主要经济指标,主要有《关于编制五年计划轮廓的方针》《中国经济状况和五年建设的任务(草案)》和《三年来中国国内主要情况及今后五年建设方针的报告提纲》等。1953年5月15日,中苏两国在莫斯科签订了《苏联援助中国发展国民经济的协定》和议定书,苏联承诺援助中国新建和改建91个工业建设项目。1954年,苏联同意向中国提供5.2亿卢布长期贷款,帮助中国新建15个工业企业,连同国民经济恢复时期援助的50个项目,共156项工程。

与此同时,1952年中共中央发出《关于编制一九五三年计划及长期计划纲要的指示》,明确了以下原则:一是按照"边打、边稳、边建"的方针从事建设,必须由此来考虑全国工业建设的投资、速度、重点、分布和比例;二是必须以发展重工业为大规模建设的重点,以有限的资金和建设力量首先保证重点工业的基本建设,特别是确保那些对国家起决定作用的、能迅速

---

① 习近平:《在经济社会领域专家座谈会上的讲话》,人民出版社2020年版,第2页。

增强国家工业基础的主要工程的完成;三是合理利用现有工业基础和现有设备,充分发挥现有企业的潜力,这是制订生产计划的最主要的问题,应按照平均先进的技术经济定额来重新制定定额标准;四是必须以科学的态度从事计划工作,使我们的计划正确地反映客观经济发展的规律。

1954年4月,中央成立了编制五年计划纲要的八人工作小组,由陈云、李富春、邓小平、邓子恢、习仲勋、贾拓夫等组成,陈云担任组长,开始编制详细具体的"一五"计划草案。8月,八人小组审议国家计委提出的《中华人民共和国发展国民经济的第一个五年计划草案(初稿)》。9月,送毛泽东审阅。10月,毛泽东、刘少奇、周恩来又在广州集中用一个月的时间共同审核该"草案"。11月,由陈云主持召开中央政治局会议,仔细讨论了"一五"计划的方针任务、发展速度、投资规模、工农业关系、建设重点和地区布局,又提出了许多修改意见和建议。1955年6月18日,国务院讨论并通过了中共中央提交的"一五"计划草案,决定将这个草案提请第一届全国人民代表大会第二次会议审议。1955年7月30日,第一届全国人民代表大会第二次会议审议通过了国务院提交的中共中央制订的"一五"计划。

"一五"计划是中国共产党和新中国人民政府制订的第一个中长期国民经济和社会发展计划,也是中国有史以来的第一个中长期国民经济和社会发展计划。它包括绪言和11章内容,共计11万余字。"一五"计划的基本任务是:集中主要力量进行以苏联帮助我国设计的156项建设单位为中心的、由限额以上的694个建设单位组成的工业建设,建立我国的社会主义工业化的初步基础;发展部分集体所有制的农业生产合作社,并发展手工业生产合作社,建立对农业和手工业的社会主义改造的初步基础;基本上资本主义工商业分别地被纳入各种形式的国家资本主义的轨道,建立对私营工商业的社会主义改造的基础,并提出了12项具体任务。例如,在工业建设方面,提出建立和扩建电力工业、煤矿工业和石油工业;建立和扩建现代化的钢铁工业、有色金属工业和基本化学工业；建立制造大型金属切削机床、发电设备、冶金设备、采矿设备和汽车、拖拉机、飞机的机器制造工业等。

"一五"计划时期我国实行的是高度集中统一的投资管理体制，投资决策权包括投资规模、投资方向、投资布局和基本建设项目投资等高度集中于中央，由中央政府直接安排。"一五"计划各项计划指标都提前完成和超额完成。第一，完成基本建设投资合计588.5亿元，超过7亿两黄金，年均投资完成额都超过三年恢复时期所完成的投资总和。其中国家预算内投资531.2亿元，占基本建设投资的90.3%；中央政府直接管理的项目投资占82%，地方则占18%。[①] 其中国家对经济和文教部门基建投资493亿元，超计划15.3%，限额以上施工单位921个，增加227个；1957年底，全部投产428个，部分建成109个。第二，国内生产总值增速明显，年均达到9.1%。1957年工业总产值达到704亿元，比1952年增至102%，超计划15.3%，年均增长18%；其中生产资料生产年均增长25.4%。五年计划规定的46种主要工业产品产量中，27种提前完成，钢产量535万吨，增长近两倍；煤产量1.31亿吨，增长近一倍。工业在工农业总产值中的比重从41.5%提高至56.5%。第三，1957年农副业总产值达到计划规定的101%，其中粮食为102%，棉花为100.3%。农业生产条件大幅改善，扩大耕地5867万亩，新增灌溉面积1.1亿亩，农用拖拉机从2006台增至24629台。第四，1957年底，全国铁路通车里程达29862公里，增加22%，宝成线、鹰厦线、武汉长江大桥先后建成。公路通车里程达25.5万公里，增加一倍，康藏、青藏、新藏公路建成通车。第五，国家财政收入总计达到1354.9亿元，从中拨出39.2%用于国家预算内投资，支持国家工业化建设；1957年社会商品零售总额比1952年增长71.3%。"一五"后期由于供应紧张，出现了行政方法代替市场调节趋势。第六，高等学校总数达到

[①] 曾培炎主编：《中国投资建设50年》，中国计划出版社1999年版，第53页。

229 所,在校生人数 44.1 万人,增长 1.3 倍;中等专业学校在校生 77.8 万人,增长 22.3%;普通中学在校生 628.1 万人,增长 1.5 倍;小学在校生 6428 万人,增长 25.7%。全国科研机构 580 多个,研究人员 2.8 万人,增长两倍多。第七,1957 年全国人均消费 102 元,比 1952 年 76 元提高 27.4%。职工总数 2451 万人,增长 55.1%;年均工资 637 元,增长 42.8%。

架起国家工业化的脊梁

在"一五"时期,我国开展了前所未有的大规模工业化建设,尤其是以"156 项工程"为标志的国家工业化从根本上改变了我国国民经济和工业发展的面貌。"156 项工程"建设是中国近现代以来引进规模最大、效果最好、作用最大的工业化建设高潮,被称为工业化奠基之役。

"156 项工程"建设

在"一五"计划建设项目中,苏联帮助我们设计并援助建设的"156 项工程"(实际施工的工程为 150 项)具有特别重要的意义,大部分填补了我国工业空白。"156 项工程"涵盖了国防、钢铁、有色金属、机械、船舶、航空、电子、化工、能源等 14 个工业领域。其中就民用工业 106 项工程来说,仅投资了 156.1 亿元人民币,就使我国的工业生产能力和技术水平前进了一大步,为后来的工业化奠定了坚实的基础。从"156 项工程"产业结构来看,主要出于以下三种考虑:一是针对朝鲜战争爆发后的国际形势和中国国防工业极端薄弱的情况,将国家安全放在紧迫的地位加以考虑;二是根据旧中国重工业基础非常薄弱,已经成为工业化中的瓶颈部门;三是既考虑到利用原来的工业基础,又考虑到备战和改善过去地区布局不平衡。主要可以分为这样几类：

国防工业共44项。它们是航空工业12项：南昌飞机厂、株洲航空发动机厂、沈阳飞机厂、沈阳航空发动机厂、西安飞机附件厂、西安发动机附件厂、陕西兴平航空电器厂、宝鸡航空仪表厂、哈尔滨飞机厂、哈尔滨航空发动机厂、南京航空液压附件厂、成都飞机厂（成都航空发动机厂）；电子工业10项：如北京电子管厂、西安电力机械制造公司等；兵器工业16项；航天工业2项；船舶工业4项。这些项目为我国国防工业建设奠定了坚实的基础，并带动了其他工业项目和现代产业的发展。

冶金工业共20项。它们是钢铁工业7项：鞍山钢铁公司、本溪钢铁公司、吉林铁合金厂、富拉尔基特钢厂、武汉钢铁公司、热河（承德）钒钛厂、包头钢铁公司；有色金属13项：抚顺铝厂、哈尔滨铝加工厂、吉林炭素厂（电极厂）、洛阳铜加工厂、白银有色金属公司、株洲硬质合金厂、杨家杖子钼矿、江西大吉山钨矿、江西西华山钨矿、江西岿美山钨矿、云南锡业公司、云南东川铜矿、云南会泽铅锌矿。完成投资46.61亿元，新增固定资产38.13亿元，极大加强了我国钢铁工业基地和有色金属工业建设。

能源工业52项。它们是煤炭工业25项：峰峰中央洗煤厂、峰峰通顺三号立井、大同鹅毛口立井、潞安洗煤厂、辽源中央立井、阜新海州露天煤矿、阜新平安立井、阜新新邱一号立井、抚顺西露天矿、抚顺东露天矿、抚顺龙凤矿、抚顺老虎台矿、抚顺胜利矿、通化湾沟立井、兴安台二号立井、鹤岗东山一号立井、鹤岗新安台十号立井、兴安台洗煤厂、双鸭山洗煤厂、城子河洗煤厂、城子河九号立井、淮南谢家集中央洗煤厂、平顶山二号立井、焦作中马村立井、铜川王石凹立井；电力工业25项：北京热电厂、石家庄热电厂、太原第一热电厂、太原第二热电厂、包头四道沙河热电厂、包头宋家壕热电厂、阜新热电厂、抚顺电厂、大连热电厂、丰满水电站、吉林热电厂、富拉尔基热电厂、佳木斯纸厂热电厂、郑州第二热电厂、洛阳热电厂、三门峡水利枢纽、武汉青山热电厂、株洲热电厂、重庆电厂、成都热电厂、云南个旧电厂、西安热电厂、陕西户县热电厂、兰州热电厂、乌鲁木齐热电厂；石油工业2项：兰州炼油厂、抚顺第二制油厂。"一五"时期能源工业为了适应国民经济发展需要，充分利用原有矿区，积极开始建设新的煤炭基地，逐步改善煤炭工业布局。

机械工业24项。它们是：沈阳风动工具厂、沈阳第一机床厂、沈阳电缆厂、沈阳第二机床厂、长春第一汽车制造厂、哈尔滨量具刃具厂、哈尔滨电表仪器厂、哈尔滨锅炉厂、哈尔滨汽轮机厂、哈尔滨电机厂、第一重型机械厂、哈尔滨电碳厂、哈尔滨轴承总厂、洛阳滚珠轴承厂、洛阳矿山机械厂、洛阳第一拖拉机厂、武汉重型机床厂、湘潭船用电机厂、西安高压电瓷厂、西安开关整流器厂、西安绝缘材料厂、西安电力电容器厂、兰州石油机械厂、兰州炼油化工机械厂等。完成投资38.47亿元，新增固定资产30.25亿元，新增金属切削机床制造能力13549台，设备自给率达到62%，初步建立了比较完整的机械工业构架。

化学工业和轻工业共10项。它们是化学工业7项：太原化工厂、太原氮肥厂、吉林氮肥厂、吉林染料厂、吉林电石厂、兰州氮肥厂、兰州合成橡胶厂；轻工业（包括医药）共3项：华北制药厂、太原制药厂、佳木斯造纸厂。完成投资13.61亿元，新增固定资产8.75亿元，我国开始有能力生产高级染料、航空油漆、塑料、抗菌素、飞机轮胎及特种橡胶制品等。[1]

此外，为了确保"一五"计划建设目标的实现，建材工业安排限额以上项目21个，完成投资6.33亿元。重点发展水泥生产、扩大建材品种、采用新技术装备，建设了山西大同、甘肃永登、新疆乌鲁木齐、云南昆明、四川江油、河南洛阳6个水泥厂和湖南株洲、河南洛阳2个平板玻璃厂。[2]

---

[1] 《袁宝华回忆录》（精装），中国人民大学出版社2018年版，第139—140页。董志凯等主编：《中华人民共和国经济史（1953—1957）》上，社会科学文献出版社2011年版，第126页。

[2] 曾培炎主编：《中国投资建设50年》，中国计划出版社1999年版，第53页。

"一五"计划建设的宝贵经验

"一五"时期我国经济建设的基本经验最根本一条就是:抓住时机,大力发展重工业,迅速改变了我国国民经济落后面貌和国民经济结构落后局面。

第一,"一五"计划时期优先发展重工业是迅速改变我国经济落后面貌、加速实现社会主义工业化的必然要求。"一五"计划的基本任务是,在进行社会主义改造的同时,集中主要力量进行以 156 个建设单位为中心的、由限额以上的 694 个建设单位组成的工业建设,并以重工业建设作为经济建设的中心,占工业部门基本建设投资的 85%,迅速建立起了我国社会主义工业化的初步基础。1957 年比 1952 年,在年均社会总产值增长 70.9%、国民收入年均增长 53% 的情况下,全国人民年均消费水平也增长 22.9%。积累占国民收入使用额的 24.2%,财政收入占国民收入使用额的 33.9%,固定资产投资额占国家财力(财政收入总额和预算外收入)的 42.4%。在当时情况下,是一个比较合适的比例,被称为"二、三、四"比例关系。[①]

第二,"一五"计划时期我国国民经济出现了高速的发展和深刻的变化,工业在国民经济中的地位发生了明显变化。在工农业总产值中,工业总产值所占的比重由 1952 年的 43.1% 提高到 1957 年的 56.7%,工业生产能力成倍提高,工业生产所取得的成就远远超过了旧中国百年来所达到的水平。到 1957 年,钢产量达 535 万吨,原煤产量达 1.3 亿吨,发电量达 193.4 亿度,分别比 1949 年增加了 32.9 倍、2 倍和 3.5 倍。在工业的带动下,国民经济高速发展。

第三,"一五"计划时期较好地解决了农业、轻工业的发展问题,使国

---

① 曾培炎主编:《中国投资建设 50 年》,中国计划出版社 1999 年版,第 61 页。

民经济各部门的发展能够做到统筹兼顾。"一五"期间,我国完成的基本建设投资总额达 588.5 亿元,其中经济和文教部门的基本建设投资总额达 493 亿元。在实际完成的投资总额中,工业部门占 56%,农林水利部门占 8.2%,运输邮电部门占 18.7%。尤其是各级各类教育事业迅速发展,办学条件明显改善。在各级政府充分利用各类空间改建校舍基础上,国家安排教育基本建设投资超过 16.2 亿元,新建和扩建校舍 2349 万平方米,占国家预算内基本建设投资总额的 3.1%。

更为重要的是"一五"计划时期较好地解决了经济发展的几个难题:在经济发展布局上,基本建设投资及投资金额在限额以上的工业建设单位,有一半左右安排在内地,有效调整和改变了我国工业布局不合理的状况;在经济建设规模、效益和速度上,坚持建设与国力相适应,工业、农业生产平均每年增长指标既积极又稳妥;坚持把发展生产同改善人民生活恰当地结合起来,积累和消费的比例关系比较协调;坚持把争取外援与自力更生结合起来,在积极争取苏联的援助的同时,强调我国经济建设要以国内力量为主。

阎明复记述了 1995 年夏天与苏联援华总顾问阿尔希波夫交谈的情况。他记述了阿尔希波夫的回忆:"苏联帮助中国建立了飞机、坦克、火炮和无线电工厂,提供了当时最现代化的仪器和设备、先进的军械样品,如飞机、坦克等。我们还帮助中国建立了生产潜艇的工厂和相应的基地。对苏联提供的设备,中国是用易货贸易方式支付的,军工技术是用优惠贷款支付的。中国向苏联提供了某些战略物资,如锡、锡精矿等。中国还向苏联提供了大量的日用消费品。"(20 世纪)"50 年代,苏联缺少可兑换的外币,我们请求中国用外币支付一部分我们供应的货物。中国每年向我们提供 1 亿~1.2 亿美元,这笔钱主要来自国外的侨汇。1959 年至 1960 年,中国侨汇情况严重复杂化,便向我们提供黄金,由我们拿到国际市场出售,从而弥补了苏联外汇的不足。"①苏联帮助中国建设了许多现代化工业体系的骨干企业,向中国提供大量先进技术装备和先进技术知识。同时,中国竭尽所能支援苏联的社会主义建设,包括稀有金属、生活必需品、外汇等。

在"一五"计划时期,中国义无反顾地承担了英勇艰巨的国际主义义务,全力支援抗美援朝。朝鲜战争爆发后,中国先后有290万人参与抗美援朝,登记确认牺牲197653人,消耗各种物资560多万吨,各项直接支出62亿元,并在朝鲜半岛停战后对朝鲜进行了大量无偿援助。与此同时,对周边国家的建设进行了力所能及的援助,例如,援助越南抗击法国侵略者及战后医治战争创伤、恢复经济活动,对蒙古国、柬埔寨、尼泊尔等进行了大量经济和技术援助。

---

① 阎明复:《听阿尔希波夫谈中苏关系》,载曲青山、高永中主编《新中国口述史(1949—1978)》,中国人民大学出版社2015年版,第244—245页。

三、独立自主、自力更生之路

在中国建设社会主义是前无古人的伟大事业。在中国结束了半殖民地半封建社会、经济文化都比较落后的基础上建设社会主义，是前人从来都没有尝试过的事业，中国共产党没有成功的国内先例可以继承和效法，只能硬着头皮进行艰苦探索；同样，国外已经实行了社会主义制度的国家的经济文化基础大都比我们雄厚，在如此一穷二白的基础上建设社会主义也是许多马克思主义经典作家所没有遇到的挑战，我国也没有现成的国外模式可以照搬，只能依靠中国共产党人艰苦探索。

可喜的是"在这个时期，毛泽东同志提出把马克思列宁主义基本原理同中国具体实际进行'第二次结合'，以毛泽东同志为主要代表的中国共产党人，结合新的实际丰富和发展毛泽东思想，提出关于社会主义建设的一系列重要思想"，这其中就包括正确处理我国社会主义建设的十大关系，走出一条适合我国国情的工业化道路，尊重价值规律等。"毛泽东思想是马克思列宁主义在中国的创造性运用和发展，是被实践证明了的关于中国革命和建设的正确的理论原则和经验总结，是马克思主义中国化的第一次历史性飞跃。毛泽东思想的活的灵魂是贯穿于各个组成部分的立场、观点、方法，体现为实事求是、群众路线、独立自主三个基本方面，为党和人民事业发展提供了科学指引。"①

中国建设只能走自己的道路

1956—1957年,以毛泽东为核心的中国共产党开始对适合中国国情的社会主义建设道路进行了卓有成效的探索,取得了重大的理论成果,集中体现在中共八大的正确路线、《论十大关系》和《关于正确处理人民内部矛盾的问题》之中。中国革命的道路是中国共产党把马克思主义与中国实践相结合的产物,中国并没有完全照搬苏联等国家的模式,通过暴力革命直接进入社会主义社会,而是从中国的实际出发,通过无产阶级领导的新民主主义革命过渡到社会主义社会。1949年7月,斯大林在与到访的刘少奇等交谈时说:"关于马克思主义,在一般的理论方面,也许我们苏联人比你们知道得多一些,但把马克思主义的一般原则应用到实际中去,则你们有许多经验值得我们学习。在过去,我们已经向你们学习了很多。"②这应该是当时社会主义阵营各国都普遍认同的观点。

探索中国自己的建设道路

"一五"计划的超额完成,为我国探索中国自己的经济建设道路、建立相对独立完整的工业体系和国民经济体系、实现国家工业化奠定了重要基础,中国可以也应该走出一条自己的建设道路。"三大改造"的基本完成,标志着我国已由新民主主义经济过渡到社会主义经济,建立起了以单一公

---

① 《中共中央关于党的百年奋斗重大成就和历史经验的决议》,人民出版社2021年版,第12、13页。
② 中共中央文献研究室编:《刘少奇传》下,中央文献出版社2008年版,第597页。

有制和计划经济为特征的社会主义经济制度和经济体制。这些都使中国共产党和人民政府加深了对中国国情的认识，积累了经济建设的丰富经验，为探索中国自己的经济建设道路创造了条件。

从1955年12月开始，为了准备中国共产党第八次全国代表大会，思考和研究"三大改造"完成后中国经济建设的道路，刘少奇从1955年12月至1956年3月先后听取了中央和国务院37个部门主要负责人的工作汇报，详细询问和了解各个部门、各个行业的生产能力、技术水平、设备状况、产品流通和干部职工情况。毛泽东也在思考举行中共八大的相关问题，但他更关心中国社会主义长远发展的一些问题。在1956年1月最高国务会议讨论《一九五六年到一九六七年全国农业发展纲要（草案）》时，毛泽东阐述了他如何评价"三大改造"的思想，指出："社会主义革命的目的是为了解放生产力。农业和手工业由个体的所有制变为社会主义的集体所有制，私营工商业由资本主义所有制变为社会主义所有制，必然使生产力大大地获得解放。这样就为大大地发展工业和农业的生产创造了社会条件。"我们要大发展，"要在几十年内，努力改变我国在经济上和科学文化上的落后状况，迅速达到世界上的先进水平"①。

从1956年2月14日至4月24日，毛泽东认真听取了中央和国务院34个部门的汇报，边听汇报边讨论。1956年4月，他又开始审阅各省、市、自治区党委的汇报材料和工交部门900个重要工厂及建设工地给中央的书面报告。这一系列调查研究的目的，就是要总结国内外经济建设的经验与教训，调动国内外一切积极因素，探索一条比苏联、东欧各国发展得更好更快的建设道路。

与此同时，苏联等东欧国家在经济建设中存在的问题，特别是重工业的超常规发展造成的国民经济比例严重失调问题，高度集中的经济管理体制所带来的官僚主义、经济效益低下等问题，引起了中国的高度关注和重

---

① 《毛泽东文集》第七卷，人民出版社1999年版，第1、2页。

视。尤其是以下两个方面的问题：一是对工业化战略和政策的反思与探索，即对农轻重关系、积累与消费关系、经济增长速度、对外经济关系的再认识；二是对经济体制的反思和探索，即对所有制结构、计划与市场关系、中央与地方关系、政府与企业关系、企业内部的党政关系等的再认识。针对在学习和借鉴苏联等国家的经验中出现的偏差，毛泽东提出必须处理好学习与创新的关系，学习应是有分析有批判地学习，不能照搬照抄、机械搬用。毛泽东说："最近苏联方面暴露了他们在建设社会主义过程中的一些缺点和错误，他们走过的弯路，你还想走？过去我们就是鉴于他们的经验教训，少走了一些弯路，现在当然更要引以为戒。"①

《论十大关系》讲话的发表

1956年4月25日，毛泽东在中共中央政治局扩大会议上发表了题为《论十大关系》的著名讲话。在《论十大关系》中，他把探索中国自己的社会主义建设道路的任务提到全党面前，并论述了中国经济建设的一系列重要原则。这十大关系是：第一，关于重工业和轻工业、农业的关系。毛泽东说：必须优先发展生产资料的生产，但是决不可以因此忽视生活资料尤其是粮食的生产。强调必须正确处理农、轻、重的比例关系，更多地发展轻工业和农业。从国外经验教训来看，苏联农业滞后问题比较严重，东欧国家轻重工业不平衡问题比较严重。第二，关于沿海工业和内地工业的关系。毛泽东说：我国全部轻工业和重工业，都有约70%在沿海，只有30%在内地。鉴于"一五"计划建设的项目主要安排在东北地区和内地省份，提出要平衡工业发展布局，强调要更多地利用和发展沿海工业。第三，关于经济建设和国防建设的关系。毛泽东说：要把军政费用降到适当的比例，增加经济建设费用。运用更多资金多开设一些工厂、多制造一些机器。第

---

① 《毛泽东文集》第七卷，人民出版社1999年版，第23页。

四,关于国家、生产单位和生产者个人的关系。毛泽东说:必须兼顾国家、集体和个人三个方面,特别要照顾农民的利益,给企业一定的权力和一定的独立性。第五,关于中央和地方的关系。毛泽东说,在巩固中央统一领导的前提下,扩大地方权力,让地方办更多的事情。有两个积极性比有一个积极性好得多。第六,关于汉族和少数民族的关系。毛泽东说:着重反对大汉族主义,也要反对地方民族主义,执行好民族区域自治政策。第七,关于党和非党的关系。毛泽东说,长期共存,互相监督。第八,关于革命与反革命的关系。毛泽东认为,反革命因素是消极因素、破坏因素,但已经大为减少,社会"镇反"要少抓少杀。第九,关于是非关系。毛泽东说:党内外都要分清是非,对犯错误的人要"惩前毖后,治病救人",帮助改正错误,允许继续革命。第十,关于中国和外国的关系。毛泽东说:一切民族、一切国家的长处都要学,资本主义国家先进的科学技术和企业管理中科学的方法也要学习。①

在起草中共八大开幕词过程中,毛泽东还思考了中国实现国家工业化的时间表问题。在这个时间表中有两个时间节点,一是实现初步工业化的时间,二是接近或赶上世界上工业最发达国家的时间。他写道:"到那时,即到一九六七年第三个五年计划完成的时候,工业产值将占百分之六十几,农业产值将占百分之三十几,这样我国就可以说基本上有了现代工业了,就可以说初步地工业化了。但是我国是一个具有六亿人口的国家,到第三个五年计划完成的时候,按照每年增加一千二百万人计算,那时将有七亿几千万人口,按照每人占有各项主要工业产品的数量来说,我国要进一步工业化,要接近或者赶上世界上工业最发达的国家,那就需要几十年才有可能。"②他还认为,中国建设所需要的和平环境是可以争取到的,因

---

① 《毛泽东文集》第七卷,人民出版社1999年版,第23—44页。
② 中共中央文献研究室编,逄先知、金冲及主编:《毛泽东传(1949—1976)》上,中央文献出版社2003年版,第529页。

为"需要一个持久的和平环境,并且愿意为和平事业努力,争取避免再发生一次世界大战的人们,占了人类的大多数,这种趋势还会发展"①。

《论十大关系》的基本方针就是:"我们一定要努力把党内党外、国内国外的一切积极的因素,直接的、间接的积极因素,全部调动起来,把我国建设成为一个强大的社会主义国家。"②正如他后来在《十年总结》中所说:"前八年照抄外国的经验。但从一九五六年提出十大关系起,开始找到自己的一条适合中国的路线。"③

中共八大的重大决策

1956年9月15日至27日,中国共产党第八次全国代表大会召开。这是新中国成立后中国共产党召开的第一次全国代表大会,也是在我国完成了过渡时期的基本任务、开始进行社会主义建设的关键时刻召开的重要会议。会前,毛泽东说:"我国是一个东方国家,又是一个大国。因此,我国不但在民主革命过程中有自己的许多特点,在社会主义改造和社会主义建设的过程中也带有自己的许多特点。"④

中共八大及其政治报告围绕着社会主义建设这个主题,特别是以毛泽东《论十大关系》为指导思想,就中国社会主义建设一系列重大问题作出了回答。毛泽东在开幕词中明确了大会的任务,就是:"总结七大以来的经验,团结全党,团结国内外一切可以团结的力量,为建设伟大的社会主义中

---

① 中共中央文献研究室编,逄先知、金冲及主编:《毛泽东传(1949—1976)》上,中央文献出版社2003年版,第530页。
② 《毛泽东文集》第七卷,人民出版社1999年版,第44页。
③ 中共中央文献研究室编,逄先知、金冲及主编:《毛泽东传(1949—1976)》上,中央文献出版社2003年版,第485—486页。
④ 中共中央文献研究室编:《建国以来毛泽东文稿》第6卷,中央文献出版社1992年版,第143页。

国而奋斗。"①刘少奇代表中共中央作了政治报告。

中共八大对于中国社会主义建设事业作出的重大决策主要有:第一,对中国当时社会的阶级关系和主要矛盾作出了科学的分析和判断。明确宣布:国内的主要矛盾已经不再是工人阶级和资产阶级的矛盾,而是人民对于建立先进的工业国的要求同落后的农业国的现实之间的矛盾,已经是人民对于经济文化发展的需要同当前经济文化不能满足人民需要的状况之间的矛盾。我国的社会主义和资本主义谁战胜谁的问题,现在已经解决了。"革命的暴风雨时期已经过去了,新的生产关系已经建立起来,斗争的任务已经变为保护社会生产力的顺利发展。"②社会主要矛盾性质的变化要求我们适时地转变头脑和工作作风。第二,及时地提出了党的工作中心由过渡时期的革命与建设并举,转移到社会主义经济建设上来。"我们党现时的任务,就是要依靠已经获得解放和已经组织起来的几亿劳动人民,团结国内外一切可能团结的力量,充分利用一切对我们有利的条件,尽可能迅速地把我国建设成为一个伟大的社会主义国家。"③中共八大对当时我国的形势与任务的估计和评价是符合实际的,对社会主义建设道路的探索也是沿着正确的方向进行的。第三,明确提出在社会主义阶段,全党全国人民的主要任务,已经由解放生产力变为在新的生产关系下面保护和发展生产力,尽快把我国建设成先进的工业强国。毛泽东在开幕词中提出:"我们现在也面临着和苏联建国初期大体相同的任务。要把一个落后的农业的中国改变成为一个先进的工业化的中国,我们面前的工作是很艰苦的,我们的经验是很不够的。因此,必须善于学习。""我们决不可有傲慢的大国主义的态度,决不应当由于革命的胜利和在建设上有了一些成绩而自高自大。""即使我们的工作得到了极其伟大的成绩,也没有任何值得骄

---

① 《毛泽东文集》第七卷,人民出版社1999年版,第86页。
② 《刘少奇选集》下卷,人民出版社1985年版,第253页。
③ 《刘少奇选集》下卷,人民出版社1985年版,第203页。

傲自大的理由。虚心使人进步,骄傲使人落后,我们应当永远记住这个真理。"①第四,重申了"既积极又稳妥可靠"的既反保守又反冒进的经济建设总方针。提出"发展速度必须是积极的,以免丧失时机,陷入保守主义的错误;又必须是稳妥可靠的,以免脱离经济发展的正确比例,使人民的负担过重,或者使不同的部门互相脱节,使计划不能完成,造成浪费,那就是冒险主义的错误"。② 大会提出要在三个五年计划或者再多一点时间内,在我国建成一个基本上完整的工业体系的战略设想。正如《中共中央关于党的百年奋斗重大成就和历史经验的决议》中总结的那样,"党的八大根据我国社会主义改造基本完成后的形势,提出国内主要矛盾已经不再是工人阶级和资产阶级的矛盾,而是人民对于经济文化迅速发展的需要同当前经济文化不能满足人民需要的状况之间的矛盾,全国人民的主要任务是集中力量发展社会生产力,实现国家工业化,逐步满足人民日益增长的物质和文化需要"③。

中共八大确定的引人关注的重大决策还有:要进一步扩大民主,健全法制,着手制定比较系统完备的法律体系;要用和平谈判的方式,使台湾重新回到祖国的怀抱,争取和平解决台湾问题;要以和平共处五项原则为基础,准备同一切尚未同我国建交的国家建立正常的外交关系,我们也同样具有同美国和平共处的愿望,等等。中共八大制定的正确路线标志着我们对社会主义的认识和对中国自己的社会主义建设道路的探索达到了新的水平。

在中共八大会议上,陈云在发言中提出了适合中国国情的社会主义经济体制的比较完整的构想,尤其是"三个主体三个补充"的论述更为突出。

---

① 《毛泽东文集》第七卷,人民出版社1999年版,第116、117页。
② 《刘少奇选集》下卷,人民出版社1985年版,第227页。
③ 《中共中央关于党的百年奋斗重大成就和历史经验的决议》,人民出版社2021年版,第10—11页。

即在工商业经营方面,国家经营和集体经营是主体,一定数量的个体经营是补充;在工农业生产方面,计划生产是主体,按照市场变化而在国家计划许可范围内的自由生产是补充;在市场方面,国家市场是主体,国家领导下的自由市场是补充。① 这个建议为大会决议所吸收。1957年1月,陈云又提出:"建设规模的大小必须和国家财力物力相适应。适应还是不适应,这是经济稳定或不稳定的界限。像我们这样一个有六亿人口的大国,经济稳定极为重要。建设的规模超过国家财力物力的可能,就是冒了,就会出现经济混乱;两者适合,经济就稳定。"②

1957年2月,毛泽东在最高国务会议上发表《关于正确处理人民内部矛盾的问题》的讲话。这篇讲话根据我国社会主义社会主要矛盾的变化,把正确处理人民内部矛盾作为国家政治生活的主题提了出来,从理论上进一步阐述和发展了八大的正确路线。他指出,社会主义社会存在着敌我之间和人民内部两类性质的矛盾,前者是对抗性的矛盾,需要用强制的、专政的办法去解决,后者是非对抗性的,只能用民主的、说服教育的、"团结—批评—团结"的方法去解决。

中国共产党和毛泽东对于中国社会主要矛盾和主要任务的认识取得了巨大飞跃,中国社会主义建设正在开启一个崭新的历史时期。

中国人民艰苦奋斗的缩影

独立自主,自力更生,这是中国社会主义建设的精神写照。无论是在中国社会主义建设发展顺利和取得成功的时候,例如"一五"计划时期国民经济快速发展,各个方面各个领域取得辉煌成就的时候,还是在中国社

---

① 《陈云文选》第三卷,人民出版社1995年版,第13页。
② 《陈云文选》第三卷,人民出版社1995年版,第52页。

会主义建设遭遇挫折和出现困难的时候,例如20世纪50年代后期中苏关系恶化,苏联取消援助、撤走专家的时候,坚持独立自主,自力更生,始终是中国共产党人应该具备的基本精神素质和要求。正像习近平在纪念毛泽东同志诞辰120周年座谈会上的讲话中所指出的:"独立自主是我们党从中国实际出发、依靠党和人民力量进行革命、建设、改革的必然结论。不论过去、现在和将来,我们都要把国家和民族发展放在自己力量的基点上,坚持民族自尊心和自信心,坚定不移走自己的路。""独立自主是中华民族的优良传统,是中国共产党、中华人民共和国立党立国的重要原则。在中国这样一个人口众多和经济文化落后的东方大国进行革命和建设的国情与使命,决定了我们只能走自己的路。""站立在九百六十万平方公里的广袤土地上,吸吮着中华民族漫长奋斗积累的文化养分,拥有十三亿中国人民聚合的磅礴之力,我们走自己的路,具有无比广阔的舞台,具有无比深厚的历史底蕴,具有无比强大的前进定力。中国人民应该有这个信心,每一个中国人都应该有这个信心。"[①]

鼓舞人心的"四个现代化"

中国共产党是中国现代化事业的坚强领导者。早在新中国成立初期,中国共产党就提出了实现"四个现代化"的愿景,在1954年一届人大会议周恩来所作的《政府工作报告》中就提出"建设起强大的现代化的工业、现代化的农业、现代化的交通运输业和现代化的国防"。1957年,毛泽东将其表述为"建设一个具有现代工业、现代农业和现代科学文化的社会主义国家",之后又加了"国防现代化"。在20世纪60年代初期调整国民经济过程中,中国共产党仍然在思考着我国长期经济社会发展的目标。毛泽东在1963年夏天提出:把1963—1965年这三年作为一个过渡阶段,仍然以

---

① 习近平:《论中国共产党历史》,中央文献出版社2021年版,第63—64页。

调整国民经济的"八字方针"为方针,三年过渡之后,搞一个十五年的设想,然后再有十五年左右,建成一个具有现代化农业、现代化工业、现代化国防和现代化科学技术的社会主义强国。① 这一年8月,在中共中央《关于工业发展问题》起草委员会会议上,周恩来提出:"经过一九六三至一九六五年三年过渡和一九六六至一九七五年十年规划,基本建立一个独立的国民经济体系。国民经济体系不仅包括工业,而且包括农业、商业、科学技术、文化教育、国防各个方面。工业国的提法不完全,提建立独立的国民经济体系比只提建立独立的工业体系更完整。苏联就光提工业化,把农业丢了。"②

1964年12月,周恩来在第三届全国人大一次会议上的《政府工作报告》中提出:"今后发展国民经济的主要任务,总的说来,就是要在不太长的历史时期内,把我国建设成为一个具有现代农业、现代工业、现代国防和现代科学技术的社会主义强国,赶上和超过世界先进水平。为了实现这个伟大的历史任务,从第三个五年计划开始,我国的国民经济发展,可以按两步来考虑:第一步,建立一个独立的比较完整的工业体系和国民经济体系;第二步,全面实现农业、工业、国防和科学技术的现代化,使我国经济走在世界的前列。"具体而言,"第三个五年计划时期,是实现上述第一步任务的一个关键时期,这个时期的工作做好了,再经过大约两个五年计划的时间,就可以有把握地使我国建立起一个独立的比较完整的工业体系和国民经济体系"③。可见,在严峻困难面前,党仍然提出努力把我国逐步建设成为一个具有现代农业、现代工业、现代国防和现代科学技术的社会主义强国,领导人民开展全面的大规模的社会主义建设。

---

① 中共中央文献研究室编,逄先知、金冲及主编:《毛泽东传(1949—1976)》下,中央文献出版社2003年版,第1358页。
② 中共中央文献研究室编:《建国以来重要文献选编》第十六册,中央文献出版社1997年版,第614页。
③ 《周恩来选集》下卷,人民出版社1984年版,第439页。

"四个现代化"在20世纪六七十年代和改革开放初期,始终是鼓舞全体中国人民的宏伟奋斗目标和强大精神力量。

"鞍钢宪法"

鞍山钢铁公司是中国历史最悠久的大型钢铁企业之一。在日本帝国主义对东北地区实行殖民统治时期,鞍钢实际上受日本对东北侵略的指挥机构——南满洲铁路株式会社控制,先后被称为鞍山制铁所和昭和制钢所,成为日本发动大规模侵华战争的重要钢铁生产基地,1926—1934年共生产生铁232万吨,其中176.5万吨输往日本。历史上产量最高的1943年,生产生铁130万吨、钢84万吨、钢材49.5万吨。1946年4月,南京国民政府接收鞍钢,10月鞍山钢铁有限公司成立。但是南京国民政府在接管鞍钢的22个月中,对修复被破坏的鞍钢生产设备几乎没有什么大的举措,仅修复了2座焦炉、1座平炉和部分轧钢厂,期间仅生产钢锭0.95万吨、钢材1.25万吨。

鞍钢是在1948年2月回到人民手中之后才开始真正恢复发展起来的。面对一片废墟般的场景,就连留在鞍钢的原日本昭和制钢所理事濑尾喜代三也说:"恢复鞍钢,需美国的资金、日本的技术和20年的时间,谈何容易!看来鞍钢只好种高粱了。"

中国共产党和中国工人阶级不信邪!1949年7月9日,鞍钢举行盛大开工典礼,中共中央、中央军委送来"为工业中国而斗争"的锦旗,新中国第一个大型钢铁企业正式开工。1952年,鞍钢生产铁82.56万吨、钢78.87万吨、钢材47万吨;1949—1952年鞍钢生产的铁、钢、钢材分别占全国产量的46%、63.6%、46.8%。根据中共中央的要求,最重要的是要在第一个五年计划期间基本上完成以鞍山钢铁联合企业为中心的东北工业基地的建设,使这个基地能更有力地在技术上支援新工业地区的建设。随着大型轧钢厂、无缝钢管厂、7号高炉三大工程开工,鞍钢的大规模建设拉开序幕。"一五"期间,鞍钢共完成基建投资总额15.45亿元,占全国同期冶金工业基建投资总额的1/3,主要建设工程39项,全部竣工投产26项。1957年,鞍钢生产生铁336.1万吨、钢290.7万吨、钢材192.39万吨,品种由1952年的32类378种增加到98类710种。"大跃进"对鞍钢正常的生产造成了一定的破坏,但是鞍钢也是最早走出经济困难的大型国有钢铁企业。

作为我国大型现代化企业之一,鞍钢也不断探索适合中国国情、具有中国特色的企业管理制度。1960年3月,毛泽东在中共中央批转《鞍山市委关于工业战线上的技术革新和技术革命运动开展情况的报告》批示中,充分肯定了鞍钢总结出的一套经验,并将其称为"鞍钢宪法"。"鞍钢宪法"是对20世纪50年代我国学习和借鉴苏联的企业管理制度和管理经验的创新和超越。当时苏联的企业管理制度是以马格尼托哥尔斯克冶金联合工厂经验为代表的一长制管理方法,被我国企业称为"马钢宪法"。鞍钢的经验主要是:坚持政治挂帅;加强党的领导;大搞群众运动;实行"两参一改三结合"(即干部参加劳动、工人参加管理,改革不合理的规章制度,工人群众、领导干部和技术人员结合);大搞技术革新和技术革命。鞍钢的这五条经验和做法被视为中国社会主义企业的基本原则,得到广泛宣传和推广,产生了十分广泛的影响,后来被吸收到1961年中共中央颁布的《国营工业企业工作条例(草案)》(即"工业七十条")中,成为中国特色企业管理制度的重要内容。

"鞍钢宪法"提出坚持政治挂帅,最重要的就是要坚持以毛泽东思想为引领,不断进行思想革命,彻底破除迷信,解放思想。这主要是要解决当时我国工业管理和企业管理中存在着的"洋迷信",对实行的学习和借鉴苏联的一套管理经验和管理模式不敢越雷池一步,缺少敢想敢干的精神;提出的"两参一改三结合",主要是要解决企业中干部、工人、技术人员在管理过程中的关系问题,特别是工人参加管理有利于培养工人的主人翁意识,推动企业民主管理;提出大搞技术革新和技术革命,就是要放手发动群众开展技术革新和技术革命,探索出一条中国式的工业企业发展道路。①

大庆精神

在国民经济调整时期,中国涌现出不少先进典型,它们为克服严峻经济困难、争取工农业生产好转作出了重要贡献。其中突出代表就是20世纪60年代我国经济战线的两面旗帜——大庆和大寨,它们是工业战线和农业战线艰苦奋斗的典范。

余秋里在回忆20世纪60年代初期的情况时说:"60年代初期,我国出现了严重的经济困难,国家急需大量石油。我国石油工业1958年、1959年虽然有了较快的发展,但仍然远远满足不了国家的需要。1959年,全国石油产品总销售量为505万吨,国内自产仅205万吨,自给率只有40.6%。国家不得不耗用大量外汇进口原油和成品油。当年国家用于进口原油和成品油的外汇为1.83亿美元,占全国进口用汇总额的6.7%。即便如此,石油产品的供应仍十分紧张。1960年,按照国家计划安排,全国原油需要量超过1000万吨,而国内只能生产500万吨,缺口500多万吨。在当时的国际形势下,进口原油已非常困难。即使有的国家卖给我们原油,我们也没有那么多的外汇。在缺油的情况下,许多地方的汽车改烧木炭、酒精,就连北京的公共汽车也背上了煤气包。尤其是军用油品,当时几乎全部依赖进口。由于油料短缺,空军和其他一些部队的飞行训练和执勤都受到严重影响。"②

---

① 中国企业史编辑委员会编:《中国企业史:典型企业卷》上,企业管理出版社2002年版,第18—19页。
② 《余秋里回忆录》下册,人民出版社2011年版,第486—487页。

大庆油田位于黑龙江省西部、松嫩平原中部,被发现于1959年,1960年正式投入开发。大庆油田的发现对我国国民经济的意义可想而知,大庆人的艰苦奋斗为我国石油战线树立起了一面光辉旗帜。1960年2月6日,时任石油部部长的余秋里给国务院领导写信,汇报了松辽地区石油勘探情况和石油部准备在松辽地区组织石油会战的打算,请求国家增加部分投资、设备、器材和劳动力。几天后,他又向邓小平汇报了准备集中石油系统一切可以集中的力量,用打歼灭战的办法,在松辽地区开展一场勘探开发石油的大会战。在邓小平的支持下,石油部党组2月13日向中央报送了《关于东北松辽地区石油勘探情况和今后工作部署问题的报告》(简称《报告》),《报告》中说:"目前,已经在黑龙江省肇州县大庆(原名大同镇)地区,探明了一块200平方公里储油面积的大油田。初步估算,地质储量在1亿吨以上,大体上相当于新疆克拉玛依油田。""像这样大的油田,全世界也只有20多个。它又处在工业发达、交通便利的东北地区,这对加速我国石油工业的发展,是具有极其重要的意义的。"[1]"我们打算集中石油系统一切可以集中的力量,用打歼灭战的办法,来一个声势浩大的会战。从玉门、新疆、青海、四川等石油管理局和其他有关石油厂、矿、院、校,抽调几十个优秀的钻井队和必需的采油、地质及其他工种队伍,加上2000多名科学技术人员,参加这个大会战。抽调的人员都要精兵强将,在现场大搞比武竞赛,掀起一个大规模的群众运动,一鼓作气地拿下这个地区。"[2]《报告》送上去仅仅7天,中央就于1960年2月20日批转了,指出:"积极地、加快地进行松辽地区的石油勘探和开发工作,对于迅速改变我国石油工业的落后状况,有着重大的作用。"[3]用余秋里的话说,一场标志着从根本上改变我国石油工业落后面貌的石油大会战拉开了序幕。

---

[1] 《余秋里回忆录》下册,人民出版社2011年版,第489页。
[2] 《余秋里回忆录》下册,人民出版社2011年版,第490页。
[3] 《余秋里回忆录》下册,人民出版社2011年版,第491页。

1960年3月,根据中央批示,各部委和各个部门迅速调剂一批钢材、设备支援松辽石油勘探,包括钢材1.8万吨、发电机组6000千瓦、载重汽车100辆、吉普车30辆、45匹马力拖拉机60台、机床50台、压路机2台、油井水泥1万吨、轴承4000~6000套,木材则由黑龙江就地调整支援。余秋里提出:"大庆石油会战,只能上,不能下,只准前进,不准后退,争取以最快的速度、最高的水平,把这个大油田勘探、开发、建设好,把石油工业落后的帽子甩到太平洋里去。"1960年2月,中共中央决定动员3万名退伍兵给石油部,到4月已有2万余复员转业军人抵达大庆。参加石油会战的职工喊出了"三要""十不"的豪言壮语,"三要"就是:要甩掉中国石油落后的帽子,要高速度、高水平拿下大油田,要赶超世界先进水平为国争光;"十不"就是:不怕苦,不怕死,不为名,不为利,不讲工作条件好坏,不讲工作时间长短,不讲报酬多少,不分职务高低,不讲分内分外,不分前线后方,同心协力夺取石油会战的胜利。会战前线领导小组和指挥部机关设在萨尔图,萨尔图在蒙语和满语中分别是"多风之地"和"泥泞的沼泽"之意,当时这里是放牧场,只有150户人家、千余口人。前线领导小组和指挥部机关看到这里有一些没有盖顶的牛棚闲置着,就自己动手找来席子,和上泥巴,给牛棚封上顶。余秋里、康世恩等会战领导,就住在这些又冷又阴的牛棚里办公,后来在牛棚附近盖了一些活动板房,形成了院落。

在大庆石油会战中,大庆的经验和做法也日益成熟,例如坚持"两论"起家,通过学习《实践论》《矛盾论》提高辩证唯物主义观点,解决大会战和生产中遇到的问题;坚持"三老四严"以提高主人翁意识,就要做老实人,说老实话,办老实事,工作要有严格的要求,严密的组织,严肃的态度,严明的纪律;坚持"四个一样"以加强企业管理,夜班和白班执行制度一样,坏天气和好天气执行制度一样,领导不在场和领导在场执行制度一样,没人检查和有人检查执行制度一样。大庆工人的这一切做法所体现出来的就是独立自主、自力更生的精神气概!

在国民经济调整时期,大庆石油产量以平均每年23.5%的速度递增,1961—1965年其年产量占全国石油产量的比重都超过50%,最高达73.7%。1966年已可生产石油上千万吨。在十分困难的条件下和十分艰苦的环境中,大庆油田坚持自力更生、艰苦奋斗,创造出一个又一个奇迹,涌现出一大批王铁人式的中国工人阶级的先进代表。大庆的经验:建立强有力的政治工作,特别是"两论"起家的经验;独立自主、自力更生、艰苦创业的精神;依靠群众和实行以"岗位责任制"为中心的企业管理制度;建设"工农结合,城乡结合,有利生产,方便生活"的社会主义新矿区;加强党对企业的绝对领导,建设一套革命化的领导班子和一支素质良好、技术过硬、吃苦耐劳、具有"三老四严"作风的职工队伍。

正是由于大庆油田的巨大贡献,新华社1963年12月奉命宣告:中国石油产品已经基本自给。毛泽东高度评价了大庆先进典型,号召工业学大庆,极大地鼓舞了中国人民自力更生、奋发图强的精神,有力地促进了国民经济的整顿工作。大庆精神后来被概括为:为国争光、为民族争气的爱国主义精神,独立自主、自力更生的艰苦创业精神,讲究科学、"三老四严"的求实精神,胸怀全局、为国分忧的奉献精神,就是爱国、创业、求实、奉献精神。今天的人们不应忘记他们在最艰苦时期的奋斗精神。[①]

工人阶级群英谱

习近平2013年4月28日在同全国劳动模范代表座谈时指出:"我国工人阶级一定要在坚持中国道路、弘扬中国精神、凝聚中国力量上发挥模范带头作用,万众一心、众志成城,为实现中华民族伟大复兴的中国梦而不

---

① 中国企业史编辑委员会编:《中国企业史·典型企业卷》上,企业管理出版社2002年版,第368—370页。

懈奋斗。"提出中国工人阶级要始终做坚持中国道路的柱石、始终做弘扬中国精神的楷模、始终做凝聚中国力量的中坚。①他热情赞颂了一批社会主义革命和建设时期的优秀人物,"新中国成立后,'高炉卫士'孟泰、'铁人'王进喜、'两弹元勋'邓稼先、'知识分子的杰出代表'蒋筑英、'宁肯一人脏、换来万人净'的时传祥等一大批先进模范,响应党的号召,带动广大群众自力更生、奋发图强。王进喜以'宁可少活20年,拼命也要拿下大油田'的气概,带领石油工人为我国石油工业发展顽强拼搏,'铁人精神'、'大庆精神'成为激励各族人民意气风发投身社会主义建设的强大精神力量"。

这里我们仅仅通过几个典型案例来看看中国工人阶级的创造精神和劳动干劲。

"高炉卫士"孟泰和"青年榜样"王崇伦

在鞍钢恢复生产和发展生产中,有一大批优秀的工人劳动模范发挥了重要的作用。时至今日,人们还津津乐道鞍钢的"高炉卫士"孟泰和"走在时间前面的人"王崇伦。

孟泰(1898—1967)是鞍钢的老工人,在鞍钢恢复生产时期担任炼铁厂修理场配管组副组长。在人民政府接管鞍钢之后,他以主人翁的精神积极参与鞍钢恢复生产和发展生产的热潮之中。当看到恢复生产需要大量零配件时,他带头在日伪时期遗留下来的废铁堆中翻找各种零配件,诸如渣口小套、高压阀门、三通水门、弯头、活接、胶皮管,等等,凡是能够使用或修理后能使用的,都回收起来并分门别类存放,形成了有名的"孟泰仓库";在修复高炉的日子里,他忙碌到经常回不了家,干脆住到车间里来,提出"宁叫人找事故,不叫事故找人"的维修原则;朝鲜战争爆发之后,面对美国飞机飞到鞍山上空对鞍钢的威胁,他带头做护厂队员,把行李搬到车间

---

① 《习近平谈治国理政》第一卷,外文出版社2018年版,第44—46页。

并住到高炉旁,"宁与高炉共存亡";他做了干部后不离开生产一线,组织工人和技术人员联合进行科技攻关,自制成功大型轧辊,并先后解决了十几项技术难题。

袁宝华在回忆当时鞍钢恢复生产的情况时说:"鞍钢工人以实际行动作出了令人振奋的回答。他们自己动手修复设备。缺少部件,他们组织起来从厂内厂外的破铜烂铁堆里拣,发动职工和家属,开展献器材运动。""在孟泰等一批老工人的影响和带动下,工人们纷纷加入清理残存物资的行列,知情者领着大家挖掘日本人和国民党逃跑时藏匿起来的零部件和设备。解放了的鞍钢工人在不到一个月的时间里,收集到的各种器材达21万多件。仅1949年,国家奖励鞍钢护厂、献交器材立功人员就有141名,修复各种设备立功人员1551名。当濑尾参观鞍钢'献纳器材展览会'时十分惊讶,他赞叹:还是共产党的办法好,恢复工作可以大大提前了。"[①]

王崇伦(1927—2002)出身贫苦,在人民政府接管鞍钢后很快成长为鞍钢的青年技工,他曾先后8次改进生产工具,不断突破生产定额。1952年他在承担为中国人民志愿军加工飞机副油箱拉杆的生产任务中,设计并制造出了利用刨床加工拉杆的特殊卡具,这就比原先使用铣床加工提高工效24倍;1953年他在承担试制卡动器过程中,研制成功了"万能工具胎",在以往加工凿岩机所需40多个零件时每加工一个零件就需要更换一套专用卡具,"万能工具胎"全部可以代替。1953年这一年他完成了4年多的工作量,被誉为"走在时间前面的人",毛泽东称赞他是"青年的榜样"。

在鞍钢开展的几十个提合理化建议活动中,广大职工提出了大量的合理化建议,仅1953年就有2.4万名职工提出了各种合理化建议近2万件,被采纳的近万件。1959年,在孟泰和王崇伦的倡议下,鞍钢自发形成了有1500多人参加的技术协作活动,那些技术能手们如刀具能手、焊接能手、吊装能手等,每逢星期天就聚集在一起切磋交流,商议解决各类技术难题。

---

① 《袁宝华回忆录》,中国人民大学出版社2018年版,第104—105页。

东北工业能够很快恢复并发展起来，与这一批劳动模范的贡献和带头作用是分不开的。袁宝华回忆道："1949年10月，东北工业部作出了《关于开展群众性创造生产新记录的决定》，这个活动进一步调动了广大职工的积极性和创造性。在这场活动中，涌现出了一大批建国初期的著名劳动模范。机械厂工人赵国有创造了切削塔轮的新记录；党会安、赵富发创造了切削丝杠的新记录，前者提高效率5倍，后者提高效率10~12倍；张尚举画线组创造了6尺车床画线的新记录，提高效率15倍。当时工人们喊出的口号是'推翻旧指标，创造新记录'。全国著名劳动模范王崇伦、张明山都是那时涌现出来的。王崇伦研制的'万能工具胎'，张明山的'反围盘'就是这时候产生的。不到半年的时间里，鞍钢就有5000多名工人和技术人员创造了17222项大大小小新记录。其中鞍钢6号平炉超过了当时资本主义国家快速炼钢的新记录，毛主席专门发贺电嘉勉。"①

"铁人"王进喜

王进喜（1923—1970）出身贫穷，15岁进入玉门石油公司当工人，玉门解放之后成为新中国第一代石油工人。1956年他在担任贝乌5队队长时，在石油部组织的以"优质快速钻井"为中心的劳动竞赛中，提出了"月上千，年上万，祁连山上立标杆"的口号，并创造出了月进尺5009.3米的全国钻井最高记录。他所带领的贝乌5队被命名为"钢铁钻井队"，他被誉为"钻井闯将"。

1959年，他作为先进生产者到北京参加群英会，看到由于石油短缺，公共汽车上背着煤气包，很受刺激。他后来说："北京汽车上的煤气包，把我压醒了，真真切切地感到国家的压力、民族的压力，呼地一下子都落到了自己肩上。"1960年3月，王进喜带领1205钻井队从玉门赶往大庆参加石

---

① 《袁宝华回忆录》，中国人民大学出版社2018年版，第105页。

油会战。当他与队员们长途跋涉到达工作地点萨尔图时,他顾不得休息,第一时间就去打听:钻机到了没有?钻井井位在哪里?石油会战的钻井最高记录是多少?当生产运输设备不足时,他发动队员人拉肩扛,硬是把五六十吨重的钻机部件运到井位,竖起井架;当开钻需要大量的水调制泥浆时,他动员队员不等不靠,从远处的水泡子里破冰取水,人工运水50多吨,争取时间提前开钻;当钻井出现井涌现象时,为了防止井喷,在没有重晶石粉的情况下,他在关键时刻选择用水泥代替,并不顾一切跳进泥浆池,用身体搅拌水泥,避免了井喷事故;从安装钻机到第一口井完钻,他坚持七天七夜不下火线,吃住都在井场。余秋里得知王进喜的事迹后,高度重视,后来他回忆道:"我从参加革命斗争的经历中认识到,生产斗争和军事斗争,都是人民群众的事业。人民群众中蕴藏着巨大的积极性和创造力。只要有了正确的政治方向,正确的理论指导,又有鲜明的、活生生的榜样,并与一定的物质技术力量相结合,这种积极性和创造力就可以发挥出来,能够战胜一切困难,创造出丰功伟业。"[1]

在大庆石油会战中,可谓是一个"铁人"前面走,千万个"铁人"跟上来。1960年7月1日,康世恩在指挥部召开的万人大会上指出:在会战中全体职工干劲越来越大,人人学"铁人"、人人做"铁人",出现了更多的"铁人",出现了"王、马、段、薛、朱"五面红旗。[2] 他号召大家进一步开展学"铁人"运动,要将先进水平变成普遍水平。在康世恩看来,"铁人精神"是把我们党的优良传统和解放军的建军经验用到石油工业建设中,在特定的时间、地点、环境和国内外严峻的形势下,在大会战的实践中形成和发展的。它是我们这代人所能创造的最宝贵的精神财富。"铁人精神"打动了许多人,"铁人精神"鼓舞了许多人。一位地质专家对康世恩说:"'铁人'让我

---

[1] 《余秋里回忆录》下册,人民出版社2011年版,第528页。
[2] 五面红旗是指大庆石油会战中涌现出来的工人先进典型王进喜、马德仁、段兴枝、薛国邦、朱洪昌。

明白了,一个民族不讲点艰苦奋斗的革命精神,这个民族就没有希望;一个政党不倡导艰苦奋斗的革命精神,这个党就会失去人心;一个人只讲享受,不讲艰苦奋斗和奉献,也就丧失了人生的价值。"①

在大庆石油会战中,王进喜提出了一系列朴素的口号,例如"有条件要上,没有条件创造条件也要上""宁可少活 20 年,拼命也要拿下大油田""这困难,那困难,国家缺油是最大困难;这矛盾,那矛盾,国家建设等油用是最主要矛盾""我们国家有一个大庆还仅仅是不够啊,要艰苦奋斗一辈子,要当一辈子老黄牛"等。1969 年,王进喜在中共九大上当选为中央委员,周恩来特别将他叫到毛泽东主席身边介绍说:"这是大庆的铁人王进喜。"毛泽东主席握住王进喜的手说:"王进喜我知道,是工人阶级的代表。"

"铁人精神"是什么?大庆的工人们说:"不怕苦、不怕死,不为钱、不为名,一心为国家,一切为革命。""王铁人这个人,国家就是他的命,你就是把他的骨头砸碎了,也找不出半个'我'字!"余秋里更是将其高度概括为:为国分忧、为民争气的爱国主义精神;宁可少活 20 年,拼命也要拿下大油田的忘我精神;有条件要上,没有条件创造条件也要上的艰苦奋斗精神;干工作要为油田负责一辈子,经得起子孙万代检查的认真负责精神;不计名利、埋头苦干的无私奉献精神;当了干部还是个钻工,永做普通劳动者、廉洁奉公的公仆精神;同志间互相关心、互相帮助的团结友爱精神。②

王进喜的"铁人"精神,是我国走独立自主、自力更生道路的真实写照!

习近平 2020 年 11 月 24 日在全国劳动模范和先进工作者表彰大会上指出:"在长期实践中,我们培育形成了爱岗敬业、争创一流、艰苦奋斗、勇于创新、淡泊名利、甘于奉献的劳模精神,崇尚劳动、热爱劳动、辛勤劳动、

---

① 《康世恩传》,当代中国出版社 1998 年版,第 123—124 页。
② 《余秋里回忆录》下册,人民出版社 2011 年版,第 542 页。

诚实劳动的劳动精神,执着专注、精益求精、一丝不苟、追求卓越的工匠精神。劳模精神、劳动精神、工匠精神是以爱国主义为核心的民族精神的生动体现,是鼓舞全党全国各族人民风雨无阻、勇敢前进的强大精神动力。"

《中共中央关于党的百年奋斗重大成就和历史经验的决议》(简称《决议》)总结了中国共产党百年来10条宝贵的历史经验,坚持独立自主就是其中重要的一条历史经验,这条经验任何时候都不过时。当前,我国面临前所未有之大变局,世界各国的经济竞争日益集中表现为高科技领域的竞争。在这种情况下,探索我国现代科技发展和重大科技攻关组织规律与国家全方位科技支持战略,是实现我国科技引领新时代发展的根本要求,特别是新型举国体制最重要的运用领域就是重大科技攻关领域。从世界范围来看,现代科学技术的创新性发展和在经济社会发展中的广泛运用正在酝酿重大突破,科学技术对经济社会发展影响的深度和广度前所未有。而21世纪最近20年科学技术突破的方式已经显示出新的特点,即更多地依赖大规模的集成创新和全球合作,科技发展开始突破原有的所有制限制和国家范围的限制、学科划分和科研团队的限制、军事国防需求和民用需求的限制,经济社会竞争越来越表现为科学技术竞争特别是重大科技攻关项目竞争。各国均高度关注全面推进科技创新发展特别是重大科技创新发展问题,抢占全球高科技创新领域和重大科技战略领域制高点,重大科技攻关和创新只有第一,第一通吃一切,没有第二,第二意味着被淘汰。中国未来面临的高科技领域"卡脖子"问题将日益突出,西方国家与中国的科技竞争将日趋白热化,科技发展对于重点关键环节和重大创新的依赖将空前加强。学习和借鉴我国经济建设特别是工业建设独立自主、自力更生的成功经验,走出一条可以依靠自己的科技力量和科技创新的独特道路意义深远。

正像《决议》指出的那样:"独立自主是中华民族精神之魂,是我们立党立国的重要原则。走自己的路,是党百年奋斗得出的历史结论。党历来坚持独立自主开拓前进道路,坚持把国家和民族发展放在自己力量的基点上,坚持中国的事情必须由中国人民自己作主张、自己来处理。人类历史上没有一个民族、一个国家可以通过依赖外部力量、照搬外国模式、跟在他人后面亦步亦趋实现强大和振兴。那样做的结果,不是必然遭遇失败,就是必然成为他人的附庸。只要我们坚持独立自主、自力更生,既虚心学习借鉴国外的有益经验,又坚定民族自尊心和自信心,不信邪、不怕压,就一定能够把中国发展进步的命运始终牢牢掌握在自己手中。"

四、三线建设与西部发展

三线建设是从20世纪60年代中期开始,中国共产党和毛泽东从我国国防建设的战略需要和国家建设的长远布局角度考虑,确立对我国经济发展结构和工业地区布局进行的重大战略调整,三线建设的核心内容是围绕增强我国国防工业防御能力和抗打击能力而进行的大规模国防工业建设。正因如此,三线建设是对我国工业结构的一次大调整,突出表现在这样两个方面:一是加强我国工业地区结构调整,即工业交通运输的地区布局重点从东部和中部地区转移到西部地区;二是我国产业结构调整,即将产业发展重点由农业和农用工业转移到国防工业和重工业上来。在三线建设过程中,全国数百万建设者从祖国各地奔赴三线建设第一线,在没有现代工业发展基础和建设条件的西部地区先后建立了一大批重点企业和重要工业基地,建设了一批战略意义深远的各具特色的新型工业城市,为缩小我国长期以来形成的东西部经济差距,为建设一个安全稳定的内地国防工业基地,为促进西部社会经济的全面发展特别是现代化经济的发展,作出了重大贡献。

三线建设是一项重大战略部署

在我国社会主义革命和建设时期,由于世界资本主义阵营和社会主义阵营的长期冷战对峙,由于中国走了一条符合中国实际的社会主义道路而引发的中苏之间的争论,由于中国与周边一些国家的领土之争特别是西方国家在中国周边企图形成包围中国的态势,中国面临着世界大战和局部战争爆发的严峻威胁。

毛泽东的战略思考:以备战遏制战争

1963年8月,中央书记处按照毛泽东的建议,研究国民经济调整之后更加长远的奋斗目标。从毛泽东的发展设想来看,就是通过十五年,基本上搞一个初步的独立的国民经济体系或者工业体系;然后再有十五年左右,建成一个具有现代化农业、现代化工业、现代化国防和现代化科学技术的社会主义强国。中央书记处形成了一个题为《关于工业发展问题》的党内文件,文件中明确提出要"在一个不太长的历史时期内把我国建设成为一个农业现代化、工业现代化、国防现代化和科学技术现代化的伟大的社会主义国家"。并具体设想了发展的阶段,即"在三年过渡阶段之后,我们的工业发展可以按两步来考虑:第一步,搞十五年,建立一个独立的完整的工业体系,使我国工业大体赶上世界先进水平;第二步,再用十五年,使我国工业接近世界的先进水平。"[1]

毛泽东在这一年9月6日修改《关于工业发展问题(初稿)》时,写了

---

[1] 中共中央文献研究室编,逄先知、金冲及主编:《毛泽东传(1949—1976)》下,中央文献出版社2003年版,第1358—1359页。

很长一段话,反映出了他当时思考的一个重大的战略问题:"我国从十九世纪四十年代起,到二十世纪四十年代中期,共计一百零五年时间,全世界几乎一切大中小帝国主义国家都侵略过我国,都打过我们,除了最后一次,即抗日战争,由于国内外各种原因以日本帝国主义投降告终以外,没有一次战争不是以我国失败、签订丧权辱国条约而告终。其原因:一是社会制度腐败,二是经济技术落后。现在,我国社会制度变了,第一个原因基本解决了;但还没有彻底解决,社会还存在着阶级斗争。第二个原因也已开始有了一些改变,但要彻底改变,至少还需要几十年时间。如果不在今后几十年内,争取彻底改变我国经济和技术远远落后于帝国主义国家的状态,挨打是不可避免的。当然,帝国主义现在是处在衰落时代,我国,社会主义阵营,全世界被压迫人民和被压迫民族的革命斗争,都是处于上升的时代,世界性的战争有可能避免。这里存在着战争可以避免和战争不可避免这样两种可能性。但是我们应当以有可能挨打为出发点来部署我们的工作,力求在一个不太长久的时间内改变我国社会经济、技术方面的落后状态,否则我们就要犯错误。"①可见,在国民经济遭遇较大困难、正在进行艰苦调整时期,毛泽东也没有停止从中国长期生存与发展、从中国实现现代化的角度进行战略考虑。正是由于对战争的危险的认识不断加深,毛泽东从1964年开始多次提出加强第三线建设。这一年5月27日,他主持中央政治局常委扩大会议,专门研究三线建设问题,他提出我们工作中存在两个"注意不够",即对第三线建设注意不够,对基础工业注意不够。

在毛泽东的心目中,三线建设的重点在四川,攀枝花又是重中之重。三线建设规划了酒泉和攀枝花两个钢铁基地,他曾经提到:"酒泉和攀枝花钢铁厂要搞,不搞我总不放心,打起仗来怎么办?"他曾经说:"攀枝花不搞起来,我就睡不着觉,一定要下决心搞,把我们的薪水都拿去搞。在原子弹时期,没有后方是不行的。要准备上山,上山总还要有个地方。"他提出要

---

① 《毛泽东文集》第八卷,人民出版社1999年版,第340—341页。

加快成昆、内昆、湘黔、滇黔、川黔铁路的建设。"我们把三线的钢铁、国防、机械、化工、石油、铁路基地都搞起来,那时打起仗来就不怕了。打起来还可以继续建设。你打你的,我建设我的。"1965年6月,毛泽东在听取"三五"计划和三线建设汇报时,提出国民经济建设规模不宜太大,要留有余地在老百姓那里,对老百姓不能搞得太紧:"第一是老百姓,不能丧失民心;第二是打仗;第三是备荒。计划要考虑这三个因素。脱离老百姓毫无出路,搞那么多就会脱离老百姓。"周恩来后来将毛泽东提出的三条概括为"备战、备荒、为人民",这成为我国20世纪六七十年代国民经济计划工作乃至社会主义建设工作一直遵循的指导方针。①

是什么因素导致中国共产党和毛泽东对我国建设方针要进行这样的战略调整?20世纪60年代初期,国际冷战局面进一步加剧,美国和苏联两个超级大国在世界各地推行霸权主义,竭力实施扩张政策,不断扩大势力范围,国际局势动荡不安。这也引发了中国周边地区战火纷飞、冲突不断,针对中国的军事威胁和武装挑衅时有发生。在中国的南边方向,美国加紧对越南的武装侵略和军事干预,以美国为首的一些西方国家支持的吴廷琰在南越实行独裁统治,大肆镇压越南劳动党和越南南方民族解放阵线,与美国一道实施"特种战争"计划。② 1964年8月5日,美国进一步扩大战争规模,悍然轰炸越南民主共和国,并将战火迫近到中国的南大门。在中国东南沿海方向,美国构成对中国严重的军事威胁,支持在台湾的国民党政权不断鼓噪"反攻大陆"、袭扰东南沿海地区,福建省长期作为对美对台前沿阵地,很难进行正常的社会生产和生活。在中国的西南方向,中

---

① 中共中央文献研究室编,逄先知、金冲及主编:《毛泽东传(1949—1976)》下,中央文献出版社2003年版,第1362页。

② 特种战争是20世纪60年代初美国肯尼迪政府提出的一种战争形式,为此美国加强了作为特种战争力量核心的特种部队的建设。进行特种战争主要依靠陆军特种部队进行,也可以与海军、空军特种部队联合进行。20世纪60—70年代,美国就是把越南南方作为推行特种战争的试验场,采取的军事行动就包括反游击战等非正规作战、用当地人打当地人等方式,此外还采取政治的、经济的、心理的措施等。

印关系因为中印边境冲突而日趋紧张,1962年10月发生了中印边境武装冲突和中国边防军自卫反击作战,有效遏制了印度在中印边境的嚣张气焰。在中国西部新疆方向,由于中苏意识形态之争引发的两国关系急转直下,边界纠纷日益增多。在中国的东北方向,美国驻兵朝鲜南部和日本,对中国和远东地区和平构成严重威胁,朝鲜南北方也始终处于高度紧张的军事对峙之中。可见,两个超级大国争霸世界构成了对中国国家安全的威胁,尤其是以美国为首的一些西方国家在中国周边不断挑衅,实际上构筑了对中国的战略包围。

这不能不引起中国共产党和毛泽东的高度警惕。1965年4月,他在听取贺龙、罗瑞卿、杨成武汇报备战计划时说:战争仍有发生和不发生两种可能性,但我们必须做到有备无患。"世界上的事情总是那样,你准备不好,敌人就来了;准备好了,敌人反而不敢来。""现在蒋介石是想保住老本钱,什么反攻大陆都是假的。""不仅蒋介石是机会主义,美国也是机会主义,它才不那么冒险哩!第一次、第二次世界大战,它都是等人家打得差不多了才出兵。当然,我们要准备他们冒险。"[1]用备战来遏制冒险战争的爆发是毛泽东的重要思想和国际战略。

加快三线建设的战略决策

三线建设就是为了准备打仗。但是从当时打仗的要求来看,中国工业布局和产业结构存在的问题还是较大的:一是工业过于集中于大城市,60%的主要民用机械工业和52%的国防工业集中于14个百万人以上的大城市;二是大城市过于集中于沿海地区,14个百万人以上大城市、25个50万人城市在沿海地区,防御措施薄弱;三是主要铁路枢纽、桥梁和港口码头

---

[1] 中共中央文献研究室编,逄先知、金冲及主编:《毛泽东传(1949—1976)》下,中央文献出版社2003年版,第1391—1392页。

多位于大城市附近,防御设施薄弱;四是大部分水库的紧急泄洪能力小,应对战时破坏压力大等。这种工业布局和产业结构是历史形成的,很难在短时期内改变。三线建设就是试图主要从国防工业、重工业等领域进行一些调整,主要是加强西南地区和西北地区的国防工业、重工业建设。

大三线包括四川、贵州、云南、陕西、甘肃、青海、河南、湖北、湖南三省的西部,广东的北部,广西的西北部,山西、河北的西部。全国的第一线是指东北及沿海各省,第二线是第一线与第三线之间的广大地区。1983年底,国务院决定成立三线建设调整改造规划办公室时,明确三线建设调整改造规划的范围是:四川、贵州、云南、陕西、甘肃和河南、湖北、湖南三省的西部地区及重庆市,面积为236万平方公里,约占全国国土面积的1/4。[①]与此同时,各省区根据本地区情况划出本地区的一、二、三线地区,这些三线地区被称为小三线。

时任国家建委主任的谷牧回忆道:对于三线建设,中共中央和毛泽东下了决心后,"中央和国务院作出了迅速加强三线建设的决策:在人力、物力、财力上首先保证三线建设的需要;新建项目都要摆在内地,抓紧勘察设计工作,千方百计抢时间;沿海能搬的项目都搬迁,两年内不能见效的续建项目一律缩小建设规模;对沿海增加建设投资的要求一律'顶住',等等"。他还说:"建设大三线这项我国社会主义经济建设中的重大决策,当时是在对战争爆发的可能性、必然性和紧迫性作了严重估计的基础上作出的,因而在具体安排上具有强烈的临战态势。'三五'计划的方针,原来是解决吃、穿、用,加强基础工业,兼顾国防和突破尖端;至此转变为积极备战,国防建设第一,加快三线建设,逐步改变工业布局,在我国纵深地区建立起一个工农结合的、为国防和农业服务的、比较完整的战略后方基地。"[②]

正是因为中共中央和毛泽东下了决心要搞三线建设,所以从1964年

---

① 曾培炎主编:《中国投资建设50年》,中国计划出版社1999年版,第81—82页。
② 《谷牧回忆录》,中央文献出版社2009年版,第197页。

下半年开始,三线建设就轰轰烈烈地开展起来了。为了推动三线建设顺利进行,国务院设立了三线建设专案小组,由李富春任组长,罗瑞卿、薄一波任副组长;设立西南、西北三线建设指挥部,负责人分别是李井泉、刘澜涛等。可以说从中央到西南、西北地区,建立了强有力的三线建设指挥系统,谷牧曾经回忆说:"从1964年下半年开始,根据党中央、国务院的部署,从国务院到西南局、西北局和大三线各省、自治区建立了强有力的指挥系统。西南大三线建设委员会,由西南局书记李井泉同志亲自担任主任,程子华同志任副主任。各部门的领导亲自带队到三线地区选择新建设项目的地址,利用三线地区的原有小厂(如江油钢铁厂)或三年调整时期停缓建工程(如酒泉钢铁公司),抓紧组织从沿海到内地的搬迁工作,开始了大规模建设。毛主席对此事十分关心,抓得很紧。他说过:大三线建设搞不好,我睡不着觉;没有投资拿我的稿费;成昆铁路修不通,骑毛驴我也要去攀枝花看看。毛主席的这些话,意在强烈表达事在必行、期在必成的决心。"①

时任物资部部长的袁宝华在回忆中也指出:"三线建设是我国经济建设和发展中的一件大事,是上世纪六七十年代我国国民经济计划确保的重点项目。作为物资工作主管,我直接参加并领导了支援三线建设工作。物资部根据国务院的部署,全力组织物资的供应、调剂、调度,发挥了三线建设总后勤部的作用。可以说自1964年开始,三线建设一直是物资部工作的重点,上上下下投入了大量的人力和物力,为保证这一战略任务的顺利进行作出了重要贡献。"例如,在西南三线建设中,物资部由副部长邓存伦带去了一个庞大的工作组,"他们的主要任务是:根据三线建设需要,做生产建设物资的供应和调度工作,同时要与当地物资部门配合,规划和组织按经济区划组织的物资供应,以提高供应效率和经济效益。工作组在四川省划了四个供应区,即攀枝花、自贡、重庆、成都,在四个地区分别设立了物资供应机构,以接受和组织来自全国的建设物资"。这样一套物资供应管

---

① 《谷牧回忆录》,中央文献出版社2009年版,第197—198页。

理体制"在落实计划、综合平衡、统一调度、保证需要方面做了大量工作。许多建设工程的物资基本上达到了'不迟不早、不多不少、保证质量、成龙配套'的要求,保证了建设速度,创造了较好的经济效益,与设计施工等部门一起为建设作出了贡献"。①

三线建设规模和重点项目

中共中央和毛泽东关于建设三线的战略决策及指导思想、奋斗目标和总体布局,集中体现在1965年开始的对"三五"计划的调整和对"四五""五五"计划的安排上。实际上,大三线建设一直持续到20世纪80年代。

三线建设史无前例、规模宏大

在中共中央和毛泽东原来的设想中,"三五"计划的指导思想是以"解决吃穿用,加强基础工业,兼顾国防和突破尖端技术"为指导思想的,毛泽东曾概括说:农业是一个拳头,国防工业是一个拳头,"要使拳头有劲,屁股就要坐稳",屁股指的就是基础工业。但是,大三线建设战略提出来之后,首先需要调整的就是把"三五"计划由"吃穿用"计划转变为备战计划。因此,"三五"计划实质是一个以国防建设为中心的备战计划,要从准备应付帝国主义早打、大打出发,把国防放在第一位,抢时间把三线建设成为具有一定规模的战略大后方。

1965年9月12日,国家计委向中共中央和毛泽东报送了《关于第三个五年计划安排情况的汇报提纲》。该提纲强调指出"三五"计划期间,必须集中国家的人力、物力、财力,把三线的国防工业、原料、燃料、动力、机

---

① 《袁宝华回忆录》,中国人民大学出版社2018年版,第235、238、239页。

械、化学工业以及交通运输系统逐步建立起来,使三线成为一个初具规模的战略大后方。这一方针在9月18日至10月12日召开的中共中央工作会议上得到批准,成为"三五"计划时期经济建设的指导思想。1965年11月,国务院批准的第三个五年计划草案中提出,加快三线建设特别是国防工业建设,是"三五"计划的核心。要全面考虑备战、备荒、为人民三个因素,统筹安排,突出重点,集中力量,把西南和西北部分省区建设成为初具规模的战略大后方。1970年2月,国家计委在第四个五年计划纲要草案中继续提出,"四五"计划是一个备战计划,要重点集中力量建设三线,改善工业布局,将三线建设成为一个工业部门比较齐全、工农业协调发展的强大的战略后方。1975年10月,国家计委《十年规划要点》指出,第五个五年计划期间要继续建设三线,主要是充实和加强,而不是新铺摊子,同时要进一步发挥一、二线的作用。1976年1月召开的全国计划会议仍强调指出,要十分重视继续搞好三线建设,充分发挥已经建设起来的生产能力,把三线建设成硬三线。

1964年10月,国务院批准下达了1965年国民经济计划并指出计划的指导思想是:争取时间,大力建设战略后方基地,防备外敌发动侵略战争。中共中央经过研究后确定,大三线建设初始阶段重点是打基础,大部分投资集中以建设铁路、冶金和国防工业,尤其是要以成昆、湘黔等铁路线路建设,攀枝花钢铁基地、酒泉钢铁厂建设,重庆工业基地建设为主。为了促进大三线建设在较短时间内形成生产能力,国家对一、二线经济建设采取了"停"(停建一切新开工项目)、"缩"(压缩正在建设的项目)、"搬"(将部分企事业单位全部搬迁到三线)、"分"(将部分企事业单位一分为二或一分为三,将分出的部分搬迁往内地)、"帮"(从技术力量、设备等方面对三线企业对口帮助建设)的方针。

1965年4月,在毛泽东直接过问下,新组建的国家建委成立,其中最重要的一项工作就是抓好西南、西北战略基地和一、二线后方基地的建设及其他重点建设项目。在这一年八、九月间召开了全国搬迁工作会议,决定搬迁工作立足于战争,对项目实行大分散、小集中的原则,少数国防尖端项目按"靠山、分散、隐蔽"的原则建设,有的还要进洞(即"山、散、洞"的原则)。"会议确定'三五'期间,从沿海向大三线迁建500个工业生产项目,主要是军工企业和与之配套的金属材料、机电产品、高能燃料、橡胶制品,以及三线地区短缺的民用工业品生产企业,还有一批为国防尖端服务的科研设计单位。"①随后,大规模的搬迁和建设工作陆续展开,特别是三线建设中的机械工业主要是依靠从沿海拆迁来建设。"仅1965年就完成第一批拆迁项目49个,用老基地支援新基地、老厂支援新厂、老工人带新工人的办法,过好建设安装关、设备调试关和生产技术关。根据后来我看到的材料,在建设大三线中,机械工业从沿海搬去工厂、设计、科研单位共241个,内迁职工6万余人,设备1.8万多台,建成了200个生产项目。可以说是我国工业生产力的一次大转移。""在建设大三线同时,1965年党中央、国务院批准'小三线'建设规划,由有关省、区的党政军联合定点、设计、施工,主要建设以轻武器和弹药为主的军工生产系列。"②

三线建设得到了全国人民的支持,参与这项工程的有数千名中高级领导干部、数万名科技人员、数十万工程管理和生产骨干、数百万建筑安装队伍和解放军(铁道兵、工程兵)指战员、百余万民兵民工,总数超过400万。三线建设可以用建设规模大、国家投资多、组织动员广、实施行动快、职工热情高来形容和概括。当时,中共中央号召"好人好马上三线",全国各地数以百万计的优秀建设者不讲条件、不计得失,从四面八方汇集三线。建设者中有从国家机关抽调的上千领导干部,有从科研单位选调的上万科技人员,有从沿海内迁的数万职工,有从老工业基地和老企业调来包建的十几万工程、管理和生产骨干,还有成建制调来的数十万建筑安装队伍和解

---

① 《谷牧回忆录》,中央文献出版社2009年版,第199页。
② 《谷牧回忆录》,中央文献出版社2009年版,第202页。

放军的铁道兵、工程兵指战员,以及上百万民兵民工,总数超过400万的人力投入三线建设。

大规模三线建设的展开,形成了数以百千计的施工现场,按照"集中力量打歼灭战"的方针,进行了艰苦卓绝的大会战。谷牧在回忆录中谈道:"随着三线建设的开展,国营施工队伍实行战略大转移,有近100万人从沿海调到内地,从城市调到山区。当时仅四川省就集中了60多万人的国营建筑施工队伍。广大建筑职工,对响应毛主席建大三线的号召,表现了很高的积极性和很强的组织性,行动迅速,很快到达指定区位,在生活条件艰苦、施工环境很差的情况下,展开了艰辛的作业,情景十分感人。"① 为了更好地解决好大三线建设队伍的长期稳定问题,在谷牧的建议下,组建了中国人民解放军基建工程兵,实行"劳武结合,能工能战,以工为主"。人数最多时有32个支队、156个大队,共49万人,在冶金、煤炭、水电、交通、石化等行业中,承担了繁重艰巨的施工任务。

随着全国大三线建设的进行,各省也开始建设自己的战略后方,这在当时被称为"小三线"建设。1964年10月,广东省委向中央和中南局提出《关于国防工业和备战工作的请示报告》,毛泽东肯定了报告中提出的建设各省第三线的做法,认为"无非是增加一批建设费,全国大约需十五亿左右,分两三年支付,可以解决一个长远的战略性的大问题。现在不为,后悔无及"。根据毛泽东的建议,周恩来、罗瑞卿等组织有关部门进行了讨论,并向中央和毛泽东作了报告。报告提出一、二线地区的建设和备战工作大体包括以下七项内容:一是建设一批地方军工厂,包括枪支、子弹、地雷、手榴弹和炸药等轻武器的制造厂;二是为了配合各地方军工厂的建设和保证战时的供应,要从大城市搬迁一些必要的配套工厂到省、区自己后方,并且在后方相应地建设一些小煤矿、小电站和必要的修配工厂;三是搞好现有的公路、桥梁、渡口和通讯线路,新建或者改建一些运输、通讯设施和边境

---

① 《谷牧回忆录》,中央文献出版社2009年版,第203页。

上的江河护岸工程;四是修建一批储备粮食、原盐、汽油等战略物资的仓库;五是加强一、二两线后方地区的农业建设,特别是山区建设;六是迁建或者新建一些必需的医院和学校;七是省委和军区领导机关的防护工程。1964年10月,中央下发了《关于加强一、二线的后方建设和战备工作的指示》,要求各地抓紧进行小三线建设。这就掀起了进行小三线建设的高潮。

三线建设的全面展开,得到了全国人民的极大关注,从中央到地方,从沿海到内地,无论哪个方面都以高度的热情给予大力支持。建设资金不足,财政及时拨款;物资供应紧张,优先予以保证;施工力量需要量大,各地各方调集,形成了全国支援三线、共同建设三线的良好局面。三线建设的成果,使中国有了可靠的战略后方基地,这里凝聚了几百万建设者们的聪明才智、辛勤劳动和无私奉献,也凝结着全国人民的心血。

攀枝花钢铁工业基地

攀枝花钢铁基地是三线建设的重中之重,更是毛泽东最为牵挂的大型钢铁企业,它被称为"金沙江畔的明珠""中国钢铁工业的骄傲"。攀枝花则是当地木棉花的别称。

20世纪50年代中期,地质工作者在这一地区发现了大铁矿,并在金沙江红河谷发现了炼焦煤。到1980年,地质勘探工作者探明攀西地区钒钛磁铁矿储量近100亿吨,是全国仅次于鞍本地区的第二大矿区。其中二氧化钛储量8.7亿吨、五氧化二钒储量1578万吨,分别占全国储量的97%、62%,占世界储量的35%、11%。

据时任冶金部副部长高扬文回忆,1958年春天成都会议召开期间,毛泽东同意了建设攀枝花的设想。但是当时攀枝花经济十分落后,连一个小机械厂都没有,老百姓生活很艰苦,省委书记李井泉感触很深地表示要下决心开发这里的铁矿,建设钢铁厂和其他各业项目,发展这里的经济。后来由于"大跃进"之后的经济调整,攀枝花钢铁项目拖了一段时间。1964年伴随着三线建设决策的确立,攀枝花建设又一次被提上国家战略发展的议事日程。

攀枝花钢铁工业基地建设是我国工业建设中自力更生、艰苦奋斗的典范。首先,厂址的选择和开辟就充分体现了中国工程技术人员的大无畏的创新精神。这一区域没有合适的建设现代化钢铁工业的自然条件,厂址选择十分艰难,经过反复勘察对比,钢铁工业基地选址在攀枝花这个地方。从钢铁工业建设的一般规律来看,建设一个年产150万吨的钢铁厂,至少需要5平方公里的厂址,而攀枝花连1平方公里的平坦的地方都没有。面对这样的挑战,我国工程技术人员在一个叫作弄弄坪的山坡上,依山势变化精心设计工厂布局,把一个大型钢铁企业建在2.5平方公里的山坡上,这也是世界钢铁史上的奇迹。其次,这里自然条件和自然环境十分艰苦,周围没有可以依托的城市,数万名建设者聚集在这个狭小的地方,各类生产生活物资都非常匮乏。但是,大家没有怨言,没有住房,大家就搭建席棚和帐篷;没有清洁水,大家就喝泥浆水;没有新鲜蔬菜,大家就吃粉条海带;三块石头架饭锅。金沙江畔没有春夏秋冬,只有旱季雨季,旱季气候炎热,雨季江水汹涌,这些都没有吓倒我们的建设队伍。再次,在最初几年的建设过程中,在攀枝花钢铁公司规划区内,既有钢铁工业厂址,又有煤矿、电站、交通、林业、建材等项目,由于铁路不通、交通不便、运输困难,建设者们就用1500多辆汽车在1300公里长的川滇公路上抢运物资,运送了包括攀枝花钢铁基地建设以及周边各类工业建设的物资3150万吨,还包括那些超长、超重、超宽的大型冶金设备。

从1965年3月攀枝花特区党委和总指挥部成立开始,我国用了仅仅5年时间,就在一个原来只有7户人家的峡谷建起了一个现代化的大型钢铁联合企业和一座新兴的工业城市。攀枝花钢铁基地建设之所以神速,主要就是因为实行了中共中央、国务院直接领导的特殊体制。当时攀枝花特区各个方面的建设分别由国务院有关部门、有关省市实行从勘测、设计、立项、施工到竣工投产的承包制,例如钢铁生产部分就是由鞍钢和一冶承包建设,参与攀枝花建设的有全国冶金、煤炭、矿山、电力、林业、交通等行业的5万人建设队伍,大家集结在攀枝花开展建设大会战。

攀枝花钢铁基地是我国独立自主、自力更生进行社会主义建设的杰出典范。例如,攀枝花钢铁生产需要攻克钒钛磁铁矿冶炼难题,就是要解决在普通高炉中用含二氧化钛高达20%的钒钛磁铁矿炼出铁来。以炼铁专家周传典为代表的广大科技人员刻苦攻关,先后进行了三次大规模工业性实验,实验了1200多炉次,终于探索出了用普通高炉冶炼高钛型钒钛磁铁矿的工艺流程和科学规律。[1] 又如,攀枝花钢铁基地建设主要依靠我国自己的制造力量解决设备来源,除了几台大型吊车之外,其余大型设备全部由我国制造。攀枝花所采用的冶炼工艺流程如高炉冶炼含钒、钛的磁铁矿,120吨氧气顶吹转炉炼钢、雾化提钒等,都是我国第一次采用。[2]

建设并形成中国战略后方

三线建设大规模开展是在20世纪60年代中期以后。但是,新中国建立之后,在三线区域内也还是修建了几条铁路,崛起了一批骨干企业,有了初步的工业基础。在中央确立大三线建设战略之后,首要的任务就是要调整国防科技工业的布局。1964年1月,周恩来主持中央专门委员会,在给中共中央和毛泽东的一份报告中就已提出:为了国家安全,应该尽快调整国防工业的战略布局。根据"靠山、分散、隐蔽"的方针,建设后方基地。国防科技工业是国民经济的重要组成部分,是国家科技水平和经济实力的

---

[1] 中国企业史编辑委员会编:《中国企业史·典型企业卷》中,企业管理出版社2002年版,第295—298页。
[2] 高扬文:《三线建设回顾》,载曲青山、高永中主编《新中国口述史》,中国人民大学出版社2015年版,第228—231页。

集中表现。国防科技工业因其技术和资金均较密集,综合配套性很强,因此它的发展必须有能源、原材料、机械、化学、轻工业等许多行业配合,还应有交通运输做保障。因此,调整国防科技工业布局就成为这一时期调整整个工业布局的中心;扩大国防工业生产能力、增强国防实力,就成为三线建设的重要内容。

按照中共中央和毛泽东的设想,这一时期几乎所有新建工业项目和国防项目都安排在三线建设。例如,1970年2月全国计划工作会议拟订当年计划和"四五"计划纲要时,强调建设重点是大三线建设,规定1970年计划一半以上用于三线建设。在三线建设重点安排上,一是交通运输建设,重点进行10条铁路干线建设;二是煤炭基地建设,重点安排贵州六盘水和陕西渭北煤炭基地建设;三是电力建设,重点安排刘家峡、龙羊峡、葛洲坝等水电站建设;四是其他重点建设,主要部署石油、钢铁、机械、化工等领域建设。三线建设规模之大、时间之长、动员之广、行动之快,在新中国建设史上是空前的。

三线建设是中国历史上空前的国防工业建设和战略后方建设的战略项目。第一,三线建设规模大。国家从1949年至1985年在三线地区累计投资2000亿元左右,形成固定资产1400亿元,建成全民所有制企事业单位2.9万个,拥有职工1600万人,均占全国的三分之一。其中三线建设时期(1965—1980年)累计投资约1300亿元,建成大中型骨干企业和科研单位近2000个,仅大型骨干企业就有600多个。第二,三线建设行动快。采取"边勘察、边设计、边施工"的方针,投资规模和建设速度都是空前的,特别是1969—1971年出现了投资和建设高潮。第三,三线建设国防项目多。国防工业始终占据绝对优势和主导地位,在约1300亿元的投资中,国防工业为280亿元,占21.5%;能源工业为224亿元,占17.2%;冶金工业为140亿元,占10.8%;机械工业为130亿元,占10%;交通运输业为100亿元,占7.7%;化学工业为80亿元,占6.2%;电子工业为26亿元,占2%。第四,三线建设项目布局集中。四川、云南、贵州三省形成固定资产原值560亿元,占三线地区固定资产原值总额的40%,尤其是对四川投资高达362.5亿元、贵州投资达111.1亿元,分别占投资总额的27.9%、8.5%;对陕西的投资达182亿元,占投资总额的14%。初期建设采取"大分散、小集中""建设中小城镇"的方针,后期执行"靠山、分散、隐蔽"方针,导致布局过于分散。①

正像曾培炎指出的那样:在三线建设时期,"国家对西部地区开发建设主要体现在三个方面:一是建设重要铁路干线。先后铺设贯穿西南的川黔、成昆、贵昆、湘黔、湘渝五条铁路干线,使川黔滇三省铁路连成一体,从根本上改变了西南地区交通闭塞状况。二是加快工业基地建设。在四川、贵州等省安排了一批机械、电力项目,建设了攀枝花、酒泉等几个大的钢铁基地。三是迁建、续建一批国防军工项目。建成了包括兵器、航空、航天、船舶、电子和核工业等重要部门在内的完整的国防工业体系。这三个方面的建设,使'三线'地区成为我国的新战略后方基地"。② 中国从1964年开始直到1980年,共有10多个省、自治区参与其中,历经三个五年计划,初步改变了内地基础工业薄弱、交通落后、资源开发水平低下状况;初步建立起具有相当规模、门类齐全、科研与生产结合的战略大后方现代工业交通体系;带动内地经济发展并建成国有企业近3万家,形成45个专业生产科研基地和30个左右新兴工业城市。

总之,经过大规模的全面建设,"三线"基本上实现了预定的目标,初步建成了以能源交通为基础、国防科技工业为重点、原材料工业与加工工业相配套、科研与生产相结合的国家战略后方基地。这对于保障国家国防安全,促进经济建设,特别是促进内地经济的开发,改善人民生活,推动我国社会主义现代化事业,都具有重要的战略意义和深远影响。

---

① 曾培炎主编:《中国投资建设50年》,中国计划出版社1999年版,第82—84页。
② 曾培炎:《西部大开发决策回顾》,中共党史出版社、新华出版社2010年版,第33页。

奠定西部发展的物质基础

新中国成立后,国家对于我国西部地区的经济社会发展高度关注,开始尝试改变历史遗留下来的西部地区经济社会发展严重滞后的局面。在20世纪50年代,国家从促进西部经济发展、确保国家计划经济建设、巩固国防和边防安全、稳定社会秩序等角度,通过大规模屯垦戍边、组织农业开发和国防建设,在西部地区建立起了一大批能源、工业、交通项目,不断缩小东西部的差距。

新中国没有忘记西部发展

旧中国的生产力布局极不合理,四分之三以上的现代工业集中于东部沿海地区,而东部沿海地区的现代工业大多集中于大型城市之中。上海、天津、青岛、长春、沈阳、广州都是工业高度集中的城市。据统计,1947年上海、天津两地的工厂数就占到我国主要城市工厂数的63%,职工数则占61%;东北地区的重工业占全国重工业的半数以上。到1949年,西部地区的铁路里程仅占全国铁路里程的5.4%,公路里程仅占24.6%。西部地区基础设施、产业布局、工业基础严重不足。西部经济社会的大发展是从新中国成立后开始的。在"一五"时期,国家对西部建设高度重视,不仅在这里布局了一批国家工业化发展急需的基础性工业,而且注意加大对中西部地区的投资数额。例如,在"156项工程"中,有48项布局在西部地区,其中陕西24项、甘肃8项、四川6项、云南4项、内蒙古5项、新疆1项。

例如,国防工业中的西安飞机附件厂、西安发动机附件厂、陕西兴平航空电器厂、宝鸡航空仪表厂、成都航空发动机厂等,冶金工业中的云南锡业公司、云南东川铜矿、云南会泽铅锌矿等,能源工业中的重庆电厂、成都热电厂、云南个旧电厂、西安热电厂、兰州热电厂、乌鲁木齐热电厂、兰州炼油厂等,这些项目实际完成投资55亿元,占"156项工程"实际总投资的28%。其中许多项目对于调整我国重大工业布局、填补我国工业发展空白、促进国防和科学技术发展、扭转和带动当地经济社会发展,都起到了重要的积极作用。

又如,在"一五"计划中重点加强和提升了玉门油田的建设规模、技术水平,并将其建设成为我国第一个石油工业基地。玉门油田被发现于1939年,到1949年累计生产原油52万吨,占当时全国原油产量的95%;1955年原油产量接近1952年的3倍;1959年生产原油140万吨,占全国原油总产量的51%;从20世纪60年代开始大力支持全国石油勘探开发,坚持"大学校、大试验田、大研究所,出产品、出人才、出经验、出技术"的"三大四出"历史责任,向全国输送超过10万人的骨干力量、超过4000台(套)的各类设备,成为中国石油工业的"摇篮"。诗人李季赞誉道:"苏联有巴库,中国有玉门。凡有石油处,皆有玉门人。"

在项目选址过程中,国家十分注重向中西部地区倾斜。除了"156项工程"的倾斜之外,在"一五"计划建设中的694个限额以上建设项目同样向中西部地区倾斜。据统计,这些项目厂址大体上分布在91个城市和116个镇,其中有65%的项目分布在京广线以西的45个城市和61个镇,35%的项目分布在京广线以东及东北地区的46个城市和55个镇。[1] 这样决策的目的就是想进一步调整旧中国以来形成的工业布局和产业布局。

通过"一五"时期的大规模工业化建设,我国工业布局发生了深刻变化。仅以1952年数据和"一五"计划中布点企业建成后数据来看,许多重要工业产品产量在东部地区和内地的比重就发生了重大变化:钢产量中产

---

[1] 董志凯等主编:《中华人民共和国经济史(1953—1957)》上,社会科学文献出版社2011年版,第146页。

于东部和内地的比例由 1952 年的 82.5∶17.5 改变为企业建成后的 49.4∶50.6；原煤产量由 1952 年的 46.5∶53.5 改变为企业建成后的 43∶57；发电量由 1952 年的 63.2∶36.8 改变为企业建成后的 42.8∶57.2；石油加工由 1952 年的 68.5∶31.5 改变为企业建成后的 57.5∶42.5；水泥由 1952 年的 83.9∶16.1 改变为企业建成后的 59.3∶40.7；国防工业产值由 1952 年的 52.1∶47.9 改变为企业建成后的 23.4∶76.6。这样的改变使得西部地区发展迎来了良好的机遇。

继"一五"时期西部建设之后，三线建设是 20 世纪 60 年代中期以后国家重点发展西部的战略举措。

建设并初步形成西南交通网络

曾培炎指出：三线建设是"国家以备战为目的，动员和集中全国资源，进行了以国防工业为主的大规模的基本建设。这是中国工业建设史上一次规模空前的'西移'"[①]。

在三线建设中，交通运输网络建设始终是重要的基础性建设工程。经过三线建设者的艰苦奋斗，在三线地区基本上形成了以各大中心城市为枢纽，以纵横其间的京广、焦柳、襄渝、湘黔、川黔、贵昆、成昆、成渝、宝成等铁路干线和长江、汉江、岷江、嘉陵江、沱江、乌江等内河航运干、支流为骨架，铁路、公路、水路、航空运输相结合，沟通区内外的综合交通运输网。这就为西部地区的经济社会发展提供了比较坚实的基础设施条件，奠定了西部经济社会发展的重要物质基础。

三线建设期间，相继建成了 10 条铁路干线，包括川黔铁路（重庆至贵阳）、贵昆铁路（贵阳至昆明）、成昆铁路（成都至昆明）、湘黔铁路（株洲至贵阳）、襄渝铁路（襄樊至重庆）、阳安铁路（阳平关至安康）、焦枝铁路（焦

---

① 曾培炎：《西部大开发决策回顾》，中共党史出版社 2010 年版，第 32 页。

作至枝城)、青藏铁路(西宁至格尔木)等。加上支线和专线,新增铁路8046公里,三线地区拥有铁路占全国铁路的比重从1964年的19.2%增至34.7%。

三线建设中铁路建设先行是十分必要的。1969年10月,国务院业务组成立支援铁路建设领导小组,担任副组长的袁宝华回忆道:铁路建设"把西南三省和全国连成一体,为三线建设、为扩大西南生产建设规模奠定了基础,同时有力地促进了豫西、鄂西、湘西、桂北'老、少、边、穷'地区工农业生产的发展。铁路建设到哪里,哪里的经济就活跃起来。""如果说20世纪50年代建成宝成、成渝铁路,是新中国第一次铁路建设高潮;这一时期则是新中国成立后第二次铁路建设高潮。"[1]

其中成昆线1970年末建成,全长1093.8公里,集中反映了三线建设的困难程度。这条铁路线需要翻越崇山峻岭,70%的地段地势险恶、地质结构复杂,干线还要跨越大渡河、金沙江等,施工建设难度之大是中国筑路史上所罕见。该铁路仅桥梁就有991座,总长92.7公里;修凿隧道、明洞427座,总长341公里;沙木拉打隧道长达6379米,桥梁和隧道总长度占全线总长度的39.4%。襄渝线1978年6月建成,全长895.3公里,其中桥梁、隧道占线路总长度的44%,沿线有丰富的煤炭资源。阳安线1976年9月建成,全长353.8公里,桥梁、隧道占线路总长度的25.3%,沿线陆续建成许多轻重工业企业。湘黔线1974年11月全线贯通,全长820.6公里,对云、贵两省煤炭、磷矿石外运意义重大。贵昆线1966年3月建成,全长644公里,桥梁、隧道488座,占线路总长的16%。焦枝、枝柳两线1970年7月建成,全长1617.1公里。

---

[1] 《袁宝华回忆录》,中国人民大学出版社2018年版,第244、245页。

建成一批现代工业生产基地

三线建设期间,国家在西部布局了一批现代工业生产基地。在煤炭工业方面,国家重点安排了贵州六盘水和陕西渭北煤炭基地建设;同时新建和扩建四川渡口、宁夏石嘴山、河南平顶山、山西云冈和高阳等一批大中型煤矿;新增原煤生产能力8000万吨,原煤生产占全国比重增至29%。在电力工业方面,国家重点安排了四川龚嘴和映秀湾、甘肃刘家峡、青海龙羊峡、湖北葛洲坝等水电站建设,同时新建和扩建四川豆坝、云南小龙潭、陕西秦岭等火电站以及相应的输变电设施,新增电力装机容量1000万千瓦。在石油工业方面,主要是加强油、气资源勘探,重点开发湖北江汉油田、河南南阳油田和陕甘宁地区长庆油田,新增原油产量约800万吨、天然气60亿立方米。在钢铁工业方面,重点安排新建四川攀枝花钢铁基地,扩建重庆、昆明、武汉钢铁公司和重庆、贵阳、西宁特殊钢厂等,新增生铁生产能力近1000万吨、钢800万吨、钢材700万吨。在有色金属工业方面,重点安排建设贵州、郑州、兰州和青铜峡铝工业基地,甘肃白银和云南东川铜冶炼厂,甘肃金川镍工业基地,湖南铅、锌、锑、钨冶炼厂等,新增氧化铝生产能力52万吨、电解镍1万吨、铅锌3万吨、电解铜6.3万吨、电解铝13.58万吨、钼236万吨、铝材3.92万吨、铅材2.5万吨、铜材1.1万吨。在机械工业方面,重点安排新建湖北第二汽车制造厂、四川和陕西重型汽车制造厂;在成都、重庆、昆明、宝鸡、汉中、天水、西宁等地新建和扩建精密机床厂,在重庆、贵阳、甘肃等地新建仪表厂、轴承厂和磨料模具厂;同时,在各省区新建和扩建一批农机厂和机床电器、配件、基础件等配套工厂;仅国有企业形成生产能力就占全国三分之一。在化学工业方面,在四川、贵州、云南、湖北建设大中型磷矿和磷化工厂,在青海建钾肥厂;同时,对三线地区的基本化工原料、医药和农药生产项目也作了相应的安排;新增化肥生产能力近

900万吨、合成氨约450万吨、硫酸约180万吨、烧碱近30万吨。在轻纺工业方面,重点安排了新建重庆、云南、湖南的维尼纶厂;新建和扩建一批造纸、制糖、钟表、轻纺机械工厂。①

以上这些建设项目安排,突出地要解决地区交通问题,着力加强能源、原材料等基础工业,展开国防科技工业的纵深布局,并相应安排与之配套协作的机械工作和化学工业,兼顾农机、化肥、农药等项目安排,力图使三线工业能够建立在农业稳步发展的基础之上。在工业建设项目的总体布局上,注意了近靠资源和原材料产地,大体沿铁路两侧和江河两岸布点,并注意把开发资源与扩大加工工业、军事工业和民用工业,生产与科研,中央工业和地方工业结合起来。

三线建设效应的两面性

三线建设促进了我国国防工业的显著发展,增强了我国的国防实力和经济实力,支持了我国在国际舞台上坚决反对帝国主义和霸权主义的斗争,同时带动了我国西南地区和西北地区的发展。在三线建设地区涌现出了几十个新兴工业城市,包括攀枝花、六盘水、绵阳、十堰、西昌等;这里生长出了一批科研机构和大专院校,促进了当地文化科技事业的发展;这里出现了项目带动城市、城市带动周边的开发和建设模式,医疗卫生事业等都得到很大发展,当地人民的生活质量和健康水平提高了。

三线建设也存在一些问题。由于规模大、投资多、要求急,对国民经济的冲击不小。特别是建设规模过大,战线拉得过长,超过了国家和人民的经济承受能力;工业布局和产业结构比较分散,超过了实际需要,造成产能过剩;一些项目匆匆上马,缺乏周密论证,导致个别项目地质条件、资源条件不具备;整体建设互不配套,综合效益比较低下,部分项目中途下马或长

---

① 曾培炎主编:《中国投资建设50年》,中国计划出版社1999年版,第84—88页。

期无法投产;职工生活环境偏僻,职工队伍不稳,部分项目缺乏必要生活条件保障等。

作为我国三线建设的重要领导人,谷牧对三线建设有一个十分中肯客观的评价:三线建设"总计国家投入了1200亿元的资金,在陕、甘、宁、青、云、贵、川七省区和豫、鄂、湘三省西部进行的以国防工业为中心的大规模建设,由于上得急,铺的摊子大,后又加上受到'文革'动乱的严重干扰,还有林彪强调'山、散、洞'的影响,确有不少损失浪费。但是,它毕竟在三线地区建成了门类比较齐全的工业项目,逐步形成一批新的工业基地。包括以电工器材、棉纺为主体的陕西关中工业区,以有色金属、石油化工、大型水电站为主体的甘肃兰州工业区,以重型机械、电子为主体的四川成渝工业区,以攀钢为主体的攀西工业区,以六盘水煤矿为代表的西南、西北几个大能源基地。成昆等五条铁路干线的建成通车,使西南交通闭塞的状况为之一变。同时形成了以交通、能源、基础工业为依托,各具特色的几个国防工业大基地。所有这些都显著改善了我国生产力布局,促进了大三线各省、区经济的发展,为我国工业化发展和今天的西部大开发打下了扎实的基础。并且这么巨大的工程全由我国专家、工程技术人员和工人群众自行勘察、自行设计、自行施工、自行安装试车来完成,唱响了一曲自力更生的胜利凯歌,其意义是很大的。参加三线建设的广大职工、工程技术人员、管理干部和领导干部,是立了大功的"。[1]

以三线建设为主要内容的内地建设特别是西部建设,曾经起到了不可估量的历史作用,作出了不可磨灭的历史贡献。今天,积极推进西部大开发战略仍然是我国区域协调发展的重点,需要我们认真总结三线建设的重大成就和历史经验,谱写好西部大开发的新篇章。

---

[1] 《谷牧回忆录》,中央文献出版社2009年版,第206页。

五、从计划经济走向市场经济

中共十一届三中全会以来,摆在中国共产党面前的时代任务,就是探索中国特色社会主义道路。从经济制度和经济体制角度来考察,就是探索适合中国特色社会主义经济发展的经济体制和经济道路。在20世纪80年代的经济体制改革中,充分发挥市场机制的作用,进而建立市场经济体制,是改革开放伟大实践取得的重大思想成果和理论成果。无论是农村经济体制改革实践,城市经济体制改革实践,还是发展对外经济贸易关系实践,都表明谁更好地运用市场机制和市场经济体制的作用,谁的经济发展就快、经济效益就好、人民群众的获得感就高;反之亦然。

改革开放对市场经济的探索

为什么要进行经济体制改革?原有计划经济体制究竟存在什么问题?简单地说,就是在原有计划经济体制中,我国农村经济和城市经济的活力越来越被消耗,社会主义制度的优越性难以发挥。

计划经济体制成为改革对象

计划经济体制对经济发展的制约作用具体表现：一是它压抑并扼制了微观经济主体经济活动的主动性、积极性，限制甚至剥夺了微观经济主体的独立性、自主性。将微观经济主体的一切活动都纳入国家指令性计划之中本身就很难实现，因而导致对企业越统越死，缺乏活力；二是它把赶超即速度放在首位，长期采取优先发展重工业的经济发展战略，使国民经济重大比例关系严重失调，从而导致整个国民经济结构和工业内部结构失衡，三年小调整、五年大调整，问题总存在；三是它把经济计划视为领导经济生活的主要手段，依靠无所不包的经济计划运转，导致经济计划，特别是长期计划无法确保其有效性，容易蜕变成上级长官意志和行政命令；四是它依靠政府行政系统来执行和贯彻，行政组织机构、行政命令和行政手段是维持经济计划有效性的必要前提，导致国民经济受行政力量驱动，用行政命令代替经济规律、用行政手段代替经济手段。

袁宝华在谈计划经济体制条件下长期困扰企业发展的问题时，提出了这样几个方面的问题：一是企业"办社会"，企业不仅是经济组织，还是社会组织，出现了"政府办企业，企业办社会"的怪相；二是来自各方面的摊派众多；三是企业找政府办事难，行政部门"门难进、脸难看、事难办"。计划经济条件下管理层次繁多、职能交叉复杂，政出多门、相互内耗。不改变这样的管理体制则企业无法生存。①

1978年12月中共十一届三中全会实现了伟大的历史转折。全会对我国经济管理体制存在的问题进行了深刻分析，指出现在我国经济管理体制的一个严重缺点是权力过于集中，应有领导地大胆下放，让地方和工农业企业在国家统一计划的指导下有更多的经营管理自主权；应着手大力精简

---

① 《袁宝华回忆录》，中国人民大学出版社2018年版，第431—432页。

各级经济行政机构,把大部分职权转交给企业性的专业公司或联合公司;应坚决实行按经济规律办事,重视价值规律的作用,注意把思想政治工作和经济手段结合起来;应在党的一元化领导之下,认真解决党政企不分、以党代政、以政代企的现象,实行分级分工分人负责;充分发挥中央部门、地方、企业和劳动者个人四个方面的主动性、积极性、创造性,使社会主义经济的各个部门各个环节普遍地蓬蓬勃勃地发展起来。这就使我国以企业为核心的经济体制改革顺利开展起来。

中共十一届三中全会以后,我国开始了对计划经济体制的根本性变革,这一改革从一开始就是以市场化为趋向的,并在20世纪80年代取得了突破性进展。可以这样说,建立和培育社会主义市场体系和市场经济体制,是我国经济体制改革的基本目标和任务,将贯穿于整个经济体制改革的全过程。市场经济的发达程度和市场经济体制的确立程度,从根本上反映着我国经济体制改革的深化程度。

市场化趋向的经济体制改革,是以农村实行家庭联产承包责任制和农村传统自然经济向商品经济转变为先导,继而以城市广泛开展的经济体制改革为重点,逐步展开的。在20世纪八九十年代,我国通过改革开放对传统的高度集中的计划经济体制进行了比较彻底的变革。从农村到城市,从农业到工业、商业、金融、外贸等领域,都相继冲破传统经济体制的长期束缚,逐步开始引入和扩大市场机制的作用。到20世纪90年代前期,市场调节已在我国的国民经济中占有相当的比重,在某些领域甚至起到主导作用。在工业生产中,国家和各部委下达的指令性计划产品品种大幅度下降,指令性计划在工业产值中的比重已降至16%,市场调节比重已上升至84%;在工业产品流通中,计划分配的物资占国内生产量的比重大幅度下降,国家统一分配的生产资料已减少到19种;在农业产品流通中,市场调节的比重也不断扩大;至1990年社会全部产品和服务的价值总额中,国家定价大体占25%,其余75%左右为国家指导价和市场价。从全国总形势看,80%以上的商品品种价格已放开,产品产量的70%~80%的价格已放开,企业任务的60%~70%由市场决定,企业所需要的原材料的70%由市场渠道供应。在沿海等经济发达地区,经济运行90%以上已经靠市场调节。

引入市场机制的经济体制改革,在许多部门和领域也取得了关键性的发展。20年的经济体制改革的实践也有力地说明,凡是对传统计划经济体制变革较彻底、较大程度和较大范围地引入市场经济机制的部门和领域,经济体制改革的成就就显著,经济发展就很快。反之,凡是比较多地保留传统计划经济体制、变革传统体制较小的部门和领域,改革的成效就不明显。我国农业经济体制改革的成功经验和农村经济的蓬勃发展,就是一个很好的例证。在20世纪80年代,我国农村普遍实行了家庭联产承包责任制,农户和农民由原来人民公社的社员转变成独立的商品生产者和经营者,获得了在生产经营上的自主权,从而极大地焕发了从事商品生产的积极性;国家及时调整农产品的收购政策和价格政策,放开并搞活农村经济,使农村经济走上商品经济的轨道;在农村产业结构调整中,乡镇企业异军突起,不要国家投资一分钱,按照市场经济原则从事生产经营,不但吸纳了农村近一亿的剩余劳动力,而且创造的产值占全国工业产值的三分之一。

《中共中央关于经济体制改革的决定》

1984年10月20日,中共十二届三中全会在北京举行。全会认真研究和总结了我国经济体制改革和对外开放的成功经验,一致通过了《中共中央关于经济体制改革的决定》(简称《决定》)。这个《决定》,根据马克思主义基本原理同中国实际相结合的原则,阐明了加快以城市为重点的整个经济体制改革的必要性、紧迫性,规定了改革的方向、性质、任务和各项基本方针政策,是指导我国经济体制改革的纲领性文件。以此《决定》为标志,中国改革开放进入一个全面改革的新时期。

在会议召开之前的10月10日,邓小平对来华访问的联邦德国总理科尔说:"过几天我们要开十二届三中全会,这将是一次很有特色的全会。前一次三中全会重点在农村改革,这一次三中全会则要转到城市改革,包括工业、商业和其他行业的改革,可以说是全面的改革。无论是农村改革还是城市改革,其基本内容和基本经验都是开放,对内把经济搞活,对外更加开放。虽然城市改革比农村复杂,但是有了农村改革的成功经验,我们对城市改革很有信心。""十二届三中全会的决议公布后,人们就会看到我们全面改革的雄心壮志。我们把改革当作一种革命。"①

《决定》作为指导经济体制改革的纲领性文件,根据"有计划的商品经济"理论,对我国经济体制改革的主要内容作出规定,对改革的性质、改革的基本任务作了明确界定。同时,《决定》对许多重大问题都作了说明和部署,包括:增强企业活力是经济体制改革的中心环节;建立自觉运用价值规律的计划体制,发展社会主义商品经济;建立合理的价格体系,充分重视经济杠杆的作用;实行政企职责分开,正确发挥政府机构管理经济的职能;建立多种形式的责任制,贯彻按劳分配原则等。《决定》提出了关系我国未来改革的一系列新思想和新观点。

《决定》的主要内容:一是阐明加快以城市为重点的整个经济体制改革的必要性和紧迫性。指出农村改革的成功经验,农村经济发展对城市的要求,为以城市为重点的整个经济体制的改革提供了极为有利的条件。二是提出改革是为了建立充满生机的社会主义经济体制,系统阐明了经济体制改革的对象、任务、性质和判断标准。三是指出城市企业是工业生产、建设和商品流通的主要的直接承担者,是社会生产力发展和经济技术进步的主导力量。四是提出建立自觉运用价值规律的计划体制,发展社会主义商品经济是我国经济体制改革的目标。五是提出建立合理的价格体系,充分

---

① 《邓小平文选》第三卷,人民出版社1993年版,第81—82页。

重视经济杠杆的作用,并阐明现行价格体系的弊端及其改革的重要性。六是提出实行政企职责分开,正确发挥政府机构管理经济的职能。七是提出建立多种形式的经济责任制,认真贯彻按劳分配原则,指出农村实行承包责任制的基本经验同样适用于城市,建立以承包为主的多种形式的经济责任制,使承包责任制在城市生根、开花、结果。八是提出积极发展多种经济形式,进一步扩大对外的和国内的经济技术交流。九是关于加强党的领导、造就宏大干部队伍的论述。

《决定》深刻论述了关于我国经济体制改革的一系列新观点、新理论,第一次准确地提出了对社会主义经济的科学表述,实现了中国特色社会主义理论的重大突破;系统阐述了我国经济体制改革各个领域的主要内容和任务,特别是对主要计划在城市进行的经济体制改革进行了全面部署;科学论证了我国经济体制改革是一场深刻的自我革命和自我完善,改革是一场革命,是在新的历史起点上中国共产党的自我革命和自我完善,是顺应历史发展趋势的主动选择,而不是对自己历史的背叛。

邓小平对《决定》给予高度评价,他说:"这个决定,是马克思主义的基本原理和中国社会主义实践相结合的政治经济学。我有这么一个评价。但是要到五年之后才能够讲这个话,证明它正确。"[1]在中顾委三次全会上他再次说道:"这次经济体制改革的文件好,就是解释了什么是社会主义,有些是我们老祖宗没有说过的话,有些新话。""我们要向世界说明,我们现在制定的这些方针、政策、战略,谁也变不了。为什么?因为实践证明现在的政策是正确的,是行之有效的。人民生活确实好起来了,国家兴旺发达起来了,国际信誉高起来了,这是最大的事情。改变现在的政策,国家要受损失,人民要受损失,人民不会赞成,首先是八亿农民不会赞成。"[2]

---

[1] 中共中央文献研究室编:《邓小平思想年谱(1975—1997)》,中央文献出版社1998年版,第297页。

[2] 《邓小平文选》第三卷,人民出版社1993年版,第91、83—84页。

陈云也对《决定》给予了很高的评价,他在三中全会上作了书面发言,指出:系统进行经济体制的改革,是当前我国经济工作面临的首要问题。他说:"正在进行的体制改革则是要打破'大锅饭'。平均主义'大锅饭'实质上也是不干活的人占有干活的人的劳动成果,打破这个'大锅饭',将会大大调动广大工人、农民、知识分子和干部进行四化建设的积极性,使我国的生产力获得一次新的大解放。"

我国经济体制改革是在中国共产党领导下,坚持和完善中国特色社会主义道路、理论、制度、文化。改革是中国社会主义制度自我完善的根本途径,是中国共产党和中国人民大踏步赶上时代的重要法宝,是坚持和发展中国特色社会主义的必由之路,是决定当代中国命运的关键一招。中国经济体制改革始终坚持解放思想、实事求是、与时俱进、求真务实,坚持马克思主义指导地位不动摇,坚持科学社会主义基本原则不动摇,勇敢推进理论创新、实践创新、制度创新、文化创新等各方面创新,不断赋予中国特色社会主义以鲜明的实践特色、理论特色、民族特色、时代特色,形成了中国特色社会主义道路、理论、制度、文化,以伟大的实践彰显了科学社会主义的鲜活生命力,使社会主义在中国显示出巨大的优越性。中国的经济体制改革不是对社会主义理论和道路的改弦更张,这是从中国经济体制改革的第一天起就确立起来的根本指导原则。

市场经济不是"洪水猛兽"

我国对社会主义经济必须发展市场的讨论是在1979年改革开始以后。在改革开放之前,我国学术界在20世纪50年代后期和60年代前期曾经探讨过市场机制的作用,只是由于种种原因才未能深入下去。改革开放以来,我国对计划与市场的作用重新进行了广泛深入的探讨。在解放思想、实事求是的思想路线指导下，我国的经济理论摆脱了以往的思想束缚，并结合改革实践，对传统的社会主义经济理论进行了深刻反思，一步一步地纠正了传统的社会主义和市场经济相对立并与自然经济相混同，把计划经济和价值规律相排斥，并与指令性指标画等号的社会主义非市场经济论。

社会主义也可以搞市场经济

中国的经济体制改革也不排斥各种有利于社会主义发展的有效途径和办法。1979年11月26日，邓小平提出了"社会主义也可以搞市场经济"的著名论断。他在回答美国不列颠百科全书出版公司副总裁弗兰克·吉布尼等人的提问时，阐述了他对社会主义市场经济的认识。他说："我们不要资本主义，但是我们也不要贫穷的社会主义，我们要发达的、生产力发展的、使国家富强的社会主义。我们相信社会主义比资本主义的制度优越。它的优越性应该表现在比资本主义有更好的条件发展社会生产力。""说市场经济只存在于资本主义社会，只有资本主义的市场经济，这肯定是不正确的。社会主义为什么不可以搞市场经济，这个不能说是资本主义。""社会主义也可以搞市场经济。同样地，学习资本主义国家的某些好东西，包括经营管理方法，也不等于实行资本主义。这是社会主义利用这种方法来发展社会生产力。"①

1985年10月23日，邓小平会见美国高级企业家代表团时表示："社会主义和市场经济之间不存在根本矛盾。问题是用什么方法才能更有力地发展社会生产力。我们过去一直搞计划经济，但多年的实践证明，从某种意义上说，只搞计划经济会束缚生产力的发展。把计划经济和市场经济结合起来，就更能解放生产力，加快经济发展。""我们吸收资本主义中一

---

① 《邓小平文选》第二卷，人民出版社1994年版，第231、236页。

些有用的方法来发展生产力。现在看得很清楚,实行对外开放政策,搞计划经济和市场经济相结合,进行一系列的体制改革,这个路子是对的。"①此后,邓小平多次阐述了他的观点,就是要把市场经济与资本主义从理论上分开,不能一说市场经济就是资本主义。

1989—1991年是中国改革开放以来政治经济形势最为严峻的时期。从1989年开始的为期3年的治理整顿,是对国民经济主动进行的调整和收缩,由于采取了"急刹车"的做法,各种压缩投资、控制信贷、削减支出的措施纷纷出台,对国民经济尤其是民营经济的影响是巨大的;西方一些国家以种种借口对改革开放中的中国实行经济封锁和制裁,中国面临着严峻的国际形势;国内经济体制改革中的计划与市场争论再次被挑起,各种批判和否定社会主义商品经济和市场机制的观点盛行一时。

陈锦华回忆说:当时中国的改革真是"急不得,慢不得,左不得,右不得"。但是他笃定地认为改革所追求的目标,应当是邓小平讲的解放生产力、发展生产力,对现有的宏观经济和微观经济来讲是激发生机活力、是有效的工作机制。多年丰富的实际工作经历使他感到,经济要有活力,动力在市场;解放生产力、发展生产力,都要靠市场。应把重点放在市场的改革上。② 1990年10月,他在"社会主义及改革理论研讨会"上提出应该"深入研讨计划经济与市场调节相结合这个大题目",并将《外国关于计划与市场问题的争论和实践以及对中国的计划与市场关系的评论》的研究报告以国家体改委的名义报送中央负责人。这份报告分析了第二次世界大战后西方国家普遍采取政府干预的政策对市场进行宏观调控,解决经济社会问题的中长期规划和建设重大基础设施,直至进行跨国协调。"看得见的手"与"看不见的手"相结合,开始成为世界经济体制优化的普遍趋势。资本主义国家可以用计划手段弥补市场的缺陷,社会主义国家为什么不可以

---

① 《邓小平文选》第三卷,人民出版社1993年版,第148—149页。
② 陈锦华:《国事忆述》,中共党史出版社2005年版,第208、211—212页。

利用市场机制来克服计划的弊端,以提高资源配置的效率呢?计划不是社会主义制度的"特产",市场也不应是资本主义的"专利"。资本主义可以用计划,社会主义应当用市场。①

但是在当时的理论界情况有些反常。1990—1991年出现了一股反思甚至否定中共十一届三中全会以来路线方针政策和改革开放成就的风潮。这股风潮的观点集中反映在这样几个方面:一是认为中国改革开放存在姓"社"姓"资"问题,要深挖资产阶级自由化的经济根源,认为资本主义化的改革"一个是要取消公有制为主体,实现私有化;一个是要取消计划经济,实行市场化"。二是反对和攻击个体经济和私营经济,认为"如果任其自由发展,就会冲击社会主义经济",把发展私营经济和个体经济指责为"使我们的社会主义制度通过改革开放,和平演变为资本主义制度"。三是认为改革开放中出现了"一整套资本主义化的主张",经济上"否定公有制占主导地位和计划经济,实行全面私有化和完全市场化"。要把对资产阶级自由化观点的批判扩展到对改革开放方向道路的争论上了。四是认为搞"市场经济,就是取消公有制,这就是说,要否定共产党的领导,否定社会主义制度,搞资本主义"。把市场经济彻底归为资本主义制度范畴,为改革开放设定了政治禁区。五是对社会主义初级阶段理论提出异议,质疑"一个中心、两个基本点"的基本路线,这就从根本上动摇了中共十一届三中全会以来的路线方针政策。②

对企业实行股份制改革也要问姓"社"姓"资"问题,张劲夫对此明确回答股份制姓"中"姓"商"。他回忆提出股份制设想时说:改革开放后"抓经济效益,就涉及对生产要素进行优化组合,改变苏联模式'大而全''小而全'的格局,组建跨地区、跨部门的企业集团。""因为要把单一企业变成

---

① 陈锦华:《国事忆述》,中共党史出版社2005年版,第214—215页。
② 李铁映主编,彭森、陈立等著:《中国经济体制改革重大事件(上)》,中国人民大学出版社2008年版,第356—360页。

多个所有者共有的企业,就需要进行核心层的资本联合,需要确认和确定资产所有权。科学的办法,就是实行股份制。""用定性和定量的办法使资本归属明确化,这是所有制的科学化。资本主义的私有制经过一百年发展逐步形成的这一套处理产权关系的科学方法,完全可以用来处理公有制的产权关系。""我们搞企业集团,是要把企业组成若干个'国家队',使企业集团成为能够与资本主义竞争的团队,成为邓小平所说的够格的社会主义企业。"[1]

1991年在上海的《解放日报》和北京的一些主流媒体之间还发生了比较激烈的"隔空"舆论交锋。如果说这些理论之争仅仅是发生在经济学界或者学术领域,倒不必那么令人担忧。但是这场争论已经上升为全社会关于改革开放与社会主义的理论之争和舆论之争,已经在我国人民群众中造成了一定的思想混乱,那就不可小觑了。

邓小平南方谈话

社会主义究竟能不能与市场经济相结合?这是邓小平一直在考虑并始终在回答的时代之问。

邓小平在1989年之后不断告诫人们:一是要坚定坚持对中国特色社会主义的高度自信和对西方和平演变的坚决抵制。一方面他坚定地指出:"要坚定不移地执行党的十一届三中全会以来制定的一系列路线、方针、政策,要认真总结经验,对的要继续坚持,失误的要纠正,不足的要加点劲。"[2]另一方面提醒人们:"西方世界确实希望中国动乱。不但希望中国动乱,也希望苏联、东欧都乱。美国,还有西方其他一些国家,对社会主义

---

[1] 张劲夫:《股份制和证券市场的由来》,载曲青山、吴德刚主编:《改革开放四十年口述史》,中国人民大学出版社2019年版,第299、300页。
[2] 《邓小平文选》第三卷,人民出版社1993年版,第308页。

国家搞和平演变。"美国就是要"打一场无硝烟的世界大战。我们要警惕"①。二是要坚定坚持翻两番的战略目标,指出:"综观全局,不管怎么变化,我们要真正扎扎实实地抓好这十年建设,不要耽搁。这十年时间能够实现第二个翻番,就是我们最了不起的胜利。""中国能不能顶住霸权主义、强权政治的压力,坚持我们的社会主义制度,关键就看能不能争得较快的增长速度,实现我们的发展战略。"②三是要坚定坚持改革开放,并提出社会主义也可以搞市场经济。他强调:"我们必须从理论上搞懂,资本主义与社会主义的区分不在于是计划还是市场这样的问题。社会主义也有市场经济,资本主义也有计划控制。""不要以为搞点市场经济就是资本主义道路,没有那么回事。计划和市场都得要。不搞市场,连世界上的信息都不知道,是自甘落后。"③

抓住历史机遇发展自己,这是中国共产党及邓小平对当时国际形势作出的正确判断和关键抉择。没有几十年来毫不动摇地改革开放、发展自己,就根本谈不上社会主义制度的优势,就根本谈不上中国特色社会主义的强大。1992年在中国社会主义现代化建设和改革开放的历史进程中,又是一个将被中国人民始终铭记的年份。1—2月,邓小平先后在武昌、深圳、珠海和上海考察并发表了一系列重要谈话,被称为"南方谈话"。这是他对我国改革开放和社会主义现代化建设若干重大问题最为系统的论述,内容丰富,观点鲜明,态度明确,坚定不移。江泽民在中共十五大报告中指出:"一九九二年邓小平南方谈话,是在国际国内政治风波严峻考验的重大历史关头,坚持十一届三中全会以来的理论和路线,深刻回答长期束缚人们思想的许多重大认识问题,把改革开放和现代化建设推进到新阶段的又

---

① 《邓小平文选》第三卷,人民出版社1993年版,第325—326页。
② 《邓小平文选》第三卷,人民出版社1993年版,第354、356页。
③ 《邓小平文选》第三卷,人民出版社1993年版,第364页。

一个解放思想、实事求是的宣言书。"①

邓小平南方谈话的主要内容：

第一，党的基本路线和三中全会以来的路线、方针、政策不能动摇。革命是解放生产力，改革也是解放生产力。"不坚持社会主义，不改革开放，不发展经济，不改善人民生活，只能是死路一条。基本路线要管一百年，动摇不得。只有坚持这条路线，人民才会相信你，拥护你。""有了这一条，中国就大有希望。"

第二，改革开放胆子要大一些，要大胆地试，大胆地闯。深圳的经验表明，"没有一点闯的精神，没有一点'冒'的精神，没有一股气呀、劲呀，就走不出一条好路，走不出一条新路，就干不出新的事业"。在改革开放问题上迈不开步子，"说来说去就是怕资本主义的东西多了，走了资本主义道路。要害是姓'资'还是姓'社'的问题"。

第三，他反复强调"计划多一点还是市场多一点，不是社会主义与资本主义的本质区别。计划经济不等于社会主义，资本主义也有计划；市场经济不等于资本主义，社会主义也有市场。计划和市场都是经济手段"。他提出了"三个有利于"的标准。

第四，社会主义的本质是解放生产力和发展生产力，最终达到共同富裕。"社会主义要赢得与资本主义相比较的优势，就必须大胆吸收和借鉴人类社会创造的一切文明成果，吸收和借鉴当今世界各国包括资本主义发达国家的一切反映现代社会化生产规律的先进经营方式、管理方法。"走社会主义道路就是要逐步实现共同富裕，"共同富裕的构想是这样提出的：一部分地区有条件先发展起来，一部分地区发展慢点，先发展起来的地区带动后发展的地区，最终达到共同富裕"。

第五，抓住机遇发展自己，关键是发展经济，要力争隔几年上一个台

---

① 《江泽民文选》第二卷，人民出版社2006年版，第10页。

阶。"对于我们这样发展中的大国来说,经济要发展得快一点,不可能总是那么平平静静、稳稳当当。要注意经济稳定、协调地发展,但稳定和协调也是相对的,不是绝对的。发展才是硬道理。""在今后的现代化建设长过程中,出现若干个发展速度比较快、效益比较好的阶段,是必要的,也是能够办到的。我们就是要有这个雄心壮志。"

第六,影响我们的有右也有"左",根深蒂固的是"左"。"右可以葬送社会主义,'左'也可以葬送社会主义。中国要警惕右,但主要是防止'左'。""把改革开放说成是引进和发展资本主义,认为和平演变的主要危险来自经济领域,这些就是'左'。"

第七,在建设中国特色社会主义道路上继续前进。"恐怕再有三十年的时间,我们才会在各方面形成一整套更加成熟、更加定型的制度。""如果从建国起,用一百年时间把我国建设成中等水平的发达国家,那就很了不起! 从现在起到下世纪中叶,将是很要紧的时期,我们要埋头苦干。"[①]等等。

社会主义市场经济高歌猛进

1992年2月28日,中共中央以2号文件的形式向全党传达了邓小平南方谈话。3月9—10日,中央政治局全体会议一致同意南方谈话,认真讨论了我国改革和发展的若干重大问题,要求全党认真学习邓小平建设中国特色社会主义的一系列重要论述,进一步提高全面贯彻执行党的基本路线的自觉性。从中共十四大到中共十八届三中全会,关于建立社会主义市场经济体制、完善社会主义市场经济体制、全面深化改革等,形成了社会主义市场经济体制理论的三个发展阶段和三个里程碑,充分反映了中国共产

---

① 《邓小平文选》第三卷,人民出版社1993年版,第370、383页。

党对社会主义市场经济体制的认识在不断升华。

确定中国经济体制改革的目标

理解贯彻邓小平南方谈话精神,核心就是要解决社会主义和市场经济的关系问题。经过深入研究和审慎思考,中共中央确定了建立社会主义市场经济体制的改革目标,把中国改革开放和社会主义现代化建设事业推向一个新的发展阶段。

社会主义能不能与市场经济相结合?从世界发展角度讲这是一个前人没有解决的理论与实践问题。当我国宣布建设社会主义市场经济体制时,一些西方人士也是持怀疑态度的。英国撒切尔夫人就认为:社会主义市场经济不可能成功,是搞不下去的。她认为市场经济是和私有制结合在一起的,不搞私有制,市场经济怎么搞下去?[1] 尽管国际国内各种声音都有,我国还是坚持了社会主义市场经济的性质和含义。江泽民曾经指出:社会主义市场经济,"社会主义"这几个字不是多余的,不是"画蛇添足",而是"画龙点睛","点睛"就是点明我们市场经济的性质是社会主义的。

陈锦华回忆道,1992年4月1日晚,江泽民给他打电话提出:"改革的下一步怎么搞?我们是不是好好研究一下,给中央提个建议。"并表示他自己也在研究这个问题。陈锦华随即召开了有广东、山东、江苏、四川、辽宁五省体改委主任参加的座谈会,大家一致认为我国改革的目标就是搞社会主义市场经济。4月21日,他给江泽民、李鹏写信报告了座谈会情况,提出大家寄希望于中共十四大在计划与市场的关系上有所突破,今后应当明确提出"建立和发展社会主义市场经济"[2]。随信还附上了美国前国务卿基辛格的一封信和一篇文章。

---

[1] 陈锦华:《国事忆述》,中共党史出版社2005年版,第247页。
[2] 陈锦华:《国事忆述》,中共党史出版社2005年版,第208页。

基辛格《经济发展与政治稳定》的论文,是他为参加国家体改委举办的"经济体制转换国际研讨会"准备的书面发言。他认为:一是目前有关经济体制转换的讨论大都将"纯粹的市场制度"与"纯粹的计划经济"相对比,但在现实生活中并不存在这两种极端的模式,"美国无疑是所谓最开放的市场经济,但是政府在一系列部门中(石油、天然气、电讯)发挥着重要作用。反过来,即使最僵化的统制经济中也存在一些私人经济活动。经济本来就是'混合的'"。二是在世界范围内正进行着相对集中的经济向市场为基础的经济结构转变。三是任何国家都不能不考虑其独有的历史和文化背景。一个改革方案在某个国家运转得很好,但到另一个国家可能行不通。"道理很简单,没有两个一样的国家。"决策者们必须考虑本国经济的根本特征、资源基础、经济发展状况、经济开放程度,等等。"关于如何从中央指令经济向自由市场经济转变,没有一个简单的答案。"结论是:"我们正处在一个变革的时代,我们周围的经济生活在发生着重大的变化。变化的趋势错综复杂,但中心是朝着市场经济。似乎可以说,世界各地的领导人们不约而同地得出这样一个结论:总的来说,市场为持续经济发展提供了较好的基础。""向市场转变的目标被广泛接受,但实现这一目标的方式同试图改革的国家一样多,显然,没有一个'通用'的办法。改革过程必须与各个国家的经济、社会、文化环境相一致。""改革的成功取决于政治稳定。而政治稳定又会因改革过程中产生的严重经济和社会问题而受到影响。简而言之,经济发展与政治稳定密不可分。"[1]

1992年6月9日,经过深入思考和反复研究,江泽民在中央党校发表了重要谈话,明确提出在我国建立社会主义市场经济体制,社会主义市场经济体制是同社会主义基本制度结合在一起的。他指出:"加快经济体制改革的根本任务,就是要尽快建立社会主义的新经济体制。而建立新经济

---

[1] 李铁映主编,彭森、陈立等著:《中国经济体制改革重大事件(下)》,中国人民大学出版社2008年版,第389—390页。

体制的一个关键问题,是要正确认识计划和市场问题及其相互关系,就是要在国家宏观调控下,更加重视和发挥市场在资源配置中的作用。"①他分析和研究了资本主义在发展中运用计划调节的历史,也阐述了社会主义在改革中运用市场机制的进程,指出:"大量事实表明,市场是配置资源和提供激励的有效方式,它通过竞争和价格杠杆把稀缺物资配置到能创造最好效益的环节中去,并给企业带来压力和动力。而且,市场对各种信号的反应也是灵敏迅速的。正因为有这些优点,所以市场对经济发展的积极作用,已为社会主义国家越来越多的人们所认识,过去对市场的片面认识和偏见正在被抛弃。"②他回顾了中共十一届三中全会以来党对计划与市场的认识过程:中共十二大提出计划经济为主、市场调节为辅;中共十二届三中全会提出社会主义经济是在公有制基础上的有计划的商品经济;中共十三大提出社会主义有计划商品经济的体制是计划与市场内在统一的体制;中共十三届四中全会提出建立适应有计划商品经济发展的计划经济与市场调节相结合的经济体制和运行机制。

江泽民提出要建立的社会主义新经济体制的重要特征:一是在所有制结构上,坚持以公有制经济为主体,个体经济、私营经济和其他经济成分为补充,多种经济成分共同发展;二是在分配制度上,坚持以按劳分配为主体,其他分配方式为补充,允许和鼓励一部分地区、一部分人先富起来,逐步实现共同富裕,防止两极分化;三是在经济运行机制上,把市场经济和计划经济的长处有机结合起来,充分发挥各自的优势作用,促进资源优化配置,合理调节社会分配。③

6月12日,邓小平对江泽民说赞同他在中央党校讲话中提出的"社会主义市场经济体制"的经济体制改革目标,并表示把这个事定下来,十四大

---

① 《江泽民文选》第一卷,人民出版社2006年版,第198页。
② 《江泽民文选》第一卷,人民出版社2006年版,第200—201页。
③ 《江泽民文选》第一卷,人民出版社2006年版,第201—202页。

报告就有了主题。

社会主义市场经济体制建设的第一个里程碑

1992年10月12—18日,中共十四大在北京举行,江泽民代表中央委员会向大会作了题为《加快改革开放和现代化建设步伐,夺取有中国特色社会主义事业的更大胜利》的报告。报告明确指出,我国经济体制改革确定什么样的目标模式,是关系整个社会主义现代化建设全局的一个重大问题,其核心是正确认识和处理计划与市场的关系。大会第一次明确提出建立社会主义市场经济体制的目标模式,把社会主义基本制度和市场经济结合起来,建立社会主义市场经济体制,这是改革开放在理论与实践上的又一次伟大创举。

建立这个经济体制就是要使市场在社会主义国家宏观调控下对资源配置起基础性作用,使经济活动遵循价值规律的要求,适应供求关系的变化;通过价格杠杆和竞争机制的功能,把资源配置到效益较好的环节中去,并给企业以压力和动力,实现优胜劣汰;运用市场对各种经济信号反应比较灵敏的优点,促进生产和需求的及时协调。同时也要看到市场有其自身的弱点和消极方面,必须加强和改善国家对经济的宏观调控。我们要大力发展全国的统一市场,进一步扩大市场的作用,并依据客观规律的要求,运用好经济政策、经济法规、计划指导和必要的行政管理,引导市场健康发展。

社会主义市场经济体制是中国特色社会主义的重大理论创新。提出社会主义可以搞市场经济,确立社会主义市场经济体制,这是我国对社会主义及其发展规律认识的重大转变和根本深化。市场经济既可以与资本主义制度结合,形成资本主义的市场经济;也可以与社会主义制度结合,形成社会主义市场经济。从根本上说,这种结合的历史必然性来自对社会主义本质的认识深化。

社会主义的根本任务就是解放和发展社会生产力,一切有利于社会主义条件下社会生产力发展的体制机制都可以成为社会主义的组成部分。这就是"三个有利于",即始终坚持以是否有利于发展社会主义社会的生产力、是否有利于增强社会主义国家的综合国力、是否有利于提高人民的生活水平,作为决定各项改革措施取舍和检验其得失的根本标准的价值所在。与此同时,社会主义初级阶段理论,更是为社会主义充分运用人类一切可以运用的促进社会生产力发展的体制机制提供了坚实的理论基础。

建立社会主义市场经济体制涉及我国经济基础和上层建筑许多领域的改革目标与任务的确定,需要有一系列相应的体制改革和政策调整,需要有一个可操作的总体规划。1993年5月,中共中央政治局决定于下半年召开十四届三中全会,主要内容是讨论建立社会主义市场经济体制问题,并作出建立社会主义市场经济体制的相关规定。6月,中共中央组织了360多人参加16个专题调研组,就建立社会主义市场经济体制有关问题进行调查研究,包括社会主义市场经济体制的基本原则和目标、所有制问题、企业制度问题、市场体系建设、财税金融体制、分配制度、社会保障体系、农村改革、科技教育体制、法制建设等专题。

1993年11月11—14日,中共十四届三中全会在北京召开,审议并通过了《中共中央关于建立社会主义市场经济体制若干问题的决定》(简称《决定》),把中共十四大确定的经济体制改革目标和基本原则加以系统化、具体化,被誉为"我国社会主义市场经济体制的第一个总体设计,也是经济体制改革进程中一座重要的里程碑"。它不仅充分体现了邓小平建设中国特色社会主义的理论、思想和观点,还在中共十四大理论创新的基础上有新的发展和重大突破。

《决定》是在大量的调研基础上形成的,全文由10个部分50条构成。指出:"社会主义市场经济体制是同社会主义基本制度结合在一起的。建立社会主义市场经济体制,就是要使市场在国家宏观调控下对资源配置起基础性作用。"我国建立社会主义市场经济体制,必须坚持以公有制为主体、多种经济成分共同发展的方针,并提出了五个方面的根本遵循:一是进一步转换国有企业经营机制,建立适应市场经济要求,产权清晰、权责明确、政企分开、管理科学的现代企业制度;二是建立全国统一开放的市场体系,实现城乡市场紧密结合,国内市场与国际市场相互衔接,促进资源的优化配置;三是转变政府管理经济的职能,建立以间接手段为主的完善的宏观调控体系,保证国民经济的健康运行;四是建立以按劳分配为主体,效率优先、兼顾公平的收入分配制度,鼓励一部分地区一部分人先富起来,走共同富裕的道路;五是建立多层次的社会保障制度,为城乡居民提供同我国国情相适应的社会保障,促进经济发展和社会稳定。

这个《决定》是我国建立社会主义市场经济体制的总体规划,是20世纪90年代进行经济体制改革的行动纲领。

社会主义市场经济体制建设的第二个里程碑

中共十六大为进入新世纪新阶段的中国指明了前进的方向,开启了中国特色社会主义事业新的伟大征程。面对经济体制与经济发展存在的问题,中共十六大提出的一项重大任务就是"建成完善的社会主义市场经济体制和更具活力、更加开放的经济体系",这就为进一步深化改革确立了总方向和依据。

2003年10月中共十六届三中全会在北京召开。全会审议通过了《中共中央关于完善社会主义市场经济体制若干问题的决定》(简称《决定》)。在改革的关键时期,《决定》以完善中国社会主义市场经济体制为目标,提出了一系列新思路、新观点,从全局上打造经济改革的新蓝图,这些理论上的新突破对中国的经济体制改革产生了极大的推动作用。

全面建设小康社会,最根本的是坚持以经济建设为中心、不断解放和发展社会生产力。《决定》的重点是就当前和今后一个时期需要解决的重要体制问题提出改革目标和任务,作出决策和部署。《决定》提出了深化经济体制改革的指导思想和原则、完善社会主义市场经济体制的目标和任务,并对深化和完善社会主义市场经济体制改革的各个方面进行了整体规划和布局。《决定》的重要指导原则:要牢固树立协调发展、全面发展、可持续发展的科学发展观,把加大结构调整力度同培育新的经济增长点结合起来,把推进城市发展和推进农村发展结合起来,把发挥科学技术的作用和发挥人力资源的优势结合起来,把发展经济和保护资源环境结合起来,把对外开放和对内开放结合起来,努力走出一条生产发展、生活富裕、生态良好的文明发展道路。[①]

《决定》提出完善社会主义市场经济体制的目标和任务:按照"五统筹"即统筹城乡发展、统筹区域发展、统筹经济社会发展、统筹人与自然和谐发展、统筹国内发展和对外开放的要求,更大限度地发挥市场在资源配置中的基础性作用,增强企业活力和竞争力,健全国家宏观调控,完善政府社会管理和公共服务职能,为全面建设小康社会提供强有力的体制保障。提出七项主要任务:完善公有制为主体、多种所有制经济共同发展的基本经济制度;建立有利于逐步改变城乡二元经济结构的体制;形成促进区域经济协调发展的机制;建设统一开放、竞争有序的现代市场体系;完善宏观调控体系、行政管理体制和经济法律制度;健全就业、收入分配和社会保障制度;建立促进经济社会可持续发展的机制。

《决定》指出深化经济体制改革的原则,即五个"坚持":坚持社会主义市场经济的改革方向,注重制度建设和体制创新;坚持尊重群众的首创精神,充分发挥中央和地方两个积极性;坚持正确处理改革发展稳定的关系,

---

[①] 李铁映主编,彭森、陈立等著:《中国经济体制改革重大事件(下)》,中国人民大学出版社2008年版,第742页。

有重点、有步骤地推进改革;坚持统筹兼顾,协调好改革进程中的各种利益关系;坚持以人为本,树立全面、协调、可持续的发展观,促进经济社会和人的全面发展。

正因如此,21世纪第一个10年我国经济改革的主攻方向是重点领域和关键环节。包括巩固和发展公有制经济特别是增强国有经济活力、控制力和影响力方面的改革;鼓励和引导非公有制经济进入更宽广领域,促进混合所有制经济发展方面的改革;提高和改善宏观调控体系和调控力度方面的改革;确定新的发展方针,促进经济从"又快又好"发展转向"又好又快"发展,等等。

完善社会主义市场经济体制是一项系统工程,需要不断深化各个方面的改革,不可能仅仅依赖若干领域的改革突破来实现。这表明中央关于我国经济体制改革的全局观、系统观、整体观有了很大发展和提高。《决定》正是从11个方面对完善社会主义市场经济体制进行了全方位的部署和布局,成为21世纪头10年中国经济体制改革的重要内容。随着一项又一项改革措施相继落地,中国经济体制改革迈出了坚实的步伐。《决定》直接论述了关于经济体制改革的重要内容,包括巩固和发展公有制经济,鼓励、支持和引导非公有制经济发展;完善国有资产管理体制,深化国有企业改革;深化农村改革,完善农村经济体制;完善市场体系,规范市场秩序;继续改善宏观调控,加快转变政府职能;完善财税体制,深化金融改革;深化涉外经济体制改革,全面提高对外开放水平;推进就业和分配体制改革,完善社会保障体系。

从中共十四大和十四届三中全会开始,经过10年的努力,我国初步建立起社会主义市场经济体制,各个领域各个方面按照社会主义市场经济要求,进行了比较深刻的和根本的改革,极大地促进了社会生产力的发展。中共十六届三中全会通过的《决定》,将完善社会主义市场经济体制作为重中之重,提出了许多创新观点和政策。从"建立"到"完善",标志着中国共产党对于社会主义条件下发展市场经济的认识不断深化,把握和运用市场经济规律的能力不断提高。从建立社会主义市场经济体制,到完善的社会主义市场经济体制,再到进入全面建设小康社会的新世纪新阶段,本身就是历史性的跨越。

社会主义市场经济体制建设的第三个里程碑

2012年11月,中国共产党第十八次全国代表大会在北京召开,这次大会标志着中国特色社会主义进入了新时代。大会特别强调了实现社会主义现代化和中华民族伟大复兴中国梦的重要意义,强调了坚持和发展中国特色社会主义的重要意义,顺利实现了中央领导集体的新老交接,开启了中国特色社会主义新时代的历史篇章。

2013年11月中共十八届三中全会召开,全会审议并通过了《中共中央关于全面深化改革若干重大问题的决定》(简称《决定》)。这是继1993年建立社会主义市场经济体制的《决定》、2003年完善社会主义市场经济体制的《决定》之后,又一个具有深远意义的《决定》。《决定》深刻剖析了我国改革发展稳定面临的重大理论和实践问题,阐明了全面深化改革的重大意义和未来走向,提出了全面深化改革的指导思想、目标任务、重大原则,描绘了全面深化改革的新蓝图、新愿景、新目标,汇集了全面深化改革的新思想、新论断、新举措,反映了社会呼声、社会诉求、社会期盼,凝聚了全党全社会关于全面深化改革的思想共识和行动指挥。《决定》明确指出,全面深化改革的总目标是完善和发展中国特色社会主义制度,推进国家治理体系和治理能力现代化;必须更加注重改革的系统性、整体性、协同性,加快发展社会主义市场经济、民主政治、先进文化、和谐社会、生态文明,让一切劳动、知识、技术、管理、资本的活力竞相迸发,让一切创造社会财富的源泉充分涌流,让发展成果更多更公平地惠及全体人民。

《决定》"合理布局了全面深化改革的战略重点、优先顺序、主攻方向、工作机制、推进方式和时间表、路线图,形成了改革理论和政策的一系列新的重大突破,是全面深化改革的又一次总部署、总动员,必将对推动中国特色社会主义事业发展产生重大而深远的影响"。①

全面深化改革是改革目标上的重大飞跃。过去30多年的改革过程中的不同时期也提出过这样和那样的改革目标,但大多是从具体领域来提的,特别是从经济领域提出的改革目标更多一些。而且往往因为缺少一个改革的总体目标,各个领域改革面临的问题又不尽相同,所以许多改革目标和措施从各自领域出发,考虑本领域问题较多,兼顾其他领域改革不够,甚至更容易出现脱离中国具体实际的情况。中共十八届三中全会提出全面深化改革的总目标,并在总目标统领下明确了经济体制、政治体制、文化体制、社会体制、生态文明体制和党的建设制度深化改革的分目标。这是改革进程本身向前拓展提出的客观要求,体现了中国共产党对改革认识的深化和系统化。

为什么要部署全面深化改革?一是从社会主义诞生以来,怎样治理社会主义社会是一个并没有解决好的问题。一些国家的社会主义遭遇挫折的重要原因之一,就是没有形成有效的国家治理体系和国家治理能力,各种社会矛盾和问题日积月累、积重难返,必然带来严重政治后果。二是自辛亥革命以来,中国就一直在探索国家治理体系和治理能力问题,但只有在中国共产党领导下取得了显著进展。从世界历史来看,经过长期剧烈社会变革之后,一个政权要稳定下来,一个社会要稳定下来,必须加强制度建设,而形成比较完备的一套制度往往需要较长甚至很长的历史时期。对中国来说,推进国家治理体系和治理能力现代化的任务必然是长期的、艰巨的、复杂的,需要进行长时间的艰辛探索和艰苦努力。②

---

① 《习近平谈治国理政》第一卷,外文出版社2018年版,第73页。
② 习近平:《论坚持全面深化改革》,中央文献出版社2018年版,第87—94页。

《决定》对全面深化改革进行了全面部署,特别是对我国经济体制改革的主要方面作了系统、全面的论述,是此后我国推进改革开放的基本遵循和指导原则。全面深化经济体制改革要紧紧围绕使市场在资源配置中起决定性作用,坚持和完善基本经济制度,加快完善现代市场体系、宏观调控体系、开放型经济体系,加快转变经济发展方式,加快建设创新型国家,推动经济更有效率、更加公平、更可持续发展。

《决定》主要内容包括:市场在资源配置中起决定性作用,坚持和完善基本经济制度,加快完善现代市场体系,加快转变政府职能,深化财税体制改革,健全城乡一体化体制机制,构建开放型经济新体制,形成合理有序的收入分配格局。中共十八大以来,在以习近平同志为核心的党中央领导下,我国社会主义市场经济改革和体制建设取得了历史性成就,先后推出并完成了各个领域各个方面的重大改革 2000 多项,尤其是在更好发挥市场经济体制决定性作用和更好发挥政府宏观调控作用上取得了突破性进展。正如《中共中央关于党的百年奋斗重大成就和历史经验的决议》中指出的那样:"十八大以来,党不断推动全面深化改革向广度和深度进军,中国特色社会主义制度更加成熟更加定型,国家治理体系和治理能力现代化水平不断提高,党和国家事业焕发出新的生机活力。"

六、走向更加开放的中国

"文化大革命"结束之后,邓小平开始思考我国的对外开放问题。在十一届三中全会前后,他根据国际形势的变化和国内建设的需要,下定决心作出了对外开放的战略抉择。1978年10月,他在接见外宾时说:"中国在历史上对世界有过贡献,但是长期停滞,发展很慢。现在是我们向世界先进国家学习的时候了。""关起门来,固步自封,夜郎自大,是发达不起来的。""要实现四个现代化,就要善于学习,大量取得国际上的帮助。要引进国际上的先进技术、先进装备,作为我们发展的起点。"他还明确指出:"我们引进先进技术,是为了发展生产力,提高人民生活水平,是有利于我们的社会主义国家和社会主义制度。"[1]

中国的发展离不开世界

在改革开放新的时期,邓小平深刻分析了当时的国际国内环境,作出了中国社会主义可以与西方资本主义国家在和平共存的环境中吸收和学

---

[1] 《邓小平文选》第二卷,人民出版社1994年版,第132、133页。

习的科学判断和战略决策。他认为中国应该勇敢面对世界发展变化的局面，大胆实行改革开放并主动打开国门，要争取在和平与合作的环境中向西方资本主义国家学习。

对外开放是关键的一招

在中共十一届三中全会之前，为了借鉴国外经济建设与发展的经验、加快我国社会主义现代化建设，国家先后派出多个代表团到西方发达国家考察。其中以谷牧为团长的中国政府经济代表团最引人注目，代表团于1978年五、六月间访问了西欧法国、瑞士、比利时、丹麦、西德等五国，受到了这些国家高规格的接待。回国后，中央政治局专门听取了谷牧的汇报。他在报告中向中央提出建议：第一，第二次世界大战后，西欧发达国家的经济确有很大发展，尤其是科技日新月异，我们已经落后很多，它们在社会化大生产的组织管理方面也有很多值得借鉴的经验；第二，它们的资金、商品、技术要找市场，都看好与中国发展关系；第三，国际经济运作中有许多通行的办法，包括补偿贸易、生产合作、吸收外国投资等，我们可以研究采用。之后，邓小平专门听取了谷牧的汇报。谷牧后来评价邓小平对外开放决策时说："小平同志把马克思主义的基本原理、我国处于社会主义初级阶段的基本实际以及和平发展成为当今世界主流的国际政治经济基本格局这三者结合起来，经过深思熟虑，推动党中央郑重确立和成功实施了对外开放这项基本国策，解决了社会主义必须实行对外开放和如何实行对外开放的一系列重大问题。"[1]

打开国门观察世界后我们发现，中国与世界主要国家的经济发展差距不是缩小了，而是拉大了。缩小经济发展差距的唯一出路，就是对外开放。

在对外开放进程中，第一个"吃螃蟹"的是蛇口工业区。1978年，袁庚

---

[1] 欧阳淞、高永中主编：《改革开放口述史》，中国人民大学出版社2014年版，第44—54页。

奉调担任香港招商局常务副董事长。10月,他提出在沿海建立出口加工基地的设想,实现面向海外、冲破束缚、独立核算、自负盈亏、来料加工、跨国经营、适应国际市场特点、走出门去做买卖。1979年1月,广东省、交通部向国务院报送了《关于我驻香港招商局在广东宝安建立工业区的报告》,具体提出了建立工业加工区的设想,中央同意了招商局的建议并给予大力支持。从此,招商局把一个只有海水没有淡水、长野草不长稻草的地方,建设成为享誉海内外的蛇口工业区,创立了"蛇口模式"。这里最早形成了"拓荒牛"精神,提出了"时间就是金钱,效率就是生命"的口号。1982年招商局创办第一家股份制中外合资企业——中国南山开发区股份有限公司;1987年招商局创办了第一家由企业创办的股份制商业银行——招商银行;1988年招商局创办的蛇口社会保险公司发展成为平安保险公司。1984年邓小平说:蛇口发展快的原因是给了他们一点权力。①

对外开放第一大突破:试办经济特区

最早实行对外开放试点的是广东、福建两省,习仲勋在其中发挥了重要作用。在1978年底和1979年4月两次中央工作会议上,习仲勋都向中央提出允许广东对外开放先走一步的请求。1979年4月8日他在中央工作会议中南组发言说:现在中央权力过于集中,地方感到办事难,没有权,很难办。他提出广东邻近港澳,华侨众多,应充分利用这个有利条件,积极开展对外经济技术交流,希望中央给点权,让广东在四个现代化中先走一步,放手干,并提出广东要求创办贸易合作区的建议。对于这个提议,邓小平表示大力支持:"广东、福建实行特殊政策,利用华侨资金、技术,包括设厂,这样搞不会变成资本主义。""如果广东、福建两省八千万人先富起来,

---

① 李铁映主编,彭森、陈立等著:《中国经济体制改革重大事件(上)》,中国人民大学出版社2008年版,第48—52页。

没有什么坏处。"6月,广东、福建两省分别向中央报送了报告。7月15日,中共中央、国务院批转《广东省委、福建省委关于对外经济活动实行特殊政策和灵活措施》的两个报告,确定在深圳、珠海、汕头、厦门设置"出口特区"。邓小平说:"还是叫特区好,陕甘宁开始就叫特区嘛!中央没有钱,可以给些政策,你们自己去搞,杀出一条血路来!"

1980年5月,中共中央、国务院批转《广东、福建两省会议纪要》,正式将"出口特区"改为"经济特区"。明确了举办经济特区的指导思想、基本方针和管理办法。提出:"特区主要是实行市场调节","主要是吸收侨资、外资进行建设"。这表明,特区不仅是我国对外开放的突破口,还是用市场机制发展经济的试验基地。1980年8月26日,第五届全国人大常务委员会第十五次会议审议批准建立深圳、珠海、汕头、厦门4个经济特区,并批准公布实施《广东省经济特区条例》。这是特区建设的纲领性文件,正式向全世界宣告了中国经济特区的诞生。

1984年春节期间,邓小平先后视察了深圳、珠海、厦门三个经济特区。经过实地调查,他坚信创办经济特区是正确的,并分别为深圳经济特区和厦门经济特区题写了:"深圳的发展和经验证明,我们建立经济特区的政策是正确的。""把经济特区办得更快些更好些。"邓小平回到北京后要求进一步扩大对外开放。"我们建立经济特区,实行开放政策,有个指导思想要明确,就是不是收,而是放。""特区是个窗口,是技术的窗口,管理的窗口,知识的窗口,也是对外政策的窗口。""除现在的特区之外,可以考虑再开放几个港口城市,如大连、青岛。这些地方不叫特区,但可以实行特区的某些政策。我们还要开发海南岛,如果能把海南岛的经济迅速发展起来,那就是很大的胜利。"[①]

1984年三四月间,中共中央、国务院召开沿海部分城市负责人座谈会,讨论和研究了部分港口城市进一步对外开放问题,并以会议纪要形式

[①] 《邓小平文选》第三卷,人民出版社1993年版,第51—52页。

提出了许多重要论点和具体政策。5月4日,中共中央、国务院批转《沿海部分城市座谈会纪要》,决定进一步开放大连、秦皇岛、天津、烟台、青岛、连云港、南通、上海、宁波、温州、福州、广州、湛江、北海14个沿海港口城市。这一举措对于促进沿海港口城市的发展,进而通过对其相关经济腹地的传导作用和这些港口城市自身的辐射作用,对全国经济发展起到重大的推动作用。

1985年2月,中共中央、国务院批转《长江、珠江三角洲和闽南厦漳泉三角地区座谈会纪要》,决定开放长江三角洲、珠江三角洲和闽南厦漳泉三角地区,继而将辽东半岛、胶东半岛开辟为沿海经济开放区。要在这3个经济开放区逐步形成贸—工—农型生产结构,即按出口贸易的需要发展加工工业,按加工的需要发展农业和其他原材料的生产。要围绕这一中心,合理调整农业结构,认真搞好技术引进和技术改造,使产品不断升级换代,大力发展出口,增加外汇收入,成为对外贸易的重要基地。要加强同内地的经济联系,共同开发资源,联合生产名牌优质产品,交流人才和技术,带动内地经济发展,成为扩展对外经济联系的窗口。3个沿海经济开放区的决定一出台,就在国内外引起强烈反响。1988年3月,国务院发出《关于扩大沿海经济开放区范围的通知》,进一步扩大长江三角洲、珠江三角洲和闽南厦漳泉三角地区经济开放区范围,并将辽东半岛、山东半岛、环渤海地区的一些市、县和沿海开放城市的所辖县列为沿海经济开放区。

海南经济特区成为我国最大的经济特区。为了推动海南经济特区建设,国家确定实行以开放促开发的方针,采取了更加开放的特殊政策:一是经济运行是市场经济体制;二是建立多元化经济所有制结构;三是对外交往自由,再造社会主义"香港"。此前,1984年2月邓小平曾提出用20年时间把海南岛的经济发展到台湾的水平的设想。1987年6月,他首次公开提出建立海南经济特区的思想。1988年4月,第七届全国人大第一次会议通过了设立海南省的决定,同时通过了建立海南经济特区的决定。海南经济特区的设立是我国对外开放的重大标志。会议还决定在广东、福建、海南建立改革、开放综合试验区,为进一步改革和开放积累经验。由此,我国沿海开放地带由原来的59个市、县,扩大到293个市、县,拥有42.6万平方公里、2.2亿多人口,几乎所有的沿海市、县,都实行了对外开放的政策。30多年来,海南建省和办经济特区取得了巨大的成就。习近平在庆祝海南建省办经济特区30周年大会上指出:"30年来,在党中央坚强领导和全国大力支持下,海南经济特区坚持锐意改革,勇于突破传统经济体制束缚,经济社会发展取得了令人瞩目的成绩。""经过30年不懈努力,海南已从一个边陲海岛发展成为我国改革开放的重要窗口。""海南经济特区是我国经济特区的一个生动缩影,海南经济特区取得的成就是改革开放以来我国实现历史性变革、取得历史性成就的一个生动缩影。"[1]

在对外开放中,经济特区的特殊历史作用是不容低估的。经济特区40多年的历史充分证明,建立经济特区是完全正确的抉择。习近平在深圳经济特区建立40周年庆祝大会上指出:"深圳是改革开放后党和人民一手缔造的崭新城市,是中国特色社会主义在一张白纸上的精彩演绎。深圳广大干部群众披荆斩棘、埋头苦干,用40年时间走过了国外一些国际化大都市上百年走完的历程。这是中国人民创造的世界发展史上的一个奇迹。"[2]一是深圳奋力解放和发展社会生产力,大力推进科技创新,地区生产总值从1980年的2.7亿元增至2019年的2.7万亿元,年均增长20.7%,经济总量位居亚洲城市第五位,财政收入从不足1亿元增加到9424亿元,实现了由一座落后的边陲小镇到具有全球影响力的国际化大都市的历史性跨越。二是深圳坚持解放思想、与时俱进,率先进行市场取向的经济体制改革,首创1000多项改革举措,奏响了实干兴邦的时代强

---

[1] 习近平:《在庆祝海南建省办经济特区30周年大会上的讲话》,人民出版社2018年版,第3—4页。
[2] 习近平:《在深圳经济特区建立40周年庆祝大会上的讲话》,人民出版社2020年版,第2—3页。

音,实现了由经济体制改革到全面深化改革的历史性跨越。三是深圳坚持实行"引进来"和"走出去",积极利用国际国内两个市场、两种资源,积极吸引全球投资,外贸进出口总额由1980年的0.18亿美元跃升至2019年的4315亿美元,年均增长26.1%,实现了由进出口贸易为主到全方位高水平对外开放的历史性跨越。四是深圳坚持发展社会主义民主政治,尊重人民主体地位,加强社会主义精神文明建设,积极培育和践行社会主义核心价值观,实现了由经济开发到统筹社会主义物质文明、政治文明、精神文明、社会文明、生态文明发展的历史性跨越。五是深圳坚持以人民为中心,人民生活水平大幅提高,教育、医疗、住房等实现翻天覆地的变化,2019年居民人均可支配收入6.25万元,比1985年增长31.6倍;率先完成全面建成小康社会的目标,实现了由解决温饱到高质量全面小康的历史性跨越。[①]

构建全方位对外开放格局

20世纪90年代,中国积极构建全方位对外开放格局。加快对外开放步伐,充分利用国际国内两个市场、两种资源,优化资源配置;积极参与国际竞争与国际经济合作,发挥我国经济的比较优势,发展开放型经济,使国内经济与国际经济实现互接互补;依照我国国情和国际经济活动的一般准则,规范对外经济活动,正确处理对外经济关系,不断提高国际竞争能力。

对外开放第二大突破:浦东开发开放

推动浦东开发开放是20世纪90年代中国构建全方位对外开放格局

---

① 习近平:《在深圳经济特区建立40周年庆祝大会上的讲话》,人民出版社2020年版,第3—4页。

的关键一步,由此掀起了中国更深层次的对外开放。上海不同于其他地方,是我国经济、金融、贸易中心。开发浦东是树立我国对外开放形象的重大决策,是向世界表明我国对外开放的坚定决心。

早在1989年,邓小平就明确指出:"要把进一步开放的旗帜打出去,要有点勇气。""要多做几件有利于改革开放的事情。""现在国际上担心我们会收,我们就要做几件事情,表明我们改革开放的政策不变,而且要进一步地改革开放。"①1991年初,邓小平在上海视察谈到对外开放和试办经济特区时说:"上海开发晚了。如果当时就确定在上海也设经济特区,现在就不是这个样子。""浦东如果像深圳经济特区那样,早几年开发就好了。开发浦东,这个影响就大了,不只是浦东的问题,是关系上海发展的问题,是利用上海这个基地发展长江三角洲和长江流域的问题。抓紧浦东开发,不要动摇,一直到建成。只要守信用,按照国际惯例办事,人家首先会把资金投到上海,竞争就要靠这个竞争。"②上海浦东的开发开放成为这一时期的亮点。

开发上海浦东说到底是个时机问题。早在1988年5月上海市政府举办的"开发浦东新区国际研讨会"上,时任上海市委书记的江泽民就阐述了开发浦东的必要性:"上海作为全国最大、位置最重要的一座开放城市,应该更进一步改革开放。开发浦东,建设国际化、枢纽化、现代化的世界一流新市区,是完全符合党的十三大精神的。我们一定要把这件事情办成。"③1990年4月,李鹏在上海宣布:"中共中央、国务院决定,要加快上海浦东地区的开发,在浦东实行经济技术开发区和经济特区的政策。这是我们为深化改革、扩大开放作出的又一重大部署。"1990年6月2日,中共中央、国务院发出《关于开发开放浦东问题的批复》,指出:"开发开放浦东是

---

① 《邓小平文选》第三卷,人民出版社1993年版,第313页。
② 《邓小平文选》第三卷,人民出版社1993年版,第366页。
③ 《江泽民文选》第一卷,人民出版社2006年版,第35页。

一件关系全局的大事,一定要切实办好。""有计划、有步骤、积极稳妥地开发开放浦东,必将对上海和全国的政治稳定与经济发展产生极其重要的影响。"①陈锦华回忆上海浦东开发开放时说:"20世纪90年代初,邓小平同志曾经讲过,上海是中国的王牌,要打好这张王牌。""上海这张王牌,只有放在世界牌桌上,才能在开放和发展上作出大文章。"②

抓住时机以开发开放浦东为龙头,带动长江三角洲和沿江地区开发开放和经济发展,这是我国在20世纪90年代初经济发展区域布局和扩大对外开放格局的一个重要战略决策。长江三角洲和沿江地区近代以来都是我国经济、科技、文化发展的第一方阵,中华人民共和国成立以来因为受到国际冷战格局和我国国防安全因素的影响,建设与发展一度受到制约。尽管如此,这里仍然是我国经济最发达的地区之一,在我国经济发展中具有举足轻重的地位和作用。1992年6月,江泽民在国务院召开的长江三角洲及长江沿江地区经济发展规划座谈会上指出:"这一地区将成为继沿海开放地区之后一个开发潜力最大、有可能上得最快的经济发展的先行区。可以这样说,长江三角洲和沿江地区开发开放的快慢,将在很大程度上决定我国实现第二步战略目标乃至整个社会主义现代化的进程。"③作出这样的重要战略决策,其中重要的考量,一是向世界宣布中国的改革开放和现代化建设事业不会倒退,中国将坚持改革开放以来的一系列行之有效的路线、方针、政策;二是抓住战略发展机遇期,不落后于亚太地区其他国家的经济发展,并在增长速度方面超过他们。

浦东开发开放30多年来,取得了举世瞩目的成就。经济实现跨越式发展,从1990年至2019年,地区生产总值从60亿元跃升到1.27万亿元,财政总收入从11亿元增加到4316亿元,实际利用外资从0.13亿美元增

---

① 陈夕总主编:《中国共产党与经济特区》,中共党史出版社2014年版,第293页。
② 陈锦华等:《开放与国家盛衰》,人民出版社2010年版,第4页。
③ 《江泽民文选》第一卷,人民出版社2006年版,第206—207页。

至87.68亿美元,人均地区生产总值从2497.6元增至235082元,居民人均可支配收入从城镇居民40901元、农村居民17641元提高到城乡居民71647元,外贸进出口从25.92亿元猛增至20514.73亿元。浦东以全国1/8000的面积创造了全国1/80的国内生产总值、1/15的货物进出口总额。在这里诞生了第一个金融贸易区、第一个保税区、第一个自由贸易试验区及临港新片区、第一家外商独资贸易公司等一系列"全国第一"。核心竞争力大幅度增强,基本形成以现代服务业为主体、战略性新兴产业为引领、先进制造业为支撑的现代产业体系,承载了上海国际经济中心、金融中心、贸易中心、航运中心、科技创新中心建设的重要功能。

20世纪90年代,我国按照中共十四大和十四届三中全会要求,对外开放格局取得了突出的成效。第一,发展开放型经济,增强国际竞争力。为此,实行全方位开放,形成既有层次又各具特点的全方位开放格局;进一步改革对外经济贸易体制,建立适应国际经济通行规则的运行机制;积极引进外来资金、技术、人才和管理经验。第二,积极参与国际经济技术合作和竞争。以一个崭新的负责任大国的形象开展了一系列重大国际活动,为中国经济社会发展赢得了宝贵的发展时机和发展空间,取得了突出的成就。第三,沉着应对亚洲金融危机。1997年爆发的亚洲金融危机是对改革开放中的中国的一次大考。这场金融危机使整个亚洲国家都受到了很大冲击,许多国家纷纷采取货币贬值的方式自救。唯有中国顶住了这场严重的金融危机和经济压力,坚持人民币不贬值,为亚洲不少国家特别是新加坡这样的金融国家渡过危机作出了巨大的牺牲和特别的贡献。1999年3月,朱镕基铿锵有力地说:中国在这场风暴中"站得笔直"。

对外开放第三大突破:加入世界贸易组织

中国为什么要加入世界贸易组织?江泽民作出了系统的回答:"加入

世界贸易组织,有利于我们按照国际通行规则办事,改善我国经济发展的外部环境,直接参与国际经济规则的制定,维护我国权益;有利于我国根据国际市场竞争的要求,加快经济结构调整和科技进步,提高产业和产品的竞争力,提高国民经济整体素质和竞争力;有利于我们建立一套适应国际通行做法的外经贸法制体系,促进在经济工作中依法办事,促进社会主义市场经济发展;有利于我们在更大范围、更广领域、更高层次上参与国际经济技术合作,改善我国的贸易投资环境,增加贸易机会,增强对外资的吸引力,更有效地利用国内外两个市场、两种资源,发挥比较优势,把我国对外开放提高到一个新水平;有利于海峡两岸实现'三通',特别是解决通商问题,促进两岸经贸关系进一步发展。"[1]这五个"有利于"就是我国加入世界贸易组织的基本思考和基本理由。

世界贸易组织的前身是关贸总协定(GATT)。1971年中国恢复在联合国合法席位后,GATT缔约方全体表决剥夺了台湾当局观察员地位,但由于GATT义务的"契约性"特点,中国没有恢复在GATT的席位。1982年11月,中国获得了GATT观察员身份并提出中国"复关"三原则:一是中国是"恢复"GATT创始缔约国地位,不是加入或者重新加入;二是中国以关税减让方式为承诺条件,而不是以承担具体进口增长义务为条件恢复缔约国地位;三是中国以发展中国家的身份恢复并享受与其他发展中国家相同的待遇,承担与我国经济贸易水平相适应的义务。

1992年,中国确立建立社会主义市场经济体制,也解决了中国市场经济地位问题。1993年11月,江泽民在西雅图会晤克林顿并强调中国"复关"三原则。1994年,GATT部长会议决定成立世界贸易组织(WTO)并代替GATT,中国与122个缔约方都签署了最后文件。但是以美国为首的西方国家对中国提出了许多苛刻要求,要求中国作为"发达国家"加入WTO。1995年6月,WTO总理事会接受中国为WTO观察员。面对种种谈判困

---

[1] 《江泽民文选》第三卷,人民出版社2006年版,第451页。

难,我国确立了灵活掌握谈判时机和分寸的策略,相继提出了"态度积极、方法灵活、善于磋商、不可天真"和"态度积极、坚持原则、我们不急、水到渠成"等工作方法。1999年11月10日,中美最后一次谈判在北京举行。15日凌晨,中央政治局常委和政治局在京委员一致作出"入世"决策,中美达成《中美关于中国加入世界贸易组织的双边协议》。

2001年11月12日,在卡塔尔首都多哈举行的WTO会议通过了中国加入WTO问题议案。中国为"复关"和加入WTO作出了长期不懈的努力,这充分表明了中国深化改革和扩大开放的决心和信心。加入WTO不仅有利于中国,还有利于所有的WTO成员,有助于多边贸易体制的发展。加入WTO对于处在改革开放时期的中国来说,既是一个巨大的机遇,又是一个巨大的挑战。加入WTO,标志着我国对外开放进入了一个新的阶段。[①]

进入21世纪,随着中国国际地位的快速提升,中国明确提出了我们必须走和平崛起的道路。中国提出和平崛起有这样几个含义:一是中国和平崛起就是要充分利用世界和平的大好时机,努力发展和壮大自己;同时又用自己的发展,维护世界和平。二是中国和平崛起的积淀主要放在自己的力量上,独立自主、自力更生、艰苦奋斗,依靠广阔的国内市场、充足的劳动资源和雄厚的资金储备,以及改革带来的机制创新。三是中国和平崛起离不开世界,中国坚持开放政策,在平等互利原则下同世界一切友好国家发展经贸关系。四是中国和平崛起不会妨碍任何人,也不会威胁任何人、牺牲任何人。中国现在不称霸,将来强大了也永远不称霸。这就为中国的和平崛起赢得了国际社会更多的理解和支持。例如,中国以崭新的姿态积极参与国际与地区的国际政治经济活动,中国相继创立了"博鳌亚洲论坛"、举办了上海APEC会议、召开了中非合作论坛北京峰会等重要国际会议和活动,宣传了中国的国际主张,扩大了中国的国际影响,产生了积极的国际

[①]《江泽民文选》第三卷,人民出版社2006年版,第442—460页。

效果。

改革开放以来,中国积极参与国际经济竞争与合作,不但以中国经济社会较快的发展为世界提供了大量优质产品并成为世界各国的广阔市场,而且以中国的稳定发展成为世界和平和发展中国家正当权利的重要保障。从中国为世界的贡献而言,1992—2011年中国累计实际利用外资金额达1.14万亿美元,成为全球外资最重要的投资目的地;同期,中国从全球第十二大出口国,迅速成长为全球第一大出口国。中国也从全球生产网络的边缘角色,一跃成为世界制造业的中心。从国际市场对中国的促进而言,中国在这一过程中彻底解决了很多发展中国家普遍遇到的"双缺口"问题:外汇短缺、国民储蓄短缺。中国也从全球价值链、国际规则体系、全球金融市场等维度,深度融入了全球经济体系。[1]

与此同时,外贸体制改革极大地推动了中国进出口的发展。一是大幅度减少了进出口商品的出口许可证、进口配额限制。二是大幅度下调了关税水平,中国的平均关税税率从1990年末的42.5%下调至2011年的9.8%。三是在1994年全面推行增值税后,以零税率为思路的退税政策为中国成为"世界工厂"发挥了重要作用。[2]

积极有效运用经济全球化为中国发展创造的有利环境和条件,加快中国改革开放和社会主义现代化建设步伐,这就是21世纪第一个10年中国发展的基本特点。2002—2011年中国对外贸易快速发展,其中2001—2005年中国进出口贸易年均增速高达23.9%,出口年均增速为24.5%,进口年均增速为23.3%,体现出中国加入WTO的经济效应。2006—2010年中国进出口贸易年均增速为16.2%,其中出口年均增速为16.0%,进口年均增速为16.4%。10年间,中国货物进出口总额从6207.7亿美元增至

---

[1] 谢伏瞻主编:《中国改革开放:实践历程与理论探索》,中国社会科学出版社2021年版,第105页。
[2] 谢伏瞻主编:《中国改革开放:实践历程与理论探索》,中国社会科学出版社2021年版,第107—108页。

36418.6亿美元,增长了4.87倍,中国成为全球货物贸易第一大出口国。中国对外直接投资规模在这一时期出现"井喷式"增长,2005年之前中国对外直接投资基本上维持在40亿美元以下,到2011年已达746.5亿美元,是2004年的26倍。中国对外直接投资存量达到了4247.8亿美元,排名世界第13位,开始迈出对外直接投资的关键一步。

加入WTO对中国经济发展和体制改革产生积极作用。2001—2011年,在中国"入世"的第一个10年中,中国全面对接国际规则、履行"入世"承诺。中国贸易和投资自由化、便利化程度显著提高;中国坚持实行平等互利、合作共赢的对外开放政策,为世界经济发展带来有力推动;中国积极承担应尽的国际责任,努力推动各国共同发展。10年间累计对外提供各类援款1700多亿元人民币,免除50个重债穷国和最不发达国家近300亿元人民币到期债务,承诺对同中国建交的最不发达国家97%的税目的产品给予零关税待遇,为173个发展中国家和13个地区性国际组织培训各类人员6万多名,增强了受援国自主发展能力。

中国深受2008年世界金融危机的冲击和损害。由于受国际金融危机和世界经济增长明显减速影响,中国经济运行困难明显增加,主要表现为进出口下滑、工业生产放缓、部分企业生产经营困难、就业难度加大等。由于中国采取了应对积极、措施有效的一套"组合拳",中国在世界上率先实现经济回升向好。从2009年第二季度起,我国经济止跌回升,全年增长9.2%。为了应对这场突如其来的严重金融危机,最大限度减小其对中国经济的损害,我国政府按照"坚定信心、冷静观察、多管齐下、有效应对"的方针,着力保障和改善民生,推出了一系列财政政策和货币政策去保障经济的稳定发展。关键就是为保持经济平稳较快发展,及时调整宏观经济政策,果断实施积极的财政政策和适度宽松的货币政策,形成进一步扩大内需、促进经济增长的一揽子计划。

推进更高水平的对外开放

开放带来进步,封闭必然落后。习近平在 2014 年 12 月中共十八届中央政治局第十九次集体学习时深刻指出:"站在新的历史起点上,实现'两个一百年'奋斗目标、实现中华民族伟大复兴的中国梦,必须适应经济全球化新趋势、准确判断国际形势新变化、深刻把握国内改革发展新要求,以更加积极有为的行动,推进更高水平的对外开放,加快实现自由贸易区战略,加快构建开放型经济新体制,以对外开放的主动赢得经济发展的主动、赢得国际竞争的主动。"[①]

对外开放第四大突破:建设自由贸易试验区

从构建开放型经济体系到形成全面开放新格局,是中共十八届三中全会以来我国对外开放逐步深化的重要体现。中共十八大以来,中国对外开放不断取得新的进展和成就,就是在这一战略指导下实现的。

中共十八届三中全会通过的《决定》明确了我国对外开放的基本举措,主要集中在放宽投资准入、加快自由贸易区建设、扩大内陆沿边开放等方面。从此我国从更大范围、更宽领域、更深层次上提高开放型经济水平。例如,我国外商直接投资净流入在 2013 年经历了一次高峰,接近 3000 亿美元。外商直接投资规模反映了一个国家的整体投资环境和市场吸引力,也反映了一个国家的开放程度。2011—2015 年我国实际利用外资额稳步增加,2011 年为 1160.11 亿美元,2012 年为 1117.16 亿美元,2013 年为 1175.86 亿美元,2014 年为 1195.62 亿美元,2015 年为 1262.67 亿美元。

---

① 《习近平谈治国理政》第二卷,外文出版社 2017 年版,第 99 页。

从外商在华投资的分布来看,这一时期出现了一些显著的变化,即由主要投资于制造业开始向更多投资于服务业转变,由主要投资于东部地区开始向更多投资于中西部地区转变。又如,中国对外直接投资额和跨国并购交易额也出现大幅增长,显示出中国在国际经济中的地位和国际经济影响力的提升。2011—2015 年我国对外直接投资和跨国并购交易增长状况分别是,2011 年为 746.5 亿美元和 363.6 亿美元,2012 年为 878 亿美元和 379.1 亿美元,2013 年为 1078.4 亿美元和 515.3 亿美元,2014 年为 1231.2 亿美元和 392.5 亿美元,2015 年为 1456.7 亿美元和 511.2 亿美元。中国开始成为世界主要对外投资国家,在世界主要对外投资国家的排名也不断提升。

在中国特色社会主义新时代,构建开放型经济体系主要体现在自由贸易试验区的建设上。自由贸易区战略是新时代我国对外开放的国家战略,是我国新一轮对外开放的重要内容。中共十七大把自由贸易区建设上升为国家战略,中共十八大提出要加快实施自由贸易区战略,中共十八届三中全会提出要以周边为基础加快实施自由贸易区战略,形成面向全球的高标准自由贸易区网络。为什么要加快实施自由贸易区战略？我国的战略考虑是什么？习近平给予了明确解答:"加快实施自由贸易区战略,是适应经济全球化新趋势的客观要求,是全面深化改革、构建开放型经济新体制的必然选择,也是我国积极运筹对外关系、实现对外战略目标的重要手段。我们要加快实施自由贸易区战略,发挥自由贸易区对贸易投资的促进作用,更好帮助我国企业开拓国际市场,为我国经济发展注入新动力、增添新活力、拓展新空间。加快实施自由贸易区战略,是我国积极参与国际经贸规则制定、争取全球经济治理制度性权力的重要平台,我们不能当旁观者、跟随者,而是要做参与者、引领者,善于通过自由贸易区建设增强我国国际竞争力,在国际规则制定中发出更多中国声音、注入更多中国元素,维护和拓展我国发展利益。"①

2013年8月,国务院正式批准设立中国(上海)自由贸易试验区。9月,自贸区正式挂牌成立,国务院印发《中国(上海)自由贸易试验区总体方案》(简称《方案》)。该《方案》提出的建设目标是:经过两至三年的改革试验,加快转变政府职能,积极推进服务业扩大开放和外商投资管理体制改革,大力发展总部经济和新型贸易业态,加快探索资本项目可兑换和金融服务业全面开放,探索建立货物状态分类监管模式,努力形成促进投资和创新的政策支持体系,着力培育国际化和法治化的营商环境,力争建设成为具有国际水准的投资贸易便利、货币兑换自由、监管高效便捷、法制环境规范的自由贸易试验区,为我国扩大开放和深化改革探索新思路和新途径,更好地为全国服务。

自贸区建设极大地带动了上海在国际经济中的地位。据2016年8月上海市政府信息,截至2016年6月底,上海跨国公司地区总部已达558家,外资研发中心累计突破400家。近些年,外资特别是总部经济、研发经济,围绕"三链"加快在上海布局。上海已经成为跨国公司全球创新链的重要节点城市,成为跨国公司全球价值链的重要城市,成为全球供应链的重要城市,包括地区总部、设计、营销、结算、投资中心等,都是跨国公司在全球布局供应链最核心的环节。2018年5月,上海自贸试验区推出《中国(上海)自由贸易试验区关于扩大金融服务业对外开放进一步形成开发开放新优势的意见》,就是要将上海自贸试验区打造成为扩大金融开放的"新高地"。

在新时代新征程上,浦东承担着新的使命。习近平指出:"我们要把浦东新的历史方位和使命,放在中华民族伟大复兴战略全局、世界百年未有之大变局这两个大局中加以谋划,放在构建以国内大循环为主体、国内国际双循环相互促进的新发展格局中予以考量和谋划,准确识变、科学应变、

---

① 《习近平谈治国理政》第二卷,外文出版社2017年版,第100页。

主动求变,在危机中育先机、于变局中开新局。"浦东要"努力成为更高水平改革开放的开路先锋、全面建设社会主义现代化国家的排头兵、彰显'四个自信'的实践范例,更好向世界展示中国理念、中国精神、中国道路。"①可见在全面建设社会主义现代化国家新征程上,浦东再一次走到了我国全面深化改革和对外开放的最前沿,浦东就是要发挥好"开路先锋""排头兵"和"实践范例"的带头作用和示范作用。

浦东新区作为上海对外开放和现代化建设的高地,在未来的发展中占据着十分重要的地位。2021年中共中央、国务院正式发布《关于支持浦东新区高水平改革开放打造社会主义现代化建设引领区的意见》(简称《意见》),该《意见》绘制了浦东打造社会主义现代化建设引领区的宏伟蓝图。一是要立足服务中华民族伟大复兴战略全局、世界百年未有之大变局两个大局,支持浦东在社会主义现代化建设新征程上冲锋在前,当好排头兵,打造引领区;二是立足构建以国内大循环为主体、国内国际双循环相互促进的新发展格局,支持浦东成为国内大循环的中心节点和国内国际双循环的战略链接,在长三角一体化发展中更好发挥龙头辐射作用;三是立足在新时代继续把改革开放推向前进,支持浦东勇于挑最重的担子、啃最硬的骨头,打造高水平改革开放的窗口和样板,宣示我国坚定不移深化改革、扩大开放的决心和信心。《意见》对浦东新区赋予了五个战略定位,即打造更高水平改革开放的开路先锋、自主创新发展的时代标杆、全球资源配置的功能高地、扩大国内需求的典范引领、现代城市治理的示范样板。要求浦东新区在全面建设社会主义现代化国家新征程中实现两个阶段的建设目标:到2035年,浦东全面构建现代化经济体系,全面建成现代化城区,全面实现现代化治理,城市发展能级和国际竞争力跃居世界前列;到2050年,建设成为在全球具有强大吸引力、创造力、竞争力、影响力的城市重要承载区,城市治理能力和治理成效的全球典范,社会主义现代化强国的璀璨

---

① 《习近平谈治国理政》第四卷,外文出版社2022年版,第231页。

明珠。

自由贸易试验区实践成效是显著的。2015年4月,中国(广东)自由贸易试验区、中国(天津)自由贸易试验区、中国(福建)自由贸易试验区同步挂牌,标志着我国自贸试验区建设正式迎来"2.0"时代。2016年8月,中国决定在辽宁省、浙江省、河南省、湖北省、重庆市、四川省、陕西省新设立7个自贸试验区。中国设立自贸试验区的目的,一是通过设立自贸区尝试一个法制化、国际化、市场化营商环境的建设路径和运行模式,创造一个开放经济体系的试验田;二是建设一个接轨国际、贸易自由、投资便利和金融自由化的典型自由贸易区;三是形成可推广、可复制的开放经济模式;四是带动周边经济发展,使之成为中国经济新的增长点。2018年5月,国务院印发《关于做好自由贸易试验区第四批改革试点经验复制推广工作的通知》,设立自由贸易试验区成为新时代加快对外开放、构建全面开放新格局的重大举措。2020年9月21日,国务院印发关于北京、湖南、安徽自由贸易试验区总体方案及浙江自由贸易试验区扩展区域方案。至此,自贸试验区试点已扩大至广东、天津、福建、辽宁、浙江、河南、湖北、重庆、四川、陕西、北京、湖南、安徽等地。

在中国海南省建立自由贸易港是对外开放的重大举措,经过几年的建设已经取得了很大成就。2021年12月召开的推进海南全面深化改革开放领导小组全体会议提出了2022年及今后一段时期的工作任务,即要抓紧推进全岛封关运作准备工作,加快口岸基础设施规划和建设。此前的2021年4月,商务部等20个部门发出《关于推进海南自由贸易港自由化便利化若干措施的通知》,给予海南自由贸易港更大的自由化便利化优惠政策,使海南自由贸易港在世界范围内都具有强劲的竞争力。

2021年7月9日,中央全面深化改革委员会第二十次会议审议通过了《关于推进自由贸易试验区贸易投资便利化改革创新的若干措施》。这是在2018年《关于做好自由贸易试验区第四批改革试点经验复制推广工作的通知》优惠政策的基础上,进一步加大对自由贸易试验区建设的政策支持。自2013年9月至2020年,中国自由贸易试验区已经增至21个,各自由贸易试验区锐意进取、大胆探索,取得了显著成效,形成了东西南北中协调、陆海统筹的开放态势,推动形成了我国新一轮全面开放格局。

对外开放第五大突破:建设贸易强国

在我国改革开放和现代化建设进程中,不断扩大的对外贸易对经济增长发挥了强有力的拉动作用,成为消费、投资和出口"三驾马车"中一支重要力量。虽然2008年以后,出口的影响力和比重有所下滑,但是其力量仍然是不可忽视的。习近平在2014年12月指出:"要准确把握经济全球化新趋势和我国对外开放新要求。""不断扩大对外开放、提高对外开放的水平,以开放促改革、促发展,是我国发展不断取得新成就的重要法宝。""我国是经济全球化的积极参与者和坚定支持者,也是重要建设者和主要受益者。""要加快从贸易大国走向贸易强国,巩固外贸传统优势,培育竞争新优势,拓展外贸发展空间,积极扩大进口。要树立战略思维和全球视野,站在国内国际两个大局相互联系的高度,审视我国与世界的发展,把我国对外开放事业不断推向前进。"[①]中共十九大报告明确指出:"拓展对外贸易,培育贸易新业态新模式,推进贸易强国建设。""十四五"规划纲要中明确了我国对外贸易发展的目标,即立足国内大循环,协调推进强大国内市场和贸易强国建设。

2012年至2021年10年间,我国对外贸易保持了快速增长,我国对世界经济发展的贡献率显著提高。货物贸易进出口从2012年的24.4万亿元增至2021年的39.1万亿元,我国国际贸易在国际市场所占份额从2012年的10.4%增至2021年的13.5%。从2017年至今我国已连续5年保持

---

① 《习近平谈治国理政》第二卷,外文出版社2017年版,第99、100、101页。

世界货物贸易第一大国地位,2021年我国又成为货物与服务贸易第一大国。特别值得一提的是,我国的机械工业技术水平和出口能力都大幅提高,2020年我国机械工业累计实现进出口总额超过7800亿美元,其中进口为3100亿美元,出口为4600亿美元,实现贸易顺差1500亿美元,占全国贸易顺差比重为27.9%。在机械工业出口中,加工贸易所占比重下降,一般贸易比重上升到67%。

2021年11月,经国务院批复同意,商务部印发《"十四五"对外贸易高质量发展规划》(简称《规划》),这是"十四五"时期我国外贸发展新的指导性文件。《规划》总结了"十三五"时期我国外贸取得的显著成就和为我国经济社会发展、全球经济增长作出的突出贡献,聚焦"增强贸易综合实力、提高协调创新水平、提升畅通循环能力、深化贸易开放合作、完善贸易安全体系"五大目标,提出了"优化货物贸易结构"等10个方面45条重点任务和6项保障措施,强调创新引领,坚持扩大开放,政策措施系统全面,可操作性强。《规划》将深化科技创新、制度创新、业态和模式创新放在突出位置,将绿色贸易、贸易数字化、内外贸一体化等国际贸易新趋势列入十大主要任务,为外贸创新发展提供指引。

中共十九大对我国对外开放作出了新的规划,要求推动我国形成全面开放新格局。这是在中共十八届三中全会形成开放型经济体系的基础上,进一步推动我国对外开放的战略举措,就是要以"一带一路"建设为重点,坚持引进来和走出去并重,遵循共商共建共享原则,加强创新能力开放合作,形成陆海内外联动、东西双向互济的开放格局。拓展对外贸易,培育贸易新业态新模式,推进贸易强国建设。实行高水平的贸易和投资自由化便利化政策,全面实行准入前国民待遇加负面清单管理制度,大幅度放宽市场准入,扩大服务业对外开放,保护外商投资合法权益。凡是在我国境内注册的企业,都要一视同仁、平等对待。优化区域开放布局,加大西部开放力度。赋予自由贸易试验区更大改革自主权,探索建设自由贸易港。创新对外投资方式,促进国际产能合作,形成面向全球的贸易、投融资、生产、服务网络,加快培育国际经济合作和竞争新优势。

贸易强国意味着我国对外贸易竞争力更强、我国产品科技含量更高、质量效益更好,我国在国际贸易中拥有重要产品定价权、贸易规则制定权和贸易活动主导权。在 2017 年 12 月召开的全国商务工作会议上,商务部就明确提出了包括消费升级、贸易强国、外贸促进等在内的我国经贸强国建设的目标路径,规划了我国三个阶段的具体任务与目标:2020 年之前,进一步巩固我国经贸大国的地位,推进经贸强国进程;2035 年之前,基本建成经贸强国;2050 年之前,全面建成经贸强国。

2020 年新冠肺炎疫情暴发以来,少数西方国家奉行单边主义、保护贸易和"甩锅"政策,对经济全球化和国际贸易发展制造了大量的障碍,中国成为它们防范、打压和"甩锅"的主要对象,从而给中国的发展制造了不少麻烦,但是这并没有动摇中国对外开放的决心和信心。近些年来,中国相继举办了多场中国国际进口博览会、中国(北京)国际服务贸易交易会等大型商贸活动,向世界展现了中国开放包容的胸襟。2020 年 11 月 4 日,习近平在第三届中国国际进口博览会开幕式上发表视频致辞指出:"中国有 14 亿人口,中等收入群体超过 4 亿,是全球最具潜力的大市场。预计未来 10 年累计商品进口额有望超过 22 万亿美元。中国制造已经成为全球产业链供应链的重要组成部分,作出了积极贡献。中国广阔的内需市场将继续激发源源不断的创新潜能。"[①]他在 2021 年 11 月 4 日第四届中国国际进口博览会开幕式上发表视频致辞指出:"开放是当代中国的鲜明标识。今年是中国加入世界贸易组织 20 周年。20 年来,中国全面履行入世承诺,中国关税总水平由 15.3%降至 7.4%,低于 9.8%的入世承诺;中国中央政府清理法律法规 2300 多件,地方政府清理 19 万多件,激发了市场和社会

---

① 习近平:《在第三届中国国际进口博览会开幕式上的主旨演讲》,人民出版社 2020 年版,第 6 页。

活力。""20年来,中国经济总量从世界第六位上升到第二位,货物贸易从世界第六位上升到第一位,服务贸易从世界第十一位上升到第二位,利用外资稳居发展中国家首位,对外直接投资从世界第二十六位上升到第一位。这20年,是中国深化改革、全面开放的20年,是中国把握机遇、迎接挑战的20年,是中国主动担责、造福世界的20年。""中国不断扩大开放,激活了中国发展的澎湃春潮,也激活了世界经济的一池春水。""一个国家、一个民族要振兴,就必须在历史前进的逻辑中前进、在时代发展的潮流中发展。中国扩大高水平开放的决心不会变,同世界分享发展机遇的决心不会变,推动经济全球化朝着更加开放、包容、普惠、平衡、共赢方向发展的决心不会变。"①这三个"决心"表达了中国推进经济全球化、支持各国扩大开放和反对单边主义、保护主义的决心。中国坚定不移地对外开放和经济社会的稳健发展,是当今世界发展的稳定器和压舱石。

---

① 《习近平谈治国理政》第四卷,外文出版社2022年版,第236、237页。

七、"一带一路"建设蓝图

2013年9月7日,习近平在哈萨克斯坦纳扎尔巴耶夫大学演讲,提出共建"丝绸之路经济带"倡议,旨在使欧亚各国经济联系更加紧密、相互合作更加深入、发展空间更加广阔,提出用创新的合作模式共同建设"丝绸之路经济带"。同年10月3日,习近平在印度尼西亚国会演讲中,提出共建21世纪"海上丝绸之路"倡议,表示中国愿同东盟国家加强海上合作,使用好中国政府设立的中国—东盟海上合作基金,发展好海洋合作伙伴关系,共同建设21世纪"海上丝绸之路"。[①] "一带一路"倡议很快得到了沿线国家乃至世界其他许多国家的响应。

全球发展的中国方案

"一带一路"中的"带"指丝绸之路经济带。该条线路的重要规划在于搭建"亚欧大陆桥",即建设一条始于中国东部沿海地区,一路延伸至西欧的物流链;开发多条经济走廊,使中国与蒙古国、俄罗斯、中亚等地区连接。

[①] 《习近平谈治国理政》第一卷,外文出版社2018年版,第293页。

"一带一路"中的"路"指21世纪海上丝绸之路,它始于中国东南沿海,向西经南海和印度洋通向地中海,连接东南亚、南亚、中东、东非、北非和欧洲的广阔地区;向东延伸至南太平洋,连接东南亚,进而影响环太平洋沿线。

"一带一路"不是"新殖民主义"

习近平提出"一带一路"倡议,得到了世界上许多国家,特别是广大"一带一路"沿线国家和发展中国家的积极响应,被赞为当今世界反击逆经济全球化思潮的最为有效的中国主张,是切实可行地帮助沿线国家和发展中国家经济发展的中国方案。然而,个别国家的一些人别有用心地攻击"一带一路"倡议,污蔑这是中国在推行"新殖民主义"。

果真如此吗?这里引用美国经济学教授卡里·托克的观点,他深入研究了我国"一带一路"倡议,认为基础设施的落后是发展中国家难以发展的重要因素,"今天,世界上的大部分贫困发展中国家没有现代化的基础设施,一些国家的基础设施甚至会被暴雨轻易冲垮。根据世界银行的统计数据,到2025年,整个发展中国家需要40万亿美元的基础设施支出。除此之外,新兴经济体的工业化进程也需要大量资金支持"。面对如此巨大的基础设施建设任务和建设资金需求,当今世界并没有一套行之有效的办法可以解决。"回顾二战后由西方世界操作的国际组织的失败援助经验可以看出,西方国家通常无法兑现其承诺。二战后,世界银行和国际货币基金组织作为美国的外交工具,对发展中国家的援助目的无不在于发挥地缘政治权力,从未给大多数贫穷国家带去持久的繁荣。""因此,在后冷战时代,西方国家既没有资源,也没有专业知识来应对世界正在面临的经济挑战。"[1]

---

[1] 【美】卡里·托克:《"一带一路"为什么能成功——"一带一路"倡议的九大支柱》,中国人民大学出版社2022年版,第1页。

另外，什么是殖民主义体系？菲利普·安东尼·奥哈拉主编的《政治经济学百科全书》中说："殖民主义是指欧洲列强为攫取经济、政治和军事利益而对海外领土的占领和统治。殖民主义时代开始于15世纪，当时发现了美洲新大陆和经好望角通向印度的航路。这段时期的海上强国，先是葡萄牙和西班牙，接着荷兰、法国和英国也成为主要的殖民强国。有两类殖民地：欧洲移民的殖民地（如加拿大和澳大利亚）和由欧洲列强统治的前资本主义社会（如印度）。英国通过战争战胜了它的竞争对手，在18世纪成为世界最大的殖民强国，统治了印度（1757年）、加拿大和北美的其他部分（1763年）以及澳大利亚（1788年）。""在1876—1900年间，8个主要资本主义强国的殖民地由4650万平方公里和3亿1400万人口上升到7290万平方公里和5亿3000万人口。"①一些西方学者指出："在地理大发现时期，正如在调味料和奢侈品贸易方面一样，奴隶贸易方面的目标和成就在于把在穆斯林手中早已兴旺起来的生意转移到西方的和基督教的航线上。""贩运奴隶及随后的奴隶劳动不涉及良心问题，因为西北非的全部居民都被认为是摩尔人，基督徒有责任对其发动战争，而且当其被俘后将其变为奴隶是合法的。"②残酷的奴隶贸易获得了"合法"和"良心"的外衣，一是来源于西方国家追求海外贸易的利益原则，二是来源于所谓宗教征服的理由。③

西班牙在进行奴隶贸易的娴熟程度上一点也不亚于葡萄牙人。它们首先奴役美洲原住民印第安人，1489年出台的办法提出"拒绝接受加给它

---

① 【澳】菲利普·安东尼·奥哈拉主编：《政治经济学百科全书》，中国人民大学出版社2009年版，第140页。

② 【英】M.M.波斯坦、D.C.科尔曼、P.M.马赛尼斯主编：《剑桥欧洲经济史》第四卷，经济科学出版社2003年版，第278页。

③ 1454年教皇尼古拉五世敕令，鼓励葡萄牙人在反对摩尔人时坚决前进，允许"对包括全部几内亚海岸、博哈多尔角和南恩（Non）以南的萨拉森人、异教徒和其他基督的敌人发动进攻，统治他们，并永远地奴役他们"，必须把奴隶转变为基督徒。这就可以使奴隶贸易的良心问题得到解决。引自M.M.波斯坦、D.C.科尔曼、P.M.马赛尼斯主编：《剑桥欧洲经济史》第四卷，经济科学出版社2003年版，第278页。

们规则的印第安人将被剥夺其自然权利并被合法地变为奴隶",同时推行"监护征赋制",将印第安人纳入殖民地生产体系之中;其次通过"贩奴合同制"解决对劳动力的源源不断的需求,给予贩奴贸易特许权被看作西班牙"重商主义"的重要特征。还需要特别提出的是,英国和法国的殖民者同样曾经参与了残酷的奴隶贸易,我们并不能因为这两个国家在此后工业革命的发生发展中的特殊作用而对它们在奴隶贸易中扮演的"血腥"角色视而不见。据估计,仅在1700—1850年的150年,就有700万非洲奴隶被运到巴西,在那里为欧洲殖民帝国生产工业原材料。米歇尔·博德说:"几百万的非洲人则遭到暴力和易货贸易的手段从其家园、国土掠走。几百万不付给工资的劳力为他们白白使用掉,一两年内就被弄得筋疲力尽,榨干吸光。我们绝不应忘记,这才是16、17、18世纪资产阶级发财致富的根本基础(尽管西方人的思想中基本上无视或抹掉了这点)。"[①]可见,发达资本主义国家的经济成就,就是以广大殖民地半殖民地国家和地区陷入更加贫困与落后境地为代价的。这就是资本主义国家普遍的"身份特征"。

英国则是海外贸易和殖民地掠夺的典型国家。英国国内的"圈地运动"为英国资本主义发展准备了大批雇佣工人和国内市场;而海外贸易和殖民地掠夺则为其资本主义发展创造了国外市场和巨额货币财富,这些从海外掠夺的财富流回本国,转化为工业资本等资本形态。英国海外贸易的基本组织形式是特许公司,1553—1680年,英国先后共组织了49个商业特许公司,如东方公司、非洲公司、东印度公司等。许多特许公司从海外贸易中大发横财,如"东印度公司在成立时仅有股金63000英镑,到1708年其股金则增加到3163000英镑,比成立时增加了近50倍"。[②] 此外,英国还曾被称为"海盗之国",海盗活动得到英国政府的支持和鼓励。如臭名昭著

---

① 【法】米歇尔·博德:《资本主义史(1500—1980)》,东方出版社1986年版,第45页。
② 杨异同等编著:《世界主要资本主义国家工业化的条件、方法和特点》,上海人民出版社1959年版,第14页。

的大海盗佛朗西斯·德雷克、亨利·摩根等都曾疯狂从事海盗活动,把大量掠夺来的财富运回英国,他们不仅没有受到惩罚,还均被英王授予爵士称号。据估计,仅在伊丽莎白女王统治时期英国海盗掠夺的赃物价值就高达1200万英镑。

英国殖民主义者把印度称为"英王王冠上最明亮的宝石"。1600年成立的英属东印度公司是英国掠夺印度的重要工具,他们以欺骗性的交易,廉价收购印度生产的产品,运回欧洲以谋取暴利。而到1763年后,东印度公司在印度取得了政治、经济、军事和司法等一系列属于国家主权的特权,成为印度的"国中之国"。据估计,1757—1815年,英国从印度掠夺了近10亿英镑的财富。资本主义扩张必然导致国际分工格局的形成,马克思说:"一种由大工业中心强制推行的新的国际分工使地球的一部分转变为另一部分的农业生产地区,而这后一部分则成为地道的工业生产地区。"[1]这种发达国家和不发达国家的经济分工对非资本主义国家是极为不利的。英国"摧毁了印度社会的整个结构,而且至今还没有任何重新改建的迹象。印度人失掉了他们的旧世界而没有获得一个新世界,这就使他们现在所遭受的灾难具有一种特殊的悲惨色彩,使不列颠统治下的印度斯坦同它的一切古老传统,同它过去的全部历史断绝了联系"。[2] 资本主义经济是扩张型经济,资本主义进程势必伴随着不断扩大的对外经济贸易关系而发展壮大。海外贸易和殖民掠夺是第二次世界大战之前资本主义国家普遍的政策,不断拓展的殖民地与对落后地区的贸易活动,为各资本主义国家输入了源源不断的带着血腥味的资金和原材料。

---

[1] 《马克思恩格斯全集》第43卷,人民出版社2016年版,第474—475页。
[2] 《马克思恩格斯选集》第1卷,人民出版社2012年版,第850页。

美国主导的世界经济体系"富了谁"

第二次世界大战后的国际经济秩序是在美国主导下形成的。1944年7月,在美国主导下,有44个国家的代表聚集在美国新罕布什尔州的布雷顿森林,讨论战后构建国际贸易与金融体系的规则,确定了以美元为中心的现代国际货币体系,这被称为布雷顿森林体系。布雷顿森林体系建立了世界银行和国际货币基金组织两大国际金融机构。关贸总协定作为布雷顿森林会议的补充,也是这一体系的组成部分,从而形成了战后以外汇自由化、资本自由化和贸易自由化为主要内容的多边贸易体系,这是战后资本主义世界体系的核心内容。有研究者称:"布雷顿森林体系实际上是一种调和,对于强势货币的国家,譬如美国,可以成功地限制其为其他国家的支付赤字提供资金的义务,而对于其他国家则可以保留使用汇率控制和平价交换的工具以最小化由于保持贸易收支平衡而可能导致的失业风险。由于按照凯恩斯计划来管控国际储备供应很不成功,因此出于流动性的考虑,布雷顿森林体系不得不依赖黄金和对外汇率。考虑到美国经济在战后世界无可争辩的重要性,主要的储备资产,除了黄金之外,不可避免地就是美国美元。"[1] 这一体系在美国主导下运行了20多年,美国是这一体系的最大受益者。后来由于美元危机和美国经济危机等因素,这一体系于1971年宣告结束。

接替布雷顿森林体系的是在国际货币基金组织推动下,于1976年1月在牙买加首都金斯顿达成的"牙买加协议",也被称为牙买加体系。牙买加体系是在考虑了布雷顿森林体系的不足和教训之后,推动世界经济体系采取多元化储备结构、多样化汇率和多渠道国际收支调节的安排。"美

---

[1] 【美】斯坦利·L.恩格尔曼、罗伯特·E.高尔曼主编:《剑桥美国经济史》第三卷,上册,中国人民大学出版社2018年版,第439页。

元的不稳定性和以美元为基础的布雷顿森林体系的瓦解实质上反映了其他工业化国家在第二次世界大战之后,不断地缩短与美国的生产力差距的不可避免的倾向。随着美国工业优势地位的下降,美元在国际货币中的作用和地位也不可避免地下滑。"[1]但是牙买加体系仍然是以美国为主要利益方的国际经济制度安排。经济霸权是以美国为首的西方国家话语体系强势推行的经济基础。

同样在美国主导下,1995年1月接替关贸总协定职能而成立的更具全球性的世界贸易组织,在促进世界贸易发展中发挥了重要作用,成为全球贸易体制的组织基础和法律基础,发挥着众多贸易协定的管理者、成员国贸易立法的监督者、解决贸易争端和进行相关谈判等功能。由于世界贸易组织的特殊重要性,截至2020年5月,该组织已拥有164个成员和24个观察员。

在世界资本主义体系中,发展中国家的地位和作用是被严重压制、压抑和低估的。没有广大发展中国家的原材料供应和廉价劳动力供给,资本主义世界经济体系一天也维持不下去。但是,第二次世界大战后的几十年间,广大发展中国家并没有从世界资本主义经济体系中得到应该获得的经济利益和发展机会,发展中国家有关寻求本国经济发展和建立更加公正合理的国际经济政治秩序的呼声至今仍被严重忽视,发展中国家仍然处于相对落后贫困和无处发声的境地。战后一段时期内,一些西方学者热衷于向广大发展中国家推销西方资本主义国家的发展模式和发展道路,并认为这是广大发展中国家唯一的选择。可是残酷的事实揭穿了这种西方发展模式和道路的虚伪性,在20世纪50—70年代没有一个发展中国家是通过模仿和照搬西方资本主义国家的发展模式和发展道路赢得了本国经济蓬勃发展的。

---

[1] 【美】斯坦利·L.恩格尔曼、罗伯特·E.高尔曼主编:《剑桥美国经济史》第三卷,上册,中国人民大学出版社2018年版,第444页。

当前,发展中国家与发达国家之间的差距依然很大。国际货币基金组织(IMF)2020年在一份分析报告中曾指出,在疫情影响下,2020年全球经济总量会由2019年的87.55万亿美元缩减至83.84万亿美元。其中,发达国家2020年GDP会降至49.81万亿美元,发展中国家2020年GDP会降至34.04万亿美元,二者占比约为59.4∶40.6。而发达国家的人口约为11亿,发展中国家的人口则为64亿,二者占比约为14.7∶85.3。也就是说,占两类国家人口总数不到14.7%的发达国家占有两类国家GDP总量的59.4%,而占两类国家人口总数超过85.3%的发展中国家仅占有两类国家GDP总量的40.6%。发展中国家人均GDP约为5170美元,而发达国家人均GDP则高达45280美元。现实的差距要比数字显示的差距还要大,据该机构2021年一份报告分析,发达经济体近40%的人口已完全接种疫苗,新兴市场经济体的接种比例为11%,而低收入发展中国家仅有很少的人口接种疫苗。在这些经济数据背后,发展中国家和发达国家之间还横亘着更为严峻的鸿沟,包括制造业鸿沟、金融鸿沟、教育鸿沟、人才鸿沟、高科技鸿沟、数字鸿沟、健康鸿沟、现代化鸿沟,等等。这些都严重阻碍着发展中国家的发展和进步。这里特别需要提出来的是,发展中国家与发达国家之间的话语鸿沟和话语权不平等显得比其他方面存在的鸿沟更巨大,发展中国家不同程度地成为世界经济发展和国际话语体系的"弃儿"。

西方不少著名经济学家都研究了欠发达国家经济贫困的问题,并依据不同的观察视角指出了导致贫困发生的因素,诸如低收入和预期寿命、较低的农业机械化水平、资源匮乏和资本不足、高人口增长率、低教育水平和就业率,而一些发展中国家的制度失败加剧了这种贫困,例如约瑟夫·E.斯蒂格利茨等学者认为:它们"缺乏良好的金融制度意味着可以得到的资本没有用于适当的投资;金融市场的缺乏意味着企业得不到它们所需要的投入品;良好的法律系统的缺乏意味着债权人发现迫使难约束的债务人还款困难,因此为补偿风险,债权人只有在高利贷的情况下才愿意借款。所有这些失败阻碍了新企业的进入和老企业的发展"。①

可见,他们对发展中国家诉求的理解存在着多么大的隔膜,他们并没有能够给发展中国家开出真正的"药方"。

而令人不解的是,第二次世界大战之后的国际经济秩序几乎都是在美国主导下设立的,如今却引起美国的许多不满。美国将其国内日益激化的各种矛盾都采取了简单的"外归因法",也就是指责他国引发了美国的国内问题。面对冷战后逐步调整并形成的世界经济体系和贸易体系,美国指责在国际产业转移过程中出现的若干劳动密集型产业和资本密集型产业向发展中国家的转移,认为这一转移剥夺了美国的就业、侵占了美国的市场。美国早在2011年就曾启动了"先进制造伙伴计划",为的是加快抢占21世纪先进制造业制高点,政府在税收、外贸、投资等政策方面向制造业倾斜。美国的这种"再工业化"战略取得了一些成果,实体经济显现振兴迹象。100多年来制造业一直是美国经济的支柱,第二次世界大战后美国制造业经历了"绝对强大—渐次转移—巩固优势"的过程,制造业今天仍是美国创造财富、提供就业机会、促进创新的重要生产部门。但是,发达资本主义经济体从20世纪80年代以来更倾向于发展虚拟经济来攫取更大的经济利益,金融垄断越来越成为其统治世界的重要渠道和手段,其后果就是不少重要制造业趋于"空心化"。这本身就是西方发达资本主义发展的规律,工业垄断资本的优势地位逐渐被金融垄断资本所取代。

分享中国发展"红利"

美国经济学教授卡里·托克从他的角度分析道:"'一带一路'倡议旨

---

① 【美】约瑟夫·E.斯蒂格利茨、卡尔·E.沃尔什:《经济学》第三版,下册,中国人民大学出版社2005年版,第809页。

在通过建设基础设施、提升工业化及促进贸易与投资以实现亚欧经济一体化,通过更加密切的外交、商业和金融合作,整合亚非欧三大洲。这项前所未有的工作将惠及超过 68 个国家,包括世界人口的 2/3,占全球 GDP 的一半以上,覆盖 75% 的已知能源储备。"①他认为:"在全新的国际多极秩序中,霸权国家充当世界警察的规则不再被接受,因此,'一带一路'倡议将成为 21 世纪实现和平与繁荣的主要工具。随着中国成为亚洲最具活力的国家,'一带一路'倡议正在改变各国看待中国地位的态度。"他从经济发展同道德和文化密不可分的角度观察并提出:"在和'一带一路'成员国的合作中,中国非常重视和谐与包容,强调人文交流和相互学习,这源于提倡包容性和追求和谐的中华文明。世界正在见证中国——一个坚守道德原则的国家的发展。"②

"一带一路"催生新世界经济秩序

中共十八大以来,以习近平同志为代表的中国共产党深刻分析了国际格局的变化和我国面临的新形势,不断深化改革、勇往直前,不断化危为机、开拓进取。正如他 2014 年 12 月在十八届中央政治局第十九次集体学习时的讲话中深刻分析的那样:"站在新的历史起点上,实现'两个一百年'奋斗目标、实现中华民族伟大复兴的中国梦,必须适应经济全球化新趋势、准确判断国际形势新变化、深刻把握国内改革发展新要求,以更加积极有为的行动,推进更高水平的对外开放,加快实施自由贸易区战略,加快构建开放型经济新体制,以对外开放的主动赢得经济发展的主动、赢得国际竞争的主动。""要准确把握经济全球化新趋势和我国对外开放新要求。

---

① 【美】卡里·托克:《"一带一路"为什么能成功——"一带一路"倡议的九大支柱》,中国人民大学出版社 2022 年版,第 4—5 页。
② 【美】卡里·托克:《"一带一路"为什么能成功——"一带一路"倡议的九大支柱》,中国人民大学出版社 2022 年版,第 3 页。

改革开放是我国经济社会发展的动力。不断扩大对外开放、提高对外开放水平，以开放促改革、促发展，是我国发展不断取得新成就的重要法宝。开放带来进步，封闭导致落后，这已为世界和我国发展实践所证明。党的十八大以来，我们乘势而上，加快构建开放型经济体制，更高水平的开放格局正在形成。""我国是经济全球化的积极参与者和坚定支持者，也是重要建设者和主要受益者。我国经济发展进入新常态，妥善应对我国经济社会发展中面临的困难和挑战，更加需要扩大对外开放。'机者如神，难遇易失。'我们必须审时度势，努力在经济全球化中抢占先机、赢得主动。"①

2008年的国际金融危机极大地减缓了世界经济的发展步伐，发达国家经济长期低迷，国内政治压力增大，对全球化和自由贸易的态度有所扭转，不仅未能解决自身的经济发展问题，对全球特别是发展中国家或地区的负面影响也十分明显。中国经过改革开放以来的快速发展，积累了财富和经验。一方面，中国的经济总量已经位居世界第二位，产业门类齐全，且在多个产业和多种关键产品上具有全球竞争优势，在危机中成为拉动全球经济增长的重要力量。另一方面，中国的人均财富水平仍处于发展中国家行列，且中国也深受全球危机的影响，经济增速开始放缓。寻求新的经济增长点，特别是在全球化背景下寻求与世界市场的合作与共赢，不仅是中国与有关国家或地区的重要战略合作机遇，也是中国作为负责任大国的重要体现。

"一带一路"倡议在这样的背景下提出，它既是以市场为原则的经济合作，又特别注重基础设施建设等单一国家或私人资本所不愿或无力介入的领域；它既是经济合作主导的，又渗透社会、政治、文化等多个领域，其影响是多方面的。共建"一带一路"倡议，就是要传承丝绸之路精神，携手打造开放合作平台，为各国合作发展提供新动力。在"一带一路"沿线国家

---

① 中共中央文献研究室编：《习近平关于社会主义经济建设论述摘编》，中央文献出版社2017年版，第290—292页。

或地区当中,既有具备一定发展基础的高收入国家或地区,如以色列、新加坡和韩国等,又有东欧转型国家,如波兰、捷克和白俄罗斯等,更多的是亚非大陆广大的发展中甚至欠发达国家或地区,如巴基斯坦、阿富汗和埃塞俄比亚等。①"一带一路"一端是快速发展的中国,一端是高度发达的欧洲,沿线地区则主要是发展中国家和转型国家。这些国家不仅地理信息差异大,在社会、文化、宗教等方面也具有鲜明的多样性,因此求同存异、互利共赢是"一带一路"倡议的重要原则。

美国经济学家托克看到了"一带一路"倡议的世界意义和世界影响,他认为"对于世界上大多数国家来说,中国都是不可或缺的贸易伙伴。'一带一路'倡议的一个重要组成部分是亚投行,亚投行拥有100多个具有不同经济和政治制度的成员,而中国正在新的国际秩序中成为最大的自然贷款人。作为应对气候变化的领导者,中国也在努力成为绿色技术的主要推动方。从长远来看,'一带一路'倡议有助于增加低风险资产的供应,从而带来可观的正收益"。他甚至从更长远和更综合的角度分析了"一带一路"倡议对非洲、欧洲和印度等地区和国家的积极影响。例如他指出:"预计到2030年,几乎所有的极端贫困人口都将生活在撒哈拉以南非洲地区。随着该地区人口的大量增加,更多的非洲年轻人有可能非法移居到欧洲寻找工作。而中国在非洲的投资将提供更多的就业机会,大大减少欧洲的非法移民。印度亦是亚投行贷款的最大受益者。'一带一路'沿线国家的发展将催生一个庞大而繁荣的中产阶级群体。"②

---

① 贺耀敏、甄峰:《数字解读中国:中国的发展坐标与发展成就》,中国人民大学出版社2021年版,第152—153页。

② 【美】卡里·托克:《"一带一路"为什么能成功——"一带一路"倡议的九大支柱》,中国人民大学出版社2022年版,第3—4页。

三次"一带一路"座谈会

2013年12月,习近平在中央经济工作会议上指出:"建设丝绸之路经济带、二十一世纪海上丝绸之路,是党中央统揽政治、外交、经济社会发展全局作出的重大战略决策,是实施新一轮扩大开放的重要举措,也是营造有利周边环境的重要举措。形象地说,这'一带一路',就是要再为我们这只大鹏插上两只翅膀,建设好了,大鹏就可以飞得更高更远。这也是我们对国际社会的一个承诺,一定要办好。"[①]2014年12月,中共中央、国务院印发《丝绸之路经济带和21世纪海上丝绸之路建设战略规划》,对推进"一带一路"建设工作作出全面部署。2015年3月,国务院授权发布了《推动共建丝绸之路经济带和21世纪海上丝绸之路的愿景与行动》,该文件从时代背景、共建原则、框架思路、合作重点、合作机制等方面阐述了"一带一路"的主张与内涵,提出了共建"一带一路"的方向和任务,指出推进"一带一路"建设既是中国扩大和深化对外开放的需要,也是加强和亚、欧、非各国互利合作的需要,中国愿意在力所能及的范围内承担更多责任义务,为人类和平发展作出更大贡献。

为了更好地推进"一带一路"建设,国家相继于2016年8月、2018年8月和2021年11月召开了3次推进"一带一路"建设工作座谈会。

在第一次座谈会上,习近平提出要让"一带一路"建设造福沿线各国人民。他进一步阐述了"一带一路"建设的重大战略意义,指出:"'一带一路'建设是我们着眼欧亚大舞台、世界大棋局的重大谋篇布局。'一带一路'贯穿欧亚大陆,东边连接亚太经济圈,西边进入欧洲经济圈,大致涉及六十五个国家,总人口四十四亿,生产总值二十三万亿美元,分别占全球的

---

① 中共中央文献研究室编:《习近平关于社会主义经济建设论述摘编》,中央文献出版社2017年版,第246—247页。

百分之六十二点五、百分之二十八点六。通过'一带一路'建设把沿线国家团结起来,我们就可以在全球和地区大竞争中站稳脚跟、赢得主动。"① 提出要以"一带一路"建设为契机,开展跨国互联互通,提高贸易和投资合作水平,推动国际产能和装备制造合作,本质上是通过提高有效供给来催生新的需求,实现世界经济再平衡。特别是在当前世界经济持续低迷的情况下,如果能够使顺周期下形成的巨大产能和建设能力走出去,支持沿线国家推进工业化、现代化和提高基础设施水平的迫切需要,那就大大有利于稳定当前世界经济形势。

他就推进"一带一路"建设提出了8项要求:一是要切实推进思想统一,坚持各国共商、共建、共享,遵循平等、互利原则,牢牢把握重点方向,聚焦重点地区、重点国家、重点项目,抓住发展这个最大公约数,不仅造福中国人民,更造福沿线各国人民。中国欢迎各方搭乘中国发展的"快车""便车",欢迎世界各国和国际组织参与到合作中来。二是要切实推进规划落实,周密组织,精准发力,进一步研究出台推进"一带一路"建设的具体政策措施,创新运用方式,完善配套服务,重点支持基础设施互联互通、能源资源开发利用、经贸产业合作区建设、产业核心技术研发支撑等战略性优先项目。三是要切实推进统筹协调,坚持陆海统筹,坚持内外统筹,加强政企统筹,鼓励国内企业到沿线国家投资经营,也欢迎沿线国家企业到我国投资兴业,加强"一带一路"建设同京津冀协同发展、长江经济带发展等国家战略的对接,同西部开发、东北振兴、中部崛起、东部率先发展、沿边开发开放的结合,带动形成全方位开放、东中西部联动发展的局面。四是要切实推进关键项目落地,以基础设施互联互通、产能合作、经贸产业合作区为抓手,实施好一批示范性项目,多搞一点早期收获,让有关国家不断有实实在在的获得感。五是要切实推进金融创新,创新国际化的融资模式,深化

---

① 中共中央文献研究室编:《习近平关于社会主义经济建设论述摘编》,中央文献出版社2017年版,第276页。

金融领域合作，打造多层次金融平台，建立服务"一带一路"建设的长期、稳定、可持续、风险可控的金融保障体系。六是要切实推进民心相通，弘扬丝路精神，推进文明交流互鉴，重视人文合作。七是要切实推进舆论宣传，积极宣传"一带一路"建设的实实在在成果，加强"一带一路"建设学术研究、理论支撑、话语体系建设。八是要切实推进安全保障，完善安全风险评估、监测预警、应急处置，建立健全工作机制，细化工作方案，确保有关部署和举措落实到每个部门、每个项目执行单位和企业。[1]

在推进"一带一路"建设工作5周年座谈会上，习近平强调推动共建"一带一路"、走深走实造福人民。他指出：以共建"一带一路"为实践平台推动构建人类命运共同体，这是从我国改革开放和长远发展出发提出来的，也符合中华民族历来秉持的天下大同理念，符合中国人怀柔远人、和谐万邦的天下观，占据了国际道义制高点。共建"一带一路"不仅是经济合作，而且是完善全球发展模式和全球治理、推进经济全球化健康发展的重要途径。中国共建"一带一路"是经济合作倡议，不是搞地缘政治联盟或军事同盟；是开放包容进程，不是要关起门来搞小圈子或者"中国俱乐部"；是不以意识形态划界，不搞零和游戏，只要各国有意愿，我们都欢迎。[2]

从2013年习近平提出共建"一带一路"倡议到2018年的5年间，在中国的引领和推动下，在越来越多国家的积极参与中，"一带一路"建设迈出了坚实步伐。共建"一带一路"大幅提升了我国贸易投资自由化便利化水平，形成陆海内外联动、东西双向互济的开放新格局。我国同"一带一路"相关国家的货物贸易额累计超过5万亿美元，对外直接投资超过600亿美元，为当地创造20多万个就业岗位，我国对外投资成为拉动全球对外直接投资增长的重要引擎。共建"一带一路"如同一面镜子，映照着中国与世

---

[1] 《习近平谈治国理政》第二卷，外文出版社2017年版，第504—505页。
[2] 《习近平谈治国理政》第三卷，外文出版社2020年版，第487页。

界合作共赢的时代图景，成为我国参与全球开放合作、改善全球经济治理体系、促进全球共同发展繁荣、推动构建人类命运共同体的中国方案。

在第三次座谈会上，习近平提出"一带一路"建设要以高标准、可持续、惠民生为目标。他概括了自从"一带一路"倡议提出以来所取得的重大成就。2013年以来，我国统筹谋划推动高质量发展、构建新发展格局和共建"一带一路"，坚持共商共建共享原则，把基础设施"硬联通"作为重要方向，把规则标准"软联通"作为重要支撑，把同共建国家人民"心联通"作为重要基础，推动共建"一带一路"高质量发展，取得实打实、沉甸甸的成就。通过共建"一带一路"，提高了国内各区域开放水平，拓展了对外开放领域，推动了制度型开放，构建了广泛的朋友圈，探索了促进共同发展的新路子，实现了同共建国家互利共赢。

他提出要正确认识和把握"一带一路"面临的新形势。共建"一带一路"国际环境日趋复杂，要保持战略定力，抓住战略机遇，统筹发展和安全、统筹国内和国际、统筹合作和斗争、统筹存量和增量、统筹整体和重点，积极应对挑战，趋利避害，奋勇前进。提出要夯实发展根基，主要内容是要深化政治互信、深化互联互通、深化贸易畅通、深化资金融通、深化人文交流；要稳步拓展合作新领域；要稳妥开展健康、绿色、数字、创新等新领域合作，培育合作新增长点；要更好地服务构建新发展格局，统筹考虑和谋划构建新发展格局和共建"一带一路"，聚焦新发力点，塑造新结合点，等等。

这三次推进"一带一路"建设工作座谈会，为我国更好地推进"一带一路"建设工作指明了发展方向、确定了大政方针，有力地促进了"一带一路"建设工作的健康发展。

造福沿线各国人民

"一带一路"沿线国家或地区多是发展中国家，这些地区有发展经济的期盼,也是世界经济发展的动力所在。从人均国民收入水平看,东亚和东南亚地区较为富有,2018年其人均国民收入水平为1万美元左右,基本达到全球平均水平;南亚较为贫困,人均国民收入水平仅为1600美元左右;中东地区差异巨大,既有卡塔尔人均国民收入7.5万美元的高水平,又有伊拉克和伊朗人均国民收入6000美元左右的中低水平。从推动全球经济发展的角度看,这一地区的多个国家近年来实现了快速的经济增长,且不乏区域大国,为全球走出危机贡献了重要力量。比如2018年,中国、印度、越南、埃塞俄比亚等国GDP增长率在6%以上,坦桑尼亚、印度尼西亚等国增长率在5%以上,而当年全球GDP增长率仅为3.1%。可以说,"一带一路"沿线国家蕴藏着巨大的经济发展潜力,急需通过国际援助和合作加强本国经济发展的基础设施、发展条件,提升本国经济的发展质量和发展成果。

基础设施建设和投资

纵观"一带一路"沿线国家,其经济发展面临的诸多问题和发展困境都与中国改革开放初期相似。

第一,都面临投资缺乏的问题,而这一问题在发展初期无法从内部寻找解决途径,多依靠外商直接投资。"一带一路"沿线多数国家目前仍处于投资来源不足、持续增长动力不足的状态,与其所拥有的资源和劳动力不匹配,有待在投资中寻找机会,而外商直接投资是起步阶段的重要支撑。从人均水平看,2018年发达国家吸引外商直接投资存量多在人均1万美元以上,而广大发展中国家和转型国家的人均水平普遍较低,提高这一水平无疑将大力推动发展中国家的经济和社会发展。

第二,多数发展中国家的基础设施建设相对比较落后,例如从自然地理条件来说,埃及地处大西洋连接印度洋的要道,其港口发展有一定优势,但公路和铁路发展水平落后。推动沿线国家发展基础设施,不仅是推动当地经济发展的着力点,也是从陆路和水路建立欧亚通道的关键节点。

第三,从网络服务看,发达国家百万人拥有的互联网服务器数量多在千台以上,而"一带一路"沿线多数国家相对落后。发展互联网,将为借助互联网发展新经济提供广阔平台,中国和"一带一路"沿线国家大有可为。在全球化过程中,中国始终坚持和平共处、互利共赢。在新的形势下,我们既要看到辉煌的发展成果,又要认清我国仍为发展中国家。这要求我们一方面要关注国内,解决自身的发展问题和贫困问题;另一方面要力所能及地承担大国责任,为全球发展贡献力量。"一带一路"倡议的提出正是中国承担国际责任的体现。

第四,中国的人类发展指数提升很快,从20世纪90年代的0.499提升到2018年的0.758,中国是增长最快的国家之一。纵观"一带一路"沿线国家,除以色列等少数发达国家以及俄罗斯等部分转型国家外,多数国家的人类发展指数不高,仍处于发展的起步阶段。教育是发展的基础。以15岁以上人口的识字率来看,2015年中国已达到96%,与发达国家几乎无差距,但多数"一带一路"沿线发展中国家的这一比例仍不足80%,甚至更低。中国在推动"一带一路"产业合作与发展的同时,仍会承担自己应有的责任,在合作中推动沿线国家或地区的全面发展,以促进共同进步。

投资是推动经济增长的重要引擎,基础设施建设是经济发展的重要保障。中国是成功吸引外商直接投资的典范,2018年外商直接投资存量近2万亿美元,仅次于美国而位居世界第二位,极大地推动了我国经济的稳定发展。改革开放以来中国经济快速发展的成功经验之一,就是不断扩大对外开放,加快基础设施建设。例如,中国在经济快速发展的同时,不但构建了全球最大的高速铁路网,而且在高速公路、民用航空、港口码头、新能源发电、输电线路、通信等基础设施建设上取得了突飞猛进的发展,在2018年的基础设施状况综合评估中,中国均获得了较高分数。

中国对"一带一路"沿线国家基础设施的援助是真诚和无私的。截至第三次"一带一路"建设工作座谈会前,中泰铁路(由中国投资建设,中国昆明至泰国首都曼谷)、匈塞铁路(中国与中东欧国家合作项目,匈牙利首都布达佩斯至塞尔维亚首都贝尔格莱德)、雅万高铁(中国与印度尼西亚合作建设,印度尼西亚大雅加达都市区至西爪哇省的高速铁路)、中巴经济走廊(中国与巴基斯坦合作项目,中国新疆喀什至巴基斯坦瓜德尔港,包括公路、铁路、油气和光缆通道在内的贸易走廊)、中老铁路(中国投资为主、中老共同运营,中国昆明至老挝首都万象)等标志性重大项目都取得了积极进展。

为了更好地推动"一带一路"沿线国家的经济发展,中国于2013年还发起成立亚洲基础设施投资银行的倡议。亚洲基础设施投资银行(简称亚投行,AIIB)是一个政府间性质的亚洲区域多边开发机构。亚投行与亚开行有很大不同,它重点支持基础设施建设,成立宗旨是促进亚洲区域的建设互联互通化和经济一体化的进程,并且加强中国与其他亚洲国家和地区的合作,是首个由中国倡议设立的多边金融机构。诚如亚投行章程所宣称的:"其使命是为明天的基础设施融资——以可持续性为核心的基础设施。""亚投行与合作伙伴合作,通过释放新资本和投资绿色、技术支持和促进区域连通性的基础设施来满足客户的需求。"

2015年6月,习近平在会见出席《亚洲基础设施投资银行协定》签署仪式各国代表团团长时指出:"中国提出筹建亚洲基础设施投资银行,目的是推动亚洲地区基础设施建设和互联互通,深化区域合作,实现共同发展。中方提出'一带一路'设想和亚洲基础设施投资银行倡议,就是本着亲诚惠容的周边外交理念,致力于同亚洲国家一道解决本地区面临的现实问题,共同发展。亚洲基础设施投资银行将同现有国际发展金融机构优势互补。中国愿同各成员国一道,将亚洲基础设施投资银行打造成专业、高效、廉洁的新型多边开发银行,共同为促进亚洲和世界经济繁荣作出贡献。"正是在习近平的大力支持下,2015年12月25日,亚洲基础设施投资银行正式成立。

2020年7月28日,习近平在亚投行第五届理事会年会视频会议开幕式上的讲话中指出:"2013年年底,我代表中国提议筹建亚洲基础设施投资银行,推动亚洲地区基础设施建设和互联互通,深化区域合作,实现共同发展。2016年1月16日,亚投行正式开业。4年多来,亚投行按照多边开发银行模式和原则运作,坚持国际性、规范性、高标准,实现良好开局。从最初57个创始成员携手起航,发展到今天的来自亚洲、欧洲、非洲、北美洲、南美洲、大洋洲等六大洲的102个成员齐聚一堂,亚投行不断发展壮大,已经为成员提供了近200亿美元的基础设施投资。亚投行朋友圈越来越大、好伙伴越来越多、合作质量越来越高,在国际上展示了专业、高效、廉洁的新型多边开发银行的崭新形象。"[①]

亚投行成立以来发展顺利,资本总额1000亿美元,被主要国际信用评级机构评为AAA级。作为亚洲第一个提倡基础设施发展的新型多边开发银行,成员数由成立时的57个增至如今的105个,覆盖亚洲、欧洲、北美洲、南美洲、非洲和大洋洲,成为仅次于世界银行的全球第二大多边开发机构。

彰显中国负责任的大国形象

"一带一路"是当今世界合作共赢的典范,彰显了中国负责任的大国形象。美国经济学家托克指出:"'一带一路'倡议可以预见的一大成果是,它将改变全球发展的基调。如今,强调基础设施和工业化建设已成为所有发展规划的必要构成。""中国有决心和毅力通过'一带一路'建设提

---

① 《习近平在亚洲基础设施投资银行第五届理事会年会视频会议开幕式上的致辞》,新华网2020年7月28日。

供全球公共产品,为落后国家的发展提供行之有效的方案。这让中国成为不发达世界的希望之光。"①

2017年5月,第一届"一带一路"国际合作高峰论坛在北京举行,会议包括开幕式、圆桌会议和高级别会议三部分,还专门安排了围绕"五通"即政策沟通、设施联通、贸易畅通、资金融通、民心相通等召开了主题会议,取得了76大项、270多项具体成果。有29个国家的元首和政府首脑出席,140多个国家和80多个国际组织的1600多名代表与会。2019年4月,第二届"一带一路"国际合作高峰论坛在北京举行,会议分论坛增加到12场,增加了智库交流、廉洁丝绸之路、数字丝绸之路、绿色之路、创新之路、境外经贸合作区和地方合作等主题。有37个国家的元首和政府首脑出席,150多个国家和90多个国际组织的近5000名代表与会。

习近平在第二届"一带一路"国际合作高峰论坛开幕式主旨演讲中总结"一带一路"倡议实施以来的成就时说:"在各方共同努力下,'六廊六路多国多港'的互联互通架构基本形成,一大批合作项目落地生根,首届高峰论坛的各项成果顺利落实,150多个国家和国际组织同中国签署共建'一带一路'合作协议。共建'一带一路'倡议同联合国、东盟、非盟、欧盟、欧亚经济联盟等国际和地区组织的发展和合作规划对接,同各国发展战略对接。从亚欧大陆到非洲、美洲、大洋洲,共建'一带一路'为世界经济增长开辟了新空间,为国际贸易和投资搭建了新平台,为完善全球经济治理拓展了新实践,为增进各国民生福祉作出了新贡献,成为共同的机遇之路、繁荣之路。"②自"一带一路"提出以来,已经有140个国家同中方签署了共建"一带一路"合作协议,合作伙伴越来越多。各参与国家和地区积极推进政策沟通、设施联通、贸易畅通、资金融通、民心相通,启动了大批务实合

---

① 【美】卡里·托克:《"一带一路"为什么能成功——"一带一路"倡议的九大支柱》,中国人民大学出版社2022年版,第4页。
② 《习近平谈治国理政》第三卷,外文出版社2020年版,第490页。

作、造福民众的项目,构建起全方位、复合型的互联互通伙伴关系,开创了共同发展的新前景。

中国推动共建"一带一路",始终秉持共商共建共享合作原则,坚持开放、绿色、廉洁、合作理念,致力于高标准、惠民生、可持续的合作目标,为"一带一路"合作伙伴提供了更多市场机遇、投资机遇、增长机遇。"一带一路"倡议和建设是新时代中国为21世纪世界发展作出的重大贡献,从中受惠的国家和人口都是世界历史上少有的。据统计,在共建"一带一路"各项事业中,中国国有企业承担了排头兵、主力军的作用,与沿线国家在基建、电力、能源资源开发、国际产能合作等重点领域开展了深度合作,包括国家电投、中国华电、国家能源集团、中国电建、中国建筑、中国铁建、中交集团、中国能建和中国石油、中国石化、中国海油等大型和超大型跨国企业都走在最前列。迄今中国企业已经承担了3400多个重大工程项目,拥有120余万海外员工。

2020年11月19日,习近平在亚太经合组织工商领导人对话会演讲中明确阐述了中国的立场:我们将继续高举开放合作大旗,坚持多边主义和共商共建共享原则,推动高质量共建"一带一路",推进同各国、各地区发展战略和互联互通规划对接,加强政策、规则、标准融通,同各国不断深化基础设施建设、产业、经贸、科技创新、公共卫生、人文等领域务实合作,把"一带一路"打造成合作之路、健康之路、复苏之路、增长之路,加强绿色发展合作,为推动世界共同发展、构建人类命运共同体贡献力量。[①] 可见,中国倡议的高质量共建"一带一路",就是要将人类命运共同体共识和人类社会发展成就尤其是中国经济社会发展成就贡献出来,促进"一带一路"国家共同发展,与"一带一路"国家共同分享中国发展的"红利"。

中国坚持的人类命运共同体共识和高质量共建"一带一路"倡议,同

---

① 习近平:《构建新发展格局,实现互利共赢——在亚太经合组织工商领导人对话会上的主旨演讲》,新华网2020年11月20日。

样适用于亚太地区的共同发展。2021年11月12日,习近平在出席亚太经合组织第二十八次领导人非正式会议时发表的重要讲话中指出:亚太成为全球最具增长活力和发展潜力的地区,为世界经济增长和地区人民福祉作出了积极贡献。我们要推进落实2040年布特拉加亚愿景,构建开放包容、创新增长、互联互通、合作共赢的亚太命运共同体。他提出了应对亚太未来发展的倡议:一是推动抗疫合作和经济复苏;二是构建开放型亚太经济;三是促进创新增长和数字经济发展;四是实现包容可持续发展。他表示中国愿同有关各国一道,推进高质量共建"一带一路",让发展成果更多更公平惠及各国人民;提出全球发展倡议,就是为了推动全球发展迈向平衡协调包容新阶段,这对推动亚太地区可持续发展具有重要意义。[①] 中国在亚太共同发展问题上所表现出来的风范,是应对当前世界经济社会复杂局面的东方大国胸怀。

截至第三次"一带一路"建设工作座谈会前,中国已与140个国家、32个国际组织签署了200多份共建"一带一路"合作文件,建立了90多个双边合作机制;与日本、意大利等14个国家签署了第三方市场合作文件;中国对"一带一路"沿线国家非金融类直接投资超过1400亿美元;中国与沿线国家货物贸易额累计达到10.4万亿美元;在"一带一路"上,有73条运行线路可以通达欧洲23个国家、175个城市。

---

① 《习近平出席亚太经合组织第二十八次领导人非正式会议并发表重要讲话》,新华网2021年11月14日。

八、全面建成小康社会

在中国历史文化中,"小康"理想表达着人们对理想社会的追求。2000多年来,为了实现小康社会目标,人们曾经作出过各种努力,希望实实在在改变贫穷落后的生活状态。但是,真正实现小康社会建设目标,还是在中国共产党的领导下,在中国特色社会主义新时代。

建设小康社会理想目标

中共十八大以来,中国特色社会主义进入了新时代。十年来,在习近平新时代中国特色社会主义思想指导下,中国各项事业都呈现出欣欣向荣的景象,成功实现了全面建成小康社会的宏伟目标,彻底解决了困扰中国几千年的绝对贫困问题,国民经济和社会发展沿着高质量发展的道路取得了巨大成就,中国国际地位和影响力显著提高,新时代中国特色社会主义前景光明。

邓小平的小康理想

改革开放之初,邓小平就不断思考中国经济发展的目标问题,特别是实现"小康社会"问题。1979年10月,他在省、市、自治区第一书记会议上说:"我们开了大口,本世纪末实现四个现代化。后来改了个口,叫中国式的现代化,就是把标准放低一点。""现在我们力量不行。现在我们的国民生产总值人均大概不到三百美元,要提高两三倍不容易。""四个现代化这个目标,讲空话是达不到的。"①1979年12月,他在会见日本首相大平正芳、回答大平正芳询问中国现代化蓝图时说道:"我们要实现的四个现代化,是中国式的四个现代化。我们的四个现代化的概念,不是像你们那样的现代化的概念,而是'小康之家'。到本世纪末,中国的四个现代化即使达到了某种目标,我们的国民生产总值人均水平也还是很低的。要达到第三世界中比较富裕一点的国家的水平,比如国民生产总值人均一千美元,也还得付出很大的努力。就算达到那样的水平,同西方来比,也还是落后的。所以,我只能说,中国到那时也还是一个小康的状态。"②从那时起,建设小康社会就成了中国人民的光荣的奋斗目标。

邓小平在1987年对中国经济发展战略又进行了一系列论述,他关于"三步走"的战略思想最终形成。这一年4月30日,他在会见外宾时说:我们确定的目标是"第一步在八十年代翻一番。以一九八〇年为基数,当时国民生产总值人均只有二百五十美元,翻一番,达到五百美元。第二步是到本世纪末,再翻一番,人均达到一千美元。实现这个目标意味着我们进入小康社会,把贫困的中国变成小康的中国。那时国民生产总值超过一万亿美元,虽然人均数还很低,但是国家的力量有很大增加。我们制定的目标更重要的还是第三步,在下世纪用三十年到五十年再翻两番,大体上达到人均四千美元。做到这一步,中国就达到中等发达的水平。这是我们的雄心壮志。"③他热切希望并关注着中国的中长期发展,希望通过中国人民

---

① 《邓小平文选》第二卷,人民出版社1994年第2版,第194、195页。
② 《邓小平文选》第二卷,人民出版社1994年第2版,第237页。
③ 《邓小平文选》第三卷,人民出版社1993年版,第226页。

的艰苦努力,真正实现中华民族的伟大复兴。在他的规划中,一是到20世纪末,把贫穷的中国变成小康的中国;二是到21世纪中叶,中国达到中等发达国家的水平。这两个奋斗目标成为激励全体中国人民艰苦奋斗、奋发图强的强大精神动力。

中共十三大对"三步走"战略进行了系统的论述:党的十一届三中全会以后,我国经济建设的战略部署大体分三步走。第一步,实现国民生产总值比一九八〇年翻一番,解决人民的温饱问题。这个任务已经基本实现。第二步,到本世纪末,使国民生产总值再增长一倍,人民生活达到小康水平。第三步,到下个世纪中叶,人均国民生产总值达到中等发达国家水平,人民生活比较富裕,基本实现现代化。然后,在这个基础上继续前进。"三步走"战略与我国社会主义初级阶段有着紧密的联系,社会主义初级阶段与"三步走"战略不仅从时间上是一致的,也就是到21世纪中叶,社会主义初级阶段完成之际,也是"三步走"战略实现之时;而且"三步走"战略本身就是中国社会主义初级阶段的经济发展战略。

"三步走"战略对中国经济发展的重要性不言而喻。中国现代化建设为什么需要有一个清晰可行的中长期经济发展战略?这是中国共产党领导中国人民进行社会主义建设、进行改革开放和现代化建设过程中得出的重要经验。没有一个目标明确、措施得当、步骤清晰的中长期的经济发展战略,我们的现代化建设前景就很迷茫,发展方向就很混乱,人民群众建设现代化的干劲就不容易集中,在实际工作中就容易产生盲目性。因此,必须制定一个立足于中国国情的、符合我国实际发展需要的中长期经济发展战略。如果我们制定的经济发展战略低估了我们的发展能力,低于我们发展的实际可能,那么这就是一个缺乏指导性和前瞻性的战略;如果我们制定的经济发展战略超越了我们的实际能力和发展水平,那么这个战略就无法实现,经济建设就会出现曲折。邓小平对"三步走"战略和我国经济的长远发展充满信心。他在1987年10月会见外宾时说:"我们现在真正要做的就是通过改革加快发展生产力,坚持社会主义道路,用我们的实践来证明社会主义的优越性。要用两代人、三代人、甚至四代人来实现这个目标。到那个时候,我们就可以真正用事实理直气壮地说社会主义比资本主义优越了。"①

在整个20世纪八九十年代,中国人民在向小康社会建设的道路上取得了显著的进展,尤其是作为小康社会建设的重点和难点的农村发生了很大变化。仅以1990年与1978年相比,农民人均纯收入从133.6元增至629.8元;在总农户中,困难户和特困户减少,富余户和小康户增多;人均200元以下的农户由82.6%降至1.4%,人均500元以上的农户由1.6%升至57.4%,其中500~1000元的富余户为42.3%,1000元以上的小康户为15.1%。1994年,国务院宣布从当年起实施《国家八七扶贫攻坚计划》,提出从1994年到2000年力争用7年左右的时间基本解决全国农村8000多万贫困人口的温饱问题。经过全党全国人民的艰苦工作,贫困人口占农村总人口的比重从1978年的30.7%下降为2000年的3%左右,《国家八七扶贫攻坚计划》已基本完成,我国确立的在20世纪末基本解决农村贫困人口温饱问题的战略目标已基本实现,我国在扶贫开发工作中取得了举世瞩目的成就。

全面建设小康社会

进入21世纪,我国扶贫开发要向更高水平迈进,第一个10年的奋斗目标是:尽快解决少数贫困人口的温饱问题,进一步改善贫困地区的基本生产生活条件,巩固温饱成果,提高贫困人口的生活质量和综合素质,加强贫困乡村的基础设施建设,逐步改变贫困地区社会、经济、文化的落后状态,为达到小康水平创造条件。

---

① 《邓小平文选》第三卷,人民出版社1993年版,第256页。

中共十六大在高度评价我国胜利实现现代化建设"三步走"战略的第一步、第二步目标,人民生活总体上达到小康水平的同时,也指出我国达到的小康还是低水平的、不全面的、发展很不平衡的小康,还有许多问题需要在发展中解决。例如:我国生产力和科技、教育还比较落后,实现工业化和现代化还有很长的路要走;城乡二元经济结构还没有改变,地区差距扩大的趋势尚未扭转,贫困人口还为数不少;人口总量继续增加,老龄人口比重上升,就业和社会保障压力增大;生态环境、自然资源和经济社会发展的矛盾日益突出;发达国家在经济科技等方面占优势的压力始终存在;经济体制和其他方面的管理体制还不完善;民主法制建设和思想道德建设等方面还存在一些不容忽视的问题,等等。

中共十六大确定:21世纪头20年是中国一个必须紧紧抓住并且可以大有作为的重要战略机遇期。我们要在21世纪头20年集中力量,全面建设惠及十几亿人口的更高水平的小康社会,使经济更加发展、民主更加健全、科教更加进步、文化更加繁荣、社会更加和谐、人民生活更加殷实。这是实现现代化建设第三步战略目标必经的承上启下的发展阶段,也是完善社会主义市场经济体制和扩大对外开放的关键阶段。全面建设小康社会的经济社会目标是:在优化结构和提高效益的基础上,国内生产总值到2020年力争比2000年翻两番,综合国力和国际竞争力明显增强。基本实现工业化,建成完善的社会主义市场经济体制和更具活力、更加开放的经济体系。城镇人口的比重较大幅度提高,工农差别、城乡差别和地区差别扩大的趋势逐步扭转。社会保障体系比较健全,社会就业比较充分,家庭财产普遍增加,人民过上更加富足的生活。

全面建设小康社会,最根本的是坚持以经济建设为中心,不断解放和发展社会生产力。根据世界经济科技发展新趋势和我国经济发展新阶段的要求,中共十六大提出21世纪头20年经济建设和改革的主要任务是:完善社会主义市场经济体制,推动经济结构战略性调整,基本实现工业化,大力推进信息化,加快建设现代化,保持国民经济持续快速健康发展,不断提高人民生活水平。前10年要全面完成"十五"计划和2010年的奋斗目标,使经济总量、综合国力和人民生活水平再上一个大台阶,为后10年的更大发展打好基础。

全面建设小康社会是一件艰巨的历史任务,必须解决各个方面存在的问题与困难,必将面临来自各个方面的矛盾与冲突。在全面建设小康社会进程中保持社会和谐将十分重要和必要,为此中共十六届四中全会明确提出了构建社会主义和谐社会的重大战略任务,把提高构建社会主义和谐社会能力确定为加强党的执政能力建设的重要内容,并通过了《中共中央关于构建社会主义和谐社会若干重大问题的决定》。

社会和谐是中国特色社会主义的本质属性,是国家富强、民族振兴、人民幸福的重要保证。实现社会和谐、建设美好社会,是中国共产党和中国人民长期追求的目标,也是中国共产党从中国特色社会主义事业总体布局和全面建设小康社会全局出发提出的重大战略任务。它反映了建设富强民主文明和谐的社会主义现代化国家的内在要求,体现了全党全国各族人民的共同愿望。

在我国进入21世纪之后,随着改革开放的不断深入和社会经济的高速发展,我国各个方面和各个领域都发生了深刻的变化,经济体制深刻变革,社会结构深刻变动,利益格局深刻调整,思想观念深刻变化。这种空前的社会变革,给我国发展进步带来巨大活力,也必然带来这样那样的矛盾和问题。例如,城乡、区域、经济社会发展很不平衡,人口资源环境压力加大;就业、社会保障、收入分配、教育、医疗、住房、安全生产、社会治安等方面关系群众切身利益的问题比较突出;体制机制尚不完善,民主法制还不健全;一些社会成员诚信缺失、道德失范,一些领导干部的素质、能力和作风与新形势新任务的要求还不适应;一些领域的腐败现象仍然比较严重;敌对势力的渗透破坏活动危及国家安全和社会稳定。中国共产党正是准确把握了我国进入新世纪后发展所呈现出的明显阶段性特征,客观分析了影响社会和谐的突出矛盾与问题,提出了构建社会主义和谐社会的重大战略目标。从根本上说,构建社会主义和谐社会是一个不断化解社会矛盾的持续过程,要始终保持清醒头脑,居安思危,深刻认识我国发展的阶段性特征,科学分析影响社会和谐的矛盾和问题及其产生的原因,更加积极主动地正视矛盾、化解矛盾,最大限度地增加和谐因素,最大限度地减少不和谐因素,不断促进社会和谐。

中国要构建的和谐社会,是在中国特色社会主义道路上,中国共产党领导全体人民共同建设、共同享有的和谐社会。坚持以科学发展观统领经济社会发展全局,按照民主法治、公平正义、诚信友爱、充满活力、安定有序、人与自然和谐相处的总要求,以解决人民群众最关心、最直接、最现实的利益问题为重点,着力发展社会事业、促进社会公平正义、建设和谐文化、完善社会管理、增强社会创造活力,走共同富裕道路,推动社会建设与经济建设、政治建设、文化建设协调发展。

全面建设小康社会的痛点和难点在于农村经济社会的全面发展。中共十六大明确指出,统筹城乡经济社会发展,建设现代农业,发展农村经济,增加农民收入,是全面建设小康社会的重大任务。为此,国家不断调整"三农"政策体系,加大对"三农"的扶持力度,取得了积极的成效。一是坚持"多予、少取、放活"的方针,真正解决全国农民人均纯收入连续多年增长缓慢、粮食主产区农民收入增长幅度低于全国平均水平、许多纯农户的收入持续徘徊甚至下降、城乡居民收入差距仍在不断扩大等问题。二是促进农民增收,取消农业税。长期以来,我国实行城市、农村两套不同的税制,广大农民的税负负担长期高于城市居民,总税率达8.4%。农业税一度在国家税收中所占比重很大并对国家工业化作出了巨大贡献。而进入21世纪,农业税在我国中央财政中的比重持续下降,仅占4%左右,中央财政已经具备了反哺农业的能力。

取消农业税是这一时期具有标志性意义的划时代重大事件。2004年,国家宣布从这一年开始逐步降低农业税税率,计划5年内取消农业税。取消农业税受到了社会各界特别是广大农民群众的欢迎,所以2005年3月全国"两会"上的政府工作报告就宣布:2006年"在全国全部免征农业税,原定5年取消农业税的目标,3年就可以实现"。2005年12月,十届全国人大常委会第十九次会议通过了《关于废止〈中华人民共和国农业税条例〉的决定》。这个对农民征收了2000多年的税种成为历史。对农民实行零税负政策的意义,不仅在于农民负担的绝对数量下降,还在于它破除了对农民的不平等待遇。这就为推行城乡一体化税制扫清了障碍,为城乡统筹发展创造了条件。

21世纪头十年是我国经济持续发展、民主不断健全、文化日益繁荣、社会保持稳定的时期之一,是着力保障和改善民生、人民得到实惠更多的时期之一。国民经济持续高速发展为全面建成小康社会奠定了坚实的基础。

从全面建设到全面建成

2010年将为人们所牢记,因为这一年中国经济总量从世界第六位跃升到第二位,这是一个具有划时代意义的事件。2010年中国 GDP 总额达到6.09万亿美元,超过日本 GDP 总额5.7万亿美元,一跃成为世界第二大经济体。尽管当时中国的 GDP 与当年美国 GDP 总额14.99万亿美元之间还有不少差距,仅相当于美国 GDP 总额的40.6%,但是中国经济增长的势头不可阻挡。它有力地证明了中国社会经济发生的历史性变化,即中国社会生产力、经济实力、科技实力迈上了一个大台阶,人民生活水平、居民收入水平、社会保障水平迈上了一个大台阶,综合国力、国际竞争力、国际影响力迈上了一个大台阶,国家面貌发生了历史性变化。

全面建成小康社会目标

在全面建成小康社会的征程上,中共十八大和中共十九大都是具有重大战略意义的大会。

中共十八大是中国共产党历史上和中华民族伟大复兴进程中具有里程碑意义的重要会议。中共十八大标志着中国特色社会主义进入新时代,这个新时代首要的任务就是为全面建成小康社会而奋斗。全面建成小康社会是实现中华民族伟大复兴进程中一个具有阶段性意义的宏伟目标,是团结和鼓舞全国人民进行伟大奋斗的力量源泉。中共十八大明确提出,纵观国际国内大势,我国发展仍处于可以大有作为的重要战略机遇期,要确保到2020年实现全面建成小康社会宏伟目标。时代的进步赋予了小康社会新的时代内容,中国要建成的小康社会应该是经济持续健康发展、人民民主不断扩大、文化软实力显著增强、人民生活水平全面提高、资源节约型与环境友好型社会建设取得重大进展的小康社会。

胡锦涛代表十七届中央委员会作了《坚定不移沿着中国特色社会主义道路前进,为全面建成小康社会而奋斗》的报告。报告总结了中共十六大以来所取得的伟大成就:中国共产党和中国政府面对新世纪新阶段,抓住重要战略机遇期,在全面建设小康社会进程中推进实践创新、理论创新、制度创新,强调坚持以人为本、全面协调可持续发展,提出构建社会主义和谐社会、加快生态文明建设,形成中国特色社会主义事业总体布局,着力保障和改善民生,促进社会公平正义,推动建设和谐世界,推进党的执政能力建设和先进性建设,成功在新的历史起点上坚持和发展了中国特色社会主义。

大会强调经济社会发展、以人为本、全面协调可持续和统筹兼顾的重要性,提出了四个"必须更加自觉"的要求。这既是过去十年中国特色社会主义建设宝贵经验的总结,也是未来坚持和发展中国特色社会主义的基本依据和原则。一是必须更加自觉地把推动经济社会发展作为深入贯彻落实科学发展观的第一要义,牢牢扭住经济建设这个中心,坚持聚精会神搞建设、一心一意谋发展,着力把握发展规律、创新发展理念、破解发展难题,深入实施科教兴国战略、人才强国战略、可持续发展战略,加快形成符合科学发展要求的发展方式和体制机制,不断解放和发展社会生产力,不断实现科学发展、和谐发展、和平发展,为坚持和发展中国特色社会主义打下牢固基础。二是必须更加自觉地把以人为本作为深入贯彻科学发展观的核心立场,始终把实现好、维护好、发展好最广大人民根本利益作为党和国家一切工作的出发点和落脚点,尊重人民首创精神,保障人民各项权益,不断在实现发展成果由人民共享、促进人的全面发展上取得新成效。三是必须更加自觉地把全面协调可持续作为深入贯彻落实科学发展观的基本要求,全面落实经济建设、政治建设、文化建设、社会建设、生态文明建设五位一体总体布局,促进现代化建设各方面相协调,促进生产关系与生产力、上层建筑与经济基础相协调,不断开拓生产发展、生活富裕、生态良好的文明发展道路。四是必须更加自觉地把统筹兼顾作为深入贯彻落实科学发展观的根本方法,坚持一切从实际出发,正确认识和妥善处理中国特色社会主义事业中的重大关系,统筹改革发展稳定、内政外交国防、治党治国治军各方面工作,统筹城乡发展、区域发展、经济社会发展、人与自然和谐发展、国内发展和对外开放,统筹各方面利益关系,充分调动各方面积极性,努力形成全体人民各尽其能、各得其所而又和谐相处的局面。

2017年10月,中国共产党第十九次全国代表大会在北京举行,习近平在大会上作了《决胜全面建成小康社会,夺取新时代中国特色社会主义伟大胜利》的报告。中共十九大是在全面建成小康社会决胜阶段、中国特色社会主义发展关键时期召开的一次十分重要的大会,承担着谋划决胜全面建成小康社会、深入推进社会主义现代化建设的重大任务,这次大会事关党和国家事业继往开来,事关中国特色社会主义前途命运,事关最广大人民根本利益。大会确定了习近平新时代中国特色社会主义思想是马克思主义与中国社会主义伟大实践相结合产生的最新成果,是当代中国的马克思主义,中国共产党的指导思想。

中共十九大明确提出,经过长期努力,中国特色社会主义进入新时代,这是中国发展新的历史方位。首先,从发展方位来看,这个新时代意味着近代以来久经磨难的中华民族迎来了从站起来、富起来到强起来的伟大飞跃,迎来了实现中华民族伟大复兴的光明前景;意味着科学社会主义在21世纪的中国焕发出强大生机活力,在世界上高举起了中国特色社会主义伟大旗帜;意味着中国特色社会主义道路、理论、制度、文化不断发展,拓展了发展中国家走向现代化的途径,给世界上那些既希望发展又希望保持自身独立性的国家和民族提供了全新选择,为解决人类问题贡献了中国智慧和中国方案。其次,从时代任务来看,这个新时代是承前启后、继往开来、在新的历史条件下继续夺取中国特色社会主义伟大胜利的时代,是决胜全面建成小康社会、进而全面建设社会主义现代化强国的时代,是全国各族人民团结奋斗、不断创造美好生活、逐步实现全体人民共同富裕的时代,是全体中华儿女勠力同心、奋力实现中华民族伟大复兴中国梦的时代,是我国日益走近世界舞台中央、不断为人类作出更大贡献的时代。再次,从社会主要矛盾来看,这个新时代我国社会主要矛盾已经转化为人民日益增长的美好生活需要和不平衡不充分的发展之间的矛盾。在新的发展阶段,人民美好生活需要日益广泛,不仅对物质文化生活提出了更高要求,而且在民主、法治、公平、正义、安全、环境等方面的要求日益增长,更为突出的问题是发展不平衡不充分,这是满足人民日益增长的美好生活需要的主要制约因素。我国社会主要矛盾的变化是关系全局的历史性变化,要求中国在未来的发展中必须大力提升发展质量和效益,从而更好满足人民在经济、政治、文化、社会、生态等方面日益增长的需要,更好推动人的全面发展、社会全面进步。

从中共十九大到2020年是全面建成小康社会决胜期,是实现第一个百年奋斗目标的关键期。我国的目标就是要建成经济更加发展、民主更加健全、科教更加进步、文化更加繁荣、社会更加和谐、人民生活更加殷实的小康社会。这个小康社会是实实在在的小康社会,要得到人民认可,经得起历史检验。

全面建成小康社会难点

贫困是人类社会的顽疾,人类与贫困斗争了数千年。反贫困始终是古今中外治国安邦的一件大事,一部中国史就是一部中华民族同贫困做斗争的历史。从1840年鸦片战争到1949年新中国成立的一百多年间,由于封建统治的腐朽和西方列强的入侵,中国政局动荡、战乱不已、民不聊生,贫困的梦魇更为严重地困扰着中国人民。摆脱贫困,成了中国人民孜孜以求的梦想,也是实现中华民族伟大复兴中国梦的重要内容。

中国共产党从成立之日起,就坚持把为中国人民谋幸福、为中华民族谋复兴作为初心使命,团结带领中国人民为创造自己的美好生活进行了长期艰辛奋斗。新民主主义革命时期,中国共产党团结带领广大农民"打土豪、分田地",实行"耕者有其田",帮助穷苦人翻身得解放,赢得了最广大人民广泛支持和拥护,夺取了中国革命胜利,建立了新中国,为摆脱贫困创造了根本政治条件。新中国成立后,中国共产党团结带领人民完成社会主义革命,确立社会主义基本制度,推进社会主义建设,组织人民自力更生、发奋图强、重整山河,为摆脱贫困、改善人民生活打下了坚实基础。改革开放以来,中国共产党团结带领人民实施了大规模、有计划、有组织的扶贫开发,着力解放和发展社会生产力,着力保障和改善民生,取得了前所未有的伟大成就。

把解决贫困问题作为我们党治国理政的重要内容,这是中共十八大以来实施的重大战略决策。从任何一部中国历史上我们都能够看到,我国社会发展的一大顽疾就是贫困和贫困人口,长久以来始终没有能够解决好。历代政府虽有各种救助措施,但是问题始终没有化解。仍然会有一些人因疾病等原因导致丧失劳动能力,因举债等因素导致再生产难以为继,因家庭负担沉重等因素导致入不敷出,因自然灾害等因素导致流离失所。真正陷入贫困泥潭的贫困人口始终是政府政策扶助的难点。

中国共产党正是吸取了历史教训,提出精准扶贫、精准脱贫,就是将主要注意力集中在这一部分人身上,解决他们的实际困难,帮助他们脱贫致富。当然,我们要看到解决农村贫困人口脱贫的长期性、艰巨性、反复性,决不能抱着一劳永逸的想法。既要实现打赢脱贫攻坚战的阶段性目标,细化方案、落实责任;又要积极谋划、采取长效措施,防止贫困人口脱贫后出现返贫现象而走不出贫困"陷阱"。

在我国,乡村贫困问题是长期形成和积累起来的,乡村贫困问题本身也具有历史性,解决乡村贫困是一个较长的历史过程。脱贫攻坚是全面建成小康社会的硬任务,必须确保按时完成,这没有商量的余地。但是贫困人口和贫困现象总是会随着时代的发展时隐时现、时强时弱,贫困线也是随着经济的发展而不断调整的。所以,精准扶贫就是要将这两年必须解决的硬性任务和巩固脱贫成果的长期任务结合起来。解决近期硬任务要通力合作、扭住不放,不见成效决不收兵;解决长期任务要保持定力和韧性,坚持城乡融合发展,特别要引导乡村稀缺资源流向乡村,让乡村成为未来发展的热土。

2013年,中共中央提出精准扶贫理念,创新扶贫工作机制。在2015年全国扶贫开发工作会议上,国家提出实现脱贫攻坚目标的总体要求,实行扶持对象、项目安排、资金使用、措施到户、因村派人、脱贫成效"六个精准",实行发展生产、易地搬迁、生态补偿、发展教育、社会保障兜底"五个一批",发出打赢脱贫攻坚战的总攻令。这次会议提出,我国到2020年要稳定实现"两不愁、三保障",即稳定实现农村贫困人口不愁吃、不愁穿,农村贫困人口义务教育、基本医疗、住房安全有保障。实现贫困地区农民人均可支配收入增长幅度高于全国平均水平,基本公共服务主要领域指标接近全国平均水平。确保我国现行标准下农村贫困人口实现脱贫,贫困县全部摘帽,解决区域性整体贫困。

习近平在这次会议讲话中指出,消除贫困、改善民生、逐步实现共同富裕,是社会主义的本质要求,是我们党的重要使命;脱贫攻坚已经到了啃硬骨头、攻坚拔寨的冲刺阶段,必须以更大的决心、更明确的思路、更精准的举措、超常规的力度,众志成城实现脱贫攻坚目标;要坚持精准扶贫、精准脱贫,重在提高脱贫攻坚成效;要立下愚公移山志,咬定目标、苦干实干,坚决打赢脱贫攻坚战,确保到2020年所有贫困地区和贫困人口一道迈入全面小康社会。会后,中共中央、国务院印发《关于打赢脱贫攻坚战的决定》。2016年4月,中共中央办公厅、国务院办公厅印发《关于建立贫困退出机制的意见》,明确贫困人口、贫困村、贫困县在2020年以前有序退出的标准和要求。

中共十八大以来,中国共产党对解决贫困问题的重视程度越来越高。中共十八大以后,我们党把扶贫开发工作摆在治国理政的突出位置,庄严承诺"决不能落下一个贫困地区、一个贫困群众",拉开了新时代脱贫攻坚的序幕。中共十九大以来,我们党又把打好脱贫攻坚战作为三大攻坚战之一,脱贫攻坚力度之大、规模之广、影响之深前所未有。早在2012年12月,习近平在考察河北省扶贫开发工作时就明确表示,全面建成小康社会,最艰巨最繁重的任务在农村,特别是在贫困地区。没有农村的小康,特别是没有贫困地区的小康,就没有全面建成小康社会。2014年3月,他又指出:不了解农村,不了解贫困地区,不了解农民尤其是贫困农民,就不会真正了解中国,就不能真正懂得中国,更不可能治理好中国。实现农村贫困人口脱贫目标,不仅需要农村贫困人口的艰苦奋斗,也需要国家强有力的经济扶持。党和国家在这个问题上的态度是坚定的,那就是在全面建成小康社会进程中决不让一个贫困人口掉队。根据2015年的测算,按照投入2万元大体解决一个农村贫困人口脱贫,到2020年全国7000多万农村贫困人口实现脱贫需要投入1.4万亿元,每年需要投入2400亿元。这是一个不小的数字,但是中国共产党和人民政府是下了决心的,就是要在2020年实现"两个确保":确保农村贫困人口实现脱贫,确保贫困县全部脱贫摘帽,就是要"以更大的决心、更明确的思路、更精准的举措、超常规的力度,众志成城实现脱贫攻坚目标"①。到2020年,在脱贫攻坚战中有2000多万贫困患者得到分类救治,曾经被病魔困扰的家庭挺起了生活的脊梁;近2000万贫困群众享受低保和特困救助供养;2400多万困难和重度残疾人拿到了生活和护理补贴。②

打赢脱贫攻坚战

中共十八大以来,我们党一直强调全面建成小康社会最艰巨最繁重的任务在农村,特别是在贫困地区,没有农村的小康特别是没有贫困地区的小康,就没有全面建成小康社会;强调贫穷不是社会主义,如果贫困地区长期贫困,面貌长期得不到改变,群众生活水平长期得不到明显提高,那就没有体现我国社会主义制度的优越性,那也不是社会主义,必须时不我待抓好脱贫攻坚工作。

---

① 中共中央党史和文献研究院编:《习近平关于"三农"工作论述摘编》,中央文献出版社2019年版,第155、157、161页。

② 《习近平谈治国理政》第四卷,外文出版社2022年版,第128页。

世界减贫与发展的成功案例

中国的减贫行动是人类社会进步的典型案例。2015年10月,习近平在北京举行的2015减贫与发展高层论坛的主旨演讲中,向世界介绍了中国脱贫攻坚的经验和做法。这些经验和做法就是:坚持改革开放,保持经济快速增长,不断出台有利于贫困地区和贫困人口发展的政策,为大规模减贫奠定了基础、提供了条件。坚持政府主导,把扶贫开发纳入国家总体发展战略,开展大规模专项扶贫行动,针对特定人群组织实施妇女儿童、残疾人、少数民族发展规划。坚持开发式扶贫方针,把发展作为解决贫困的根本途径,既扶贫又扶志,调动扶贫对象的积极性,提高其发展能力,发挥其主体作用。坚持动员全社会参与,发挥中国制度优势,构建了政府、社会、市场协同推进的大扶贫格局,形成了跨地区、跨部门、跨单位、全社会共同参与的多元主体的社会扶贫体系。坚持普惠政策和特惠政策相结合,先后实施《国家八七扶贫攻坚计划(1993—2000年)》《中国农村扶贫开发纲要(2001—2010年)》《中国农村扶贫开发纲要(2011—2020年)》,在加大对农村、农业、农民普惠政策支持的基础上,对贫困人口实施特惠政策,做到应扶尽扶、应保尽保。

2016年10月,国务院发布的《中国的减贫行动与人权进步》白皮书指出,中国的减贫行动是中国人权事业进步的最显著标志。改革开放30多年来,7亿多贫困人口摆脱贫困,农村贫困人口减少到2015年的5575万人,贫困发生率下降5.7%,基础设施明显改善,创新迈出重大步伐,有力促进了贫困人口基本权利的实现,为全面建成小康社会打下了坚实基础。白皮书说,联合国《2015年千年发展目标报告》显示,中国极端贫困人口比例从1990年的61%,下降到2002年的30%以下,率先实现比例减半,2014年又下降到4.2%,中国对全球减贫的贡献率超过70%。中国成为世界上减贫人口最多的国家,也是世界上率先完成联合国千年发展目标的国家,为全球减贫事业作出了重大贡献,得到了国际社会的广泛赞誉。这个成就,足以载入人类社会发展史册,也足以向世界证明中国共产党领导和中国特色社会主义制度的优越性。

白皮书介绍,中国还积极支持和帮助广大发展中国家消除贫困。新中国成立60多年来,中国共向166个国家和国际组织提供了近4000亿元人民币援助,派遣60多万援助人员,先后7次宣布无条件免除重债国和最不发达国家对华到期政府无息贷款债务,向69个国家提供医疗援助,为120多个发展中国家落实千年发展目标提供帮助。

2017年,中共十九大把精准脱贫作为三大攻坚战之一进行了全面部署,锚定全面建成小康社会目标,聚力攻克深度贫困堡垒,决战决胜脱贫攻坚。2020年,为有力应对新冠肺炎疫情和特大洪涝灾情带来的影响,党中央要求全党全国以更大的决心、更强的力度,做好"加试题"、打好收官战,信心百倍向着脱贫攻坚的最后胜利进军。2020年11月23日,我国最后9个贫困县实现贫困退出。曾经被视为中国西部最贫困地区的西海固,也在2020年告别了绝对贫困,树立了西部极端贫困地区反贫困斗争的成功典范。西海固是指宁夏回族自治区中南部9个贫困县区,这里曾经被联合国专家评价不具备人类生存的基本条件。长期以来,生活在这里的各族群众深受极端贫困的困扰。过去,这里人民群众是"三日不举火,十年不制衣"。到1982年仍有70%以上的群众不得温饱。有人形容"跺开西海固的一粒黄土,半粒在喊渴,半粒在喊饿",严重的干旱缺水和水土流失使这里的极端恶劣自然生态环境始终无法修复,这里一度被称为"中国贫困之冠",也一直是70多年来扶贫的重点地区。在中国共产党和人民政府的领导下,几十年来西海固人民通过移民搬迁、退耕还草、退耕还林到农副产品深加工,通过资金帮扶、劳务输出、产业合作到探索新的发展模式,彻底告别了数千年的绝对贫困,创造了人类减贫史上的一个奇迹。

在积极打赢农村脱贫攻坚战的同时，国家还十分关心城镇贫困人口的生活居住问题。2013 年 7 月 4 日，国务院印发《关于加快棚户区改造工作的意见》，提出 2013—2017 年改造各类棚户区 1000 万户。2015 年 6 月，国务院提出棚改 3 年计划，即 2015—2017 年改造各类棚户区住房 1800 万套。2017 年 5 月，国务院确定实施 2018—2020 年 3 年棚改攻坚计划，再改造各类棚户区住房 1500 万套。长期未能得到较好解决的棚户区问题，在新时代终于得到了较好的解决。

中国彻底解决绝对贫困

2021 年 2 月 25 日，全国脱贫攻坚表彰大会召开。习近平庄严宣告：经过全党全国各族人民共同努力，在迎来中国共产党成立一百周年的重要时刻，我国脱贫攻坚战取得了全面胜利，现行标准下 9899 万农村贫困人口全部脱贫，832 个贫困县全部摘帽，12.8 万个贫困村全部出列，区域性整体贫困得到解决，完成了消除绝对贫困的艰巨任务，创造了又一个彪炳史册的人间奇迹！

彻底解决绝对贫困问题构成了中国特色社会主义新时代的时代画卷，生动记录了党和人民披荆斩棘、栉风沐雨，发扬钉钉子精神，敢于啃硬骨头，攻克了一个又一个贫中之贫、坚中之坚，脱贫攻坚取得了重大历史性成就。习近平从五个方面高度概括和总结了这一重大历史成就：

第一，农村贫困人口全部脱贫，为实现全面建成小康社会目标任务作出了关键性贡献。中共十八大以来，平均每年 1000 多万人脱贫，相当于一个中等国家的人口脱贫。贫困人口收入水平显著提高，全部实现"两不愁三保障"，脱贫群众不愁吃、不愁穿，义务教育、基本医疗、住房安全有保障，饮水安全也都有了保障。无论是雪域高原、戈壁沙漠，还是悬崖绝壁、大石山区，脱贫攻坚的阳光照耀到了每一个角落，无数人的命运因此而改变，无数人的梦想因此而实现,无数人的幸福因此而成就!

第二,脱贫地区经济社会发展大踏步赶上来,整体面貌发生历史性巨变。贫困地区发展步伐显著加快,经济实力不断增强,基础设施建设突飞猛进,社会事业长足进步,行路难、吃水难、用电难、通信难、上学难、就医难等问题得到历史性解决。特别是28个人口较少的民族全部整族脱贫,一些新中国成立后"一步跨千年"进入社会主义社会的"直过民族"实现了从贫穷落后到全面小康的第二次历史性跨越。所有深度贫困地区的最后堡垒被全部攻克。脱贫地区处处呈现山乡巨变、山河锦绣的时代画卷!

第三,脱贫群众精神风貌焕然一新,增添了自立自强的信心和勇气。脱贫攻坚取得了物质上的累累硕果,也取得了精神上的累累硕果。广大脱贫群众激发了奋发向上的精气神,社会主义核心价值观得到广泛传播,文明新风得到广泛弘扬,艰苦奋斗、苦干实干、用自己的双手创造幸福生活的精神在广大贫困地区蔚然成风。贫困群众的精神世界在脱贫攻坚中得到充实和升华,信心更坚、脑子更活、心气更足,发生了从内而外的深刻改变!

第四,党群干群关系明显改善,党在农村的执政基础更加牢固。各级党组织和广大共产党员坚决响应党中央号召,以热血赴使命、以行动践诺言,在脱贫攻坚这个没有硝烟的战场上呕心沥血、建功立业。广大扶贫干部舍小家为大家,同贫困群众结对子、认亲戚,常年加班加点、任劳任怨,困难面前豁得出,关键时候顶得上,把心血和汗水洒遍千山万水、千家万户。他们爬过最高的山,走过最险的路,去过最偏远的村寨,住过最穷的人家,哪里有需要,他们就战斗在哪里。党群关系、干群关系得到极大巩固和发展!

第五,创造了减贫治理的中国样本,为全球减贫事业作出了重大贡献。摆脱贫困一直是困扰全球发展和治理的突出难题。改革开放以来,按照现行贫困标准计算,我国7.7亿农村贫困人口摆脱贫困;按照世界银行国际贫困标准,我国减贫人口占同期全球减贫人口70%以上。特别是在全球贫困状况依然严峻、一些国家贫富分化加剧的背景下,我国提前10年实现《联合国2030年可持续发展议程》减贫目标,赢得国际社会广泛赞誉。纵览古今、环顾全球,没有哪一个国家能在这么短的时间内实现几亿人脱贫,这个成绩属于中国,也属于世界,为推动构建人类命运共同体贡献了中国力量!①

我国反贫困事业并没有结束,巩固扶贫开发、脱贫攻坚的成果需要坚持不懈地奋斗。从2021年的各项政策措施来看,一是我国重点加强对低保对象、特困人员、低保边缘人口、易返贫致贫人口、因病因灾因意外事故刚性支出较大导致生活困难的人口的动态监控,实施及时发现、精准干预、精准救助。同时健全完善分层分类社会救助制度,打造综合救助格局,把最低生活保障、特困供养、临时救助和医疗等专项救助结合起来。二是坚持兜牢民生底线、创新基层社会治理、拓展提升基本社会服务,全国共有1936万建档立卡贫困人口纳入最低生活保障制度或特困供养制度,约占整体脱贫人口的1/5;4425.9万人纳入城乡低保,平均保障标准比2012年底增长105.3%和188.3%,将477.4万人纳入城市特困供养,全国25.4万事实无人抚养儿童首次纳入国家保障。困难残疾人生活补贴和重度残疾人护理补贴制度分别惠及1214万人和1475.1万人。三是农村低保标准进一步提高,中共十八大以来全国城市低保平均标准从每人每月330.1元增至694元,增长了1.1倍;农村低保标准从每人每年2068元增至6150元,增长了1.97倍。此外,全国有1555个救助管理站为流浪乞讨人员提供服务,让更多流浪走失人员及早回家。②

我国实施精准扶贫和促进乡村振兴事业,不仅解决了长期制约我国社会经济发展的重大问题,实现了对人类社会发展的巨大贡献,而且对广大发展中国家和人民也有着重要的借鉴意义,为他们解决贫困问题提供了中

---

① 《习近平谈治国理政》第四卷,外文出版社2022年版,第128—131页。
② 《民政部将重点对五类人群加强收入状况监测》,2021年9月24日《法制日报》。

国方案。当今世界许多发展中国家仍然面临着严重的贫困困扰,仍然没有找到摆脱贫困的现实路径,过去那种寄希望于西方发达国家的援助的幻想也在加速破灭,这就彰显出中国精准扶贫、乡村振兴方案和路径具有更重要的现实借鉴意义。

中国特色减贫道路和反贫困理论

全面建成小康社会目标明确、任务艰巨、责任重大。但是在全面建成小康社会进程中,中国特色社会主义制度和体制优势得到了充分发挥。尤其是在解决困扰中国人民千年之久的贫困问题上,社会主义制度优越性更是得到了前所未有的体现。

习近平指出:我们立足中国国情,把握减贫规律,出台一系列超常规政策举措,构建了一整套行之有效的政策体系、工作体系、制度体系,走出了一条中国特色减贫道路,形成了中国特色反贫困理论。这一理论就是"七个坚持":坚持党的领导,为脱贫攻坚提供坚强政治和组织保证;坚持以人民为中心的发展思想,坚定不移走共同富裕道路;坚持发挥我国社会主义制度能够集中力量办大事的政治优势,形成脱贫攻坚的共同意志、共同行动;坚持精准扶贫方略,用发展的办法消除贫困根源;坚持调动广大贫困群众积极性、主动性、创造性,激发脱贫内生动力;坚持弘扬和衷共济、团结互助美德,营造全社会扶危济困的浓厚氛围;坚持求真务实、较真碰硬,做到真扶贫、扶真贫、脱真贫。他指出:"这些重要经验和认识,是我国脱贫攻坚的理论结晶,是马克思主义反贫困理论中国化最新成果,必须长期坚持并不断发展。"[①]

例如,坚持中国共产党的领导实际上就为脱贫攻坚提供坚强政治和组织保证。一方面中共中央对脱贫攻坚实行集中统一领导,把脱贫攻坚纳入

[①] 《习近平谈治国理政》第四卷,外文出版社2022年版,第137页。

"五位一体"总体布局、"四个全面"战略布局,统筹谋划,强力推进。强化中央统筹、省负总责、市县抓落实的工作机制,构建五级书记抓扶贫、全党动员促攻坚的局面。另一方面尤为可贵的是,组织全国集中精锐力量投向脱贫攻坚主战场,累计选派25.5万个驻村工作队、300多万名第一书记和驻村干部,同近200万名乡镇干部和数百万村干部一道奋战在扶贫一线。这样强大的扶贫队伍前所未有!

又如,坚持以人民为中心的发展思想推动坚定不移走共同富裕道路。中共中央始终坚定人民立场,强调消除贫困、改善民生、实现共同富裕是社会主义的本质要求,把群众满意度作为衡量脱贫成效的重要尺度,集中力量解决贫困群众基本民生需求。发挥政府投入的主体和主导作用,宁肯少上几个大项目,也优先保障脱贫攻坚资金投入。8年来,中央、省、市县财政专项扶贫资金累计投入近1.6万亿元。此外,土地增减挂指标跨省域调剂和省域内流转资金4400多亿元,扶贫小额信贷累计发放7100多亿元,扶贫再贷款累计发放6688亿元,金融精准扶贫贷款发放9.2万亿元,东部9省市共向扶贫协作地区投入财政援助和社会帮扶资金1005亿多元,东部地区企业赴扶贫协作地区累计投资1万多亿元。这样雄厚的资金投入前所未有!

再如,坚持发挥社会主义制度集中力量办大事的政治优势,广泛动员全党全国各族人民以及社会各方面力量共同向贫困宣战,举国同心,合力攻坚,党政军民学劲往一处使,东西南北中拧成一股绳。我们强化东西部扶贫协作,推动省市县各层面结对帮扶,促进人才、资金、技术向贫困地区流动。我们组织开展定点扶贫,中央和国家机关各部门、民主党派、人民团体、国有企业和人民军队等都积极行动,所有的国家扶贫开发工作重点县都有帮扶单位。各行各业发挥专业优势,开展产业扶贫、科技扶贫、教育扶贫、文化扶贫、健康扶贫、消费扶贫。这样有效的组织协调前所未有!

最后,坚持精准扶贫方略,用发展的办法消除贫困根源。脱贫攻坚,贵在精准,重在精准。坚持对扶贫对象实行精细化管理、对扶贫资源实行精确化配置、对扶贫对象实行精准化扶持,建立了全国建档立卡信息系统,确保扶贫资源真正用在扶贫对象上、真正用在贫困地区。围绕扶持谁、谁来扶、怎么扶、如何退等问题,打出了一套政策组合拳,因村因户因人施策,因贫困原因施策,因贫困类型施策,对症下药、精准滴灌、靶向治疗,真正发挥拔穷根的作用。下足绣花功夫,扶贫扶到点上、扶到根上、扶到家庭,防止平均数掩盖大多数。坚持开发式扶贫方针,坚持把发展作为解决贫困的根本途径,改善发展条件,增强发展能力,实现由"输血式"扶贫向"造血式"帮扶转变,让发展成为消除贫困最有效的办法、创造幸福生活最稳定的途径。紧紧扭住教育这个脱贫致富的根本之策,强调再穷不能穷教育、再穷不能穷孩子,不让孩子输在起跑线上,努力让每个孩子都有人生出彩的机会,尽力阻断贫困代际传递。这样系统的扶贫方案前所未有!

  2021年7月1日,在天安门广场举行的庆祝中国共产党成立一百周年大会上,习近平庄严宣告:"我代表党和人民庄严宣告,经过全党全国各族人民持续奋斗,我们实现了第一个百年奋斗目标,在中华大地上全面建成了小康社会,历史性地解决了绝对贫困问题,正在意气风发向着全面建成社会主义现代化强国的第二个百年奋斗目标迈进。"[1]从1979年邓小平提出"小康水平",到2021年习近平宣布全面建成小康社会,中国共产党带领中国人民奋斗了40年,这是中国共产党奋斗史上不平凡的40年,是中国人民奋斗史上不平凡的40年,是中华民族奋斗史上不平凡的40年。这是中华民族的伟大光荣!这是中国人民的伟大光荣!这是中国共产党的伟大光荣!

---

[1] 《习近平谈治国理政》第四卷,外文出版社2022年版,第3页。

九、"三新"与高质量发展

中共十八大以来,我国国民经济加快实现从高速增长阶段向高质量发展阶段转变,这既是经济发展客观规律决定的必然转变,也是人们认识深化和提高的必然转变。过去长期以来形成的主要依靠要素投入、外需拉动、投资拉动、规模扩张的增长方式,越来越难以为继,也不再为人们所认可。只有探索出一条新的发展道路,即转变发展方式、优化经济结构、转换增长动力的高质量发展道路,才能适应引领社会主义现代化强国建设的需要。

快速发展的现代化经济

在 21 世纪第一个十年中,中国城市经济体制改革无论从广度还是深度上看,都出现了大的拓展。随着经济体制改革的不断深入和社会经济的快速发展,经济结构和增长方式越来越成为我国改革开放和经济社会发展的重大战略问题。中共十六大明确提出,必须把经济结构调整和经济增长方式的转变作为关系全局的重大任务。

产业结构不断优化

无论是从新中国成立以来我国经济发展来看,还是从改革开放以来我国经济发展来看,一个值得骄傲的成就就是我国经济结构和产业结构发生了深刻变化。70多年前新中国成立之时,我国还停留在以农业经济和农业生产为主的发展阶段,尽管有一些手工业和现代工业,但是在国民经济中占比很低。70多年来,我国就是在这个起点上开展了大规模的工业化建设和国民经济体系建设,逐步发展成为一个以现代制造业为主、现代服务业蓬勃发展的大国,国民经济结构和产业结构空前改善。

产业结构变迁和经济结构变化都是经济现代化的重要表现。中国国民经济结构和产业结构的深刻变化,一方面表现为三大产业之间的比例关系调整,另一方面则表现为各个产业结构内部的调整。1949年中国的国民收入中,农业所占比重高达68.4%,工业仅为12.6%,处于传统农业发展状态的农业所占比重决定着中国国民经济的面貌。到1952年,第一、二、三产业的比例分别为50.5%、20.9%、28.6%,传统农业仍然占到一半以上。再经过26年的发展特别是国家工业化建设,到1978年三大产业的比重则为28.1%、48.2%、23.7%,中国国民经济结构和产业结构面貌初步改观。

改革开放以来尤其是中共十八大以来,我国国民经济结构和产业结构变化驶上了快车道。2012—2021年10年间,我国国内生产总值从51.95万亿元增至114.37万亿元,增长了1.2倍。其中第一产业由52373.6亿元增至83086亿元,增长了58.6%;第二产业由235162亿元增至450904亿元,增长了91.7%;第三产业由231934.5亿元增至609680亿元,增长了162.7%。三大产业在国内生产总值中的比重也发生了深刻变化,2012年三大产业比重分别为10.1%、45.3%、44.6%,2021年三大产业比重已经调整为7.3%、39.4%、53.3%,特别是第三产业快速发展,2013年我国第三产业比重就已经达到46.1%,首次超过了第二产业而成为国民经济第一大产业。这一变化显示出在经济取得高速增长的同时,经济结构和产业结构也不断优化。

目前,中国拥有联合国产业分类中全部工业门类,有200多种工业品产量居世界第一,从2010年起制造业增加值稳居世界第一。特别是在产品标准化领域更是取得了前所未有的进展,我国家用电器、消费类电子产品等九大重点领域主要消费品与国际标准一致性程度,从2016年的81.45%上升到目前的96.15%。主要装备制造业、重要消费品、新一代信息技术等多个重要产业领域的国际标准转化率超过90%,这有力地支撑了内外贸一体化。

与此同时,中国许多优秀企业跨出了国门,以全球为广阔市场,为世界提供产品和服务。据有关统计,2008年中国企业(含港澳台地区)进入全球500强企业榜单的仅为37家,2012年增至89家,2018年又增至120家,2021年更增至143家,超过美国122家入围企业数。以疫情前的2018年为例,全球500强企业平均销售收入597亿美元,中国入围企业平均销售收入599亿美元;全球500强企业平均利润37.68亿美元,中国入围企业平均利润30.72亿美元,总体看来基本持平。中国这些入围企业如此巨大的规模和实力,使它们迅速成为国际知名跨国公司并在海外享有很高声誉。

新兴产业和现代服务业蓬勃发展

我国经济在进入中国特色社会主义新时代之后,出现了一个显著的变化,就是新兴产业和现代服务业蓬勃发展,已经成为引领我国经济高质量发展的根本力量。2012年我国服务业增加值占比超过工业占比,2013年我国第三产业总产值超过第二产业总产值,这都表明我国服务业和第三产业发展势头迅猛。

以数字经济为代表的新兴产业的发展更是中国特色社会主义新时代的最大特征。近些年来人们惊奇地发现,我国数字经济实现了跨越式发展,"智慧"标签正覆盖经济社会方方面面。网上购物、在线教育、移动支付、短视频等丰富多样的应用,全方位地影响着人们的衣食住行;智能制造、智慧农业、智慧旅游等融合应用,正加速传统产业转型升级。我国数字经济规模从 2015 年的 18.6 万亿元增长到 2020 年的 39.2 万亿元,占 GDP 的比重从 27% 上升到 38.6%,仅次于美国,位居全球第二。其中,网上零售额从 2015 年的 3.88 万亿元增长到 2020 年的 11.76 万亿元;产业数字化增加值规模从 2015 年的 13.8 万亿元增长到 2019 年的 28.8 万亿元。

农村是网络发展的薄弱地区。中共十八大以来,我国城乡互联网架构布局明显优化,网间通信质量显著提升。例如,截至 2018 年 6 月,全国所有地级以上城市建成"光网城市",超过 96% 的行政村实现光纤宽带通达,光纤宽带用户占比位居全球第一。又如,商务部累计在全国支持了 1489 个县开展电子商务进村综合示范,建立县级物流配送中心 1212 个,2021 年农产品网络零售额达 4221 亿元。可见,信息技术与经济社会的交汇融合引发了数据迅猛增长,大数据已成为国家基础性战略资源。

通常人们将服务业按照内部结构分为生产性服务业和生活性服务业,生产性服务业包括为生产活动提供的研发设计与其他技术服务,货物运输、通用航空生产、仓储和邮政快递服务,信息服务,金融服务,节能与环保服务,生产性租赁服务,商务服务,人力资源管理与职业教育服务,批发与贸易经济代理服务,生产性支持服务等。有学者认为高端服务业是服务业发展的趋势,服务业高端化反映了具有较高附加值的服务业的增长与扩张,这些行业具备知识密集型、专业密集型和智力密集型特征,应该包括交通运输、仓储和邮政业,信息传输、软件和信息技术服务业,金融业,房地产业、租赁和商务服务业,科学研究、技术服务和地质勘查业,教育业、卫生和社会保障业,文化、体育和娱乐业。①

仅从2015年至2020年我国高端服务业对各年度我国GDP增长的拉动来看,2015年为2.9%,2016年为3.1%,2017年为3.1%,2018年为3.3%,2019年为2.7%,2020年为2.1%。② 2021年现代服务业增长明显,分行业来看,信息传输、软件和信息技术服务业,住宿和餐饮业,交通运输、仓储和邮政业增加值比2020年分别增长17.2%、14.5%、12.1%,保持恢复性增长。全年全国服务业生产指数比上年增长13.1%,2020年、2021年两年平均增长6.0%。

从"制造大国"到"制造强国"

尤其是21世纪头十年,我国制造业发展规模迅速登上世界第一的位置,党和政府更是提出了我国必须从"制造大国"向"制造强国"迈进的任务。

在21世纪第一个十年,中国制造业的蓬勃发展成为整个世界的记忆。1990年我国制造业占全球的比重为2.7%,居世界第九位;2000年上升到6.0%,居世界第四位;2007年达到13.2%,居世界第二位;2010年更达到19.8%,居世界第一位。主要工业产品生产能力发生根本性变化,包括空调、冰箱、彩电、洗衣机、微型计算机、平板电脑、智能手机等一批家电通信产品产量均居世界首位。2000年以后工业制成品出口占出口总值的90%以上,技术密集型机电产品逐渐成为出口主力。我们可以从2001—2012年我国工业、制造业产值占GDP比重情况看出工业和制造业在我国经济

---

① 中国社会科学院经济研究所:《中国经济报告·2021:迈向现代化新征程》,中国社会科学出版社2021年版,第256页。

② 中国社会科学院经济研究所:《中国经济报告·2021:迈向现代化新征程》,中国社会科学出版社2021年版,第260页。

发展中的特殊重要性。

2001—2012 年工业和制造业产值占 GDP 的比重①

年份	2001	2002	2003	2004	2005	2006	2007	2008	2009	2010	2011	2012
工业	39.6	39.3	40.3	40.6	41.6	42.0	41.4	41.3	39.6	40.1	40.0	38.8
制造业	31.3	31.1	32.5	32.0	32.1	32.5	32.4	32.1	31.6	31.5	32.0	31.4

2001 年 7 月，日本通产省发表的白皮书称中国已经成为"世界工厂"，从此中国成为"世界工厂"的说法流行开来。但是从全球制造业的生产链来看，中国企业仍处在中低端，中国综合国力、制造业素质和竞争能力、拥有的自主核心技术等，都还很不够。中国学者郑必坚解释说：中国企业成功抓住了世界范围内正在进行的大规模产业转移时机，利用跨国公司将制造基地转移到具有低成本优势的地区的机遇，培育和发展了自身的制造业。这可以说是中国企业第一次在全球分工中找到明确位置。但是尽管中国已经形成珠江三角洲、长江三角洲、环渤海湾三大世界级制造业基地，但是还不是制造业强国。从总量来看，中国的制造业产值仅占全球市场的 5%，日本则占 15%，美国更占 20%。技术含量高的"中国制造"产品在全球市场上远未形成主流。时任联合国工业发展组织总干事的卡洛斯·马加里尼奥斯认为：中国已经日渐成为世界主要的工业品生产和供应基地，但中国由"制造大国"向"制造强国"转变仍需一段艰苦过程。②

有关数据显示，"十三五"时期，我国工业增加值由 23.5 万亿增加到 31.3 万亿，连续 11 年成为世界最大制造业国家。其中高技术制造业增加值平均增速达 10.4%，高于规模以上工业增加值的平均增速 4.9 个百分点，在规模以上工业增加值中的占比由"十三五"初期的 11.8% 提高到 15.1%。目前，世界主要国家在制造业领域的竞争日益明显，一些发达经

---

① 引自李毅中：《工业界要努力实现国家发展战略目标》，http://finance.sina.com.cn/china/2021-01-17/doc-ikftssan 7547621.shtml.

② 李铁映主编，彭森、陈立等著：《中国经济体制改革重大事件（下）》，中国人民大学出版社 2008 年版，第 793 页。

济体近些年来不断加强其制造业竞争优势,相继制定了面向智能化、网络化、数字化技术的制造业发展战略。例如,美国提出的"先进制造业战略"、德国提出的"工业4.0"、法国提出的"新工业法国"、欧盟提出的"欧洲工业数字化战略"、日本提出的"机器人新战略"、韩国提出的"制造业创新3.0",等等,都引起了整个世界的关注。其中尤其是德国"工业4.0"对各个国家的影响更为深远。我国制造业最大的问题是大而不强,在自主创新能力、资源利用效率、产业结构水平、信息化程度、质量效益等方面存在明显差距,面临的最大挑战就是加快推进由制造业大国向制造业强国转变。关键措施:大力实施创新驱动发展战略,强化制造业强国的战略支撑;着力提升产业链稳定性和竞争力,打造未来发展新优势;大力推进产业结构优化升级,促进产业素质整体提升;加快发展数字经济,以数字化变革催生和创造发展新动能;进一步深化改革、扩大开放,持续增强新发展活力。据有关部门分析,在全球制造业四级梯队发展格局中,①我国目前尚处于中低端制造领域,亟待发奋努力、奋起直追。

中国作为发展中的大国,制造业在我国经济发展和经济结构中占有十分重要的地位。制造业是国民经济的主体,是立国之本、兴国之器、强国之基。没有强大的制造业,就没有国家和民族的强盛。面对世界主要经济体的这种战略调整,中国根据本国国情制定了制造业创新发展的宏伟战略。

2015年5月,国务院印发《中国制造2025》,部署全面推进实施制造强国战略。这是我国实施制造强国战略第一个十年行动纲领。它明确提出要实现中国制造向中国创造、中国速度向中国质量、中国产品向中国品牌三大转变,并规划了"一二三四五五十"的总体结构:"一"就是实现制造业强国一个目标;"二"就是信息化、工业化融合发展;"三"就是"三步走"战

---

① 根据有关部门介绍,全球制造业四级梯队中的第一梯队是以美国为主导的全球科技创新中心;第二梯队是高端制造领域,包括欧盟、日本;第三梯队是中低端制造领域,主要是一些新兴经济体国家,包括中国;第四梯队主要是资源输出方,包括OPEC(石油输出国组织)、非洲、拉美等。

略;"四"就是四项原则,即市场主导、政府引导,既立足当前、又着眼长远、全面推进、重点突破,自主开发、合作共赢;第一个"五"就是五条方针,即创新驱动、质量为先、绿色发展、结构优化、人才为本;第二个"五"就是五大工程,即制造业创新中心工程、强化基础工程、智能制造工程、绿色制造工程、高端装备创新工程;"十"就是十大领域,包括新一代信息技术产业、高档数控机床和机器人、航空航天装备、海洋工程装备及高技术船舶、先进轨道交通装备、节能与新能源汽车、电力装备、农机装备、新材料、生物医药及高性能医疗器械。

《中国制造2025》确定的制造强国建设"三步走"战略是:第一步,到2025年迈入制造强国行列;第二步,到2035年我国制造业整体达到世界制造强国阵营中等水平;第三步,到新中国成立100周年时,我国制造业大国地位更加巩固,综合实力进入世界制造强国前列。明确的9项战略任务和重点:一是提高国家制造业创新能力;二是推进信息化与工业化深度融合;三是强化工业基础能力;四是加强质量品牌建设;五是全面推行绿色制造;六是大力推动重点领域突破发展;七是深入推进制造业结构调整;八是积极发展服务型制造和生产性服务业;九是提高制造业国际化发展水平。

国际上不少人认为《中国制造2025》受到德国"工业4.0"的启发。[①]《中国制造2025》出台后一度引起一些西方国家的警觉和恐慌,可以想象在未来相当长一段时期内,我国与世界主要制造业大国的竞争将有可能越

[①] 德国工业"4.0"受德国政府资助完成并上升为德国国家级战略,2013年4月在汉诺威工业博览会上正式推出。其目的是提高德国工业的竞争力,在新一轮工业革命中占领先机。利用物联信息系统将生产中的供应、制造、销售信息数据化和智慧化,最后达到快速、有效、个人化的产品供应,包含了由集中式控制向分散式增强型控制的基本模式转变,建立一个高度灵活的个性化和数字化的产品与服务的生产模式。主要有三大主题:一是"智能工厂",重点研究智能化生产系统及过程,以及网络化分布式生产设施的实现;二是"智能生产",主要涉及整个企业的生产物流管理、人机互动以及3D技术在工业生产过程中的应用等;三是"智能物流",主要通过互联网、物联网、物流网,整合物流资源,充分发挥现有物流资源供应方的效率,而需求方则能够快速获得服务匹配,得到物流支持。德国学术界和产业界认为,"工业4.0"是以智能制造为主导的第四次工业革命,或革命性的生产方法。"工业1.0"是蒸汽工业时代,"工业2.0"是电气工业时代,"工业3.0"是工业机器人时代。

来越激烈,在技术、标准、市场、知识产权等领域的竞争也会越来越频繁。

先进制造业成就卓著

近些年来,我国制造业水平和制造业能力显著提升。例如,具有完全自主知识产权、达到世界先进水平的中国标准动车组"复兴号"于2017年6月26日在京沪高铁正式双向首发,9月21日在全世界率先实现高铁时速350公里商业运营。"复兴号"中国标准动车组构建了体系完整、结构合理、先进科学的高速动车组技术标准体系,标志着中国高速动车组技术全面实现自主化、标准化和系列化,极大增强了中国高铁的国际话语权和核心竞争力。又如,港珠澳大桥主体工程2017年7月全线贯通。大桥是连接香港、珠海和澳门的超大型跨海通道,也是世界最长的跨海大桥。通车后,珠海、澳门同香港间的车程由3小时缩短至半小时。港珠澳大桥总长55公里,被誉为世界桥梁史上的"王冠",作为世界级超级工程,它实现了"六个最":总体跨度最长、钢结构桥体最长、海底沉管隧道最长、在世界公路建设史上技术最复杂、施工难度最大、工程规模最庞大。再如,2017年7月,北京到新疆的京新高速公路全线贯通,总里程约2768公里,这是目前世界上穿越沙漠、戈壁里程最长的高速公路。到2021年,全国高速公路通车里程达13.2万公里。

根据中国机械工业联合会提供的信息,改革开放40多年来,机械工业产业规模不断壮大,工业增加值从1978年的97.2亿元增至2017年的6万亿元左右,增长约600倍;2017年利润总额为1.71万亿元,约是1978年69.2亿元的247倍。机械工业产业体系不断完善,完成了从制造一般产品到高精尖产品、从制造单机到制造大型先进成套设备的转变。生产技术水平不断提升。机械主导产品技术来源中,国内占比从20世纪80年代的24.5%上升至目前的70%。机械标准数量从1978年的3400项发展到当前的1.72万项,重点领域与国际标准一致性程度达80%以上。机械产品自给率超过85%,基本改变了20世纪先进装备主要依靠进口的被动局面。绿色制造、智能制造、服务型制造等新兴产业快速发展。2020年我国机械工业规模以上企业数量达9万家,资产总额26.52万亿元,实现营业收入22.85万亿元、利润总额达1.46万亿元,分别占全国工业的21.5%和22.7%。机械工业累计实现进出口总额超过7800亿美元,其中进口超过3100亿美元,出口超过4600亿美元,实现贸易顺差1500亿美元,占全国贸易顺差的27.9%。尤其需要看到的是,加工贸易在出口中的比重不断下降,一般贸易持续上升,2020年已占67.0%。2019年民营企业出口占机械工业出口总额的46.9%,首次超过三资企业成为机械工业对外贸易出口的主力军。特别是在新冠疫情复杂多变的背景下,2021年机械工业增加值比2020年增长10%,实现营业收入26万亿元,利润总额1.61万亿元,分别比2020年增长15.6%和11.6%;进出口总额首次突破1万亿美元,实现贸易顺差3144亿美元。

又据工业和信息化部的介绍,自2010年以来,我国制造业增加值已连续11年位居世界第一,是世界上工业体系最为健全的国家。在500种主要工业品中,超过四成产品的产量位居世界第一,我国制造业大国地位更加坚实。2012—2020年,我国工业增加值由20.9万亿元增至31.3万亿元,其中制造业增加值由16.98万亿元增至26.6万亿元,占全球比重由22.5%提高到近30%。光伏、新能源汽车、家电、智能手机等重点产业跻身世界前列,通信设备、高铁等高端品牌走向全球。"天问一号"、北斗三号全球卫星导航系统等大国重器亮点纷呈,特高压输变电、大型掘进装备、煤化工成套装备、金属纳米结构材料等跻身世界前列,彰显中国制造与日俱增的硬核实力。与此同时,中国制造产业结构加快升级,其中高技术制造业占规模以上工业增加值比重从2012年的9.4%提高到2020年的15.1%。制造业骨干龙头企业加快发展壮大,中小企业创业创新活跃,专业化水平持续提升。2020年规模以上工业企业研究与试验发展机构、研发经费支出均比2012年翻了一番,有效发明专利申请数增长了两倍多。在信息化方面,我国建成全球最大规模光纤和移动通信网络。5G基站、终端连接数全球占比分别超过70%和80%。网络应用从消费向生产拓展。制造业重点领域关键工序数控化率由2012年的24.6%提高到2020年的52.1%,数字产业化、产业数字化步伐加快,数字经济为经济社会持续健康发展提供了强劲动力。①

我国是世界最大的制造业国家,2020年我国工业增加值对世界制造业的贡献比重接近30%。"十三五"期间,我国发布285项智能制造国家标准,主导制定47项国际标准,涵盖企业生产制造的全流程,我国进入全球智能制造标准体系建设先进行列;建成600多个具备先进水平的智能工厂。我国工业、制造业占GDP的比重呈现双下降局面,还需要在提质增效上狠下功夫。

2013—2020年我国工业、制造业产值占GDP的比重②

年份	2013	2014	2015	2016	2017	2018	2019	2020
工业	37.5	36.2	34.1	32.9	33.1	32.8	32.0	32.2
制造业	30.6	30.4	29.2	28.5	28.7	28.3	27.7	27.9

我国经济发展进入新常态

新时代中国发展的一个显著特点就是中国经济进入新常态。2014年12月,习近平在全国经济工作会议上深刻分析了中国经济在新时代的新特征,明确提出了经济发展"新常态"的论断。中共十八大以来,我国经济

---

① 《我国制造业增加值连续11年位居世界第一》,新华网2021年9月13日。
② 引自李毅中:《工业界要努力实现国家发展战略目标》,http://finance.sina.com.cn/china/2021-01-17/doc-ikftssan7547621.shtml。

发展正处于增长速度换挡期、结构调整阵痛期、前期刺激政策消化期"三期叠加"阶段。这三个方面的新表现反映着我国经济发展进入新常态的基本特征,即速度变化、结构优化、动力转换。

准确理解经济发展新常态

什么是新常态？习近平从消费需求、投资需求、出口和国际收支、生产能力和产业组织方式、生产要素相对优势、市场竞争特点、资源环境约束、经济风险积累和化解、资源配置模式和宏观调控方式等9个方面分析了我国经济发展新常态的趋势性变化。我国经济进入新常态后,增长速度正从10%左右的高速增长转向7%左右的中高速增长,经济发展方式正从规模速度型粗放增长转向质量效率型集约增长,经济结构正从增量扩能为主转向调整存量、做优增量并举的深度调整,经济发展动力正从传统增长点转向新的增长点。我国经济发展进入新常态,是我国经济发展阶段性特征的必然反映,是不以人的意志为转移的。认识新常态,适应新常态,引领新常态,是当前和今后一个时期我国经济发展的大逻辑。[①]

从中国经济发展史的角度考察,经济发展新常态是由中国经济发展的内在逻辑决定的。其一,它表明中国经济发展从较低阶段进入较高阶段,其发展速度必定会有所下降,这主要是由于较高阶段的经济发展必然推动各类成本增加,尤其是人力资源成本、技术创新成本、市场拓展和营销成本以及资本成本都将增加。其二,中国经济规模和经济总量日益增大,较大的经济规模和经济总量决定了经济增长的速度通常都会出现减慢趋势,这是世界各国经济发展的惯例和规律。在中国这样巨大的经济规模和经济总量基础上继续保持高速或者超高速增长,这本身就不现实,而且会带来越来越明显的负面效应。其三,中国的自然资源和生态环境承受了太过沉

[①] 《习近平谈治国理政》第二卷,外文出版社2017年版,第229—235页。

重的经济增长压力,为当下的经济增长严重透支未来的资源和环境则是一种不负责任的经济增长,保护自然资源和环境是中国经济长期发展的根本之策。其四,中国经济面临着从中低端产业链向中高端产业链的转移,产业升级过程必然是一个发展速度相对缓慢的过程。从世界经济史的角度来看,任何一次产业升级转换都是一次经济体系与经济结构的巨大阵痛,新兴的产业增长点和产业聚集区崛起了,传统的产业增长点和产业聚集区衰落了,必然会使一个经济体的增长速度发生变化。其五,中国的发展离不开世界,世界经济已经成为中国经济发展的重要前提条件,近些年来世界经济整体处于比较低速增长时期必然导致中国经济发展速度下滑。尤其是贸易保护主义抬头,各国之间的贸易摩擦加大;区域经济集团和经济势力活跃,大国经济体相对被排挤等。

正如习近平指出的那样:"我国经济发展进入新常态,没有改变我国发展仍处于可以大有作为的重要战略机遇期的判断,改变的是重要战略机遇期的内涵和条件;没有改变我国经济发展总体向好的基本面,改变的是经济发展方式和经济结构。"[①]总之,经济发展新常态不是无所作为的状态,它只是中国经济发展的一个必经阶段,中国仍然处在发展的重要战略机遇期。

中共十九大明确提出,我国经济已由高速增长阶段转向高质量发展阶段,正处在转变发展方式、优化经济结构、转换增长动力的攻关期,建设现代化经济体系是跨越关口的迫切要求和我国发展的战略目标。必须坚持质量第一、效益优先,以供给侧结构性改革为主线,推动经济发展质量变革、效率变革、动力变革,提高全要素生产率,着力加快建设实体经济、科技创新、现代金融、人力资源协同发展的产业体系,着力构建市场机制有效、微观主体有活力、宏观调控有度的经济体制,不断增强我国经济创新力和竞争力。

---

① 《习近平谈治国理政》第二卷,外文出版社2017年版,第234页。

中国正处在由高速增长阶段向中高速增长阶段转换,这种经济增长阶段转换的重大判断是基于中国经济发展实际和世界经济发展规律而作出的科学判断。随着改革开放以来我国经济持续高速增长的不断扩散,对于经济发展方式转变的认识和理解也出现了比较滞后的情况,尤其是这种发展方式一度引发了比较严重的 GDP 导向和 GDP 崇拜。推动中国经济增长阶段转换既需要思想观念上的转变,深刻认识和理解中国经济发展的实际和世界经济发展的规律,深刻认识和理解中国经济发展所处的历史阶段和国际环境,增强实现和推动增长阶段转换的自觉性和主动性,又需要遵循客观经济规律,在政策层面、制度层面做好顶层设计,充分认识到这种阶段转换的艰巨性、复杂性、长期性和风险性,做好增长动能的无缝衔接和强势推动,因势利导、扎实推进,防止犹豫不定的徘徊和各自为战的混乱。中共十九大对我国经济发展阶段的转换作出了深刻的分析和科学的判断。

我国经济发展的历史经验表明,正确处理好国家宏观政策的力度、经济发展的速度、人民群众的承受度,这是检验我国经济发展效果的三个基本维度。为此,中共十九大提出了六大领域的改革发展任务:一是要深化供给侧结构性改革,二是要加快建设创新型国家,三是要实施乡村振兴战略,四是要实施区域协调发展战略,五是要加快完善社会主义市场经济体制,六是要推动形成全面开放新格局,形成了更加精准、更加系统、更加合理的整体改革思路和方案。

推动高质量发展

在经济发展新阶段推动高质量发展,就是要把经济增长的动力更多地放在创新驱动上来。高度重视创新驱动发展是对科学技术是第一生产力的进一步发展,是新时代对推动社会生产力发展认识的崭新表述。必须看到以往的科技革命对生产力的发展和世界经济发展的作用超出了人们的认识,即将到来的世界新一轮科技革命必将更为有效地改变世界发展格局和世界各国力量对比,可以说新一轮科技革命和科技创新承担着重塑整个世界面貌的责任。科技革命和科技进步关键是在现有科学技术体系上加强原始创新能力建设。原始创新并不是推倒一切已经取得的科技成就而另起炉灶,而是通过更加高水平、高质量的科技革命和科技进步实现更高层次的科技创新。原始创新能力更是衡量一个国家发展实力、发展潜力和发展后劲的重要指标。实现更多从 0 到 1 的突破,就会具有更有利、更强大的发展动力和发展机遇,这也是从跟随发展到引领发展必须实现的转变。从一定意义上说,原始创新能力决定着这个国家在国际舞台上的硬实力和影响力。创新驱动发展既要求创新驱动成为科技革命和科技进步的重要途径,也要求创新驱动成为社会经济发展的重要途径。

当今世界发展越来越依赖创新发展。正如习近平指出的那样,综合国力竞争和国际经济竞争说到底就是创新能力竞争,因此我国要大力实施创新驱动发展战略,加快完善创新机制,全方位推进科技创新、企业创新、产品创新、市场创新、品牌创新,加快科技成果向现实生产力转化,推动科技与经济紧密结合。

习近平在分析了历次产业革命的共同特点,即有新的科学理论作基础、有相应的新生产工具出现、形成大量新的投资热点和就业岗位、经济结构和发展方式发生重大调整并形成新的规模化经济效益、社会生产生活方式有新的重要变革之后,指出目前这些要素都在加快积累和成熟中,即将出现的新一轮科技革命和产业变革与我国加快转变经济发展方式形成历史性交汇,为我国实施创新驱动发展战略提供了难得的重大机遇。[1] 据此,中央提出了中国特色自主创新道路,坚持自主创新、重点跨越、支撑发展、引领未来的方针。要形成全国性的充满活力的创新驱动发展和广泛强

---

[1] 中共中央文献研究室编:《习近平关于社会主义经济建设论述摘编》,中央文献出版社2017年版,第127页。

大的原始创新能力,就是要有在重大战略性、关键性领域的国家队,就是要有效发挥新形势下的科技攻关"举国体制"作用,就是要形成千军万马从事创新发展的局面。这些急需原始创新能力的领域,往往因为短时期内还无法由企业或企业集团以及科研机构来自主承担科技革命和科技进步的任务,需要国家在经费支持、组织保障、长期规划、产学研合作等方面作出顶层设计和具体安排。例如,重大科技基础设施和重大科技国家实验室等项目,这些都事关国家战略科技能力和力量;又如,重大科技项目包括人工智能、量子信息、集成电路、生命健康、脑科学、生物育种、空天科技、深地深海等前沿领域,这些都事关国家科技水平和产业水平的发展。

中共十八大以来,为了推动创新驱动的高质量发展,我国相继推出了一系列重大战略和重要举措。

2015年3月,我国首次提出制订"互联网+"行动计划,把"大众创业、万众创新"打造成推动中国经济继续前行的"双引擎"之一。国务院专门印发了《关于积极推进"互联网+"行动的指导意见》,提出"互联网+"创业创新、协同制造、现代农业、智慧能源、普惠金融、益民服务、高效物流、电子商务、便捷交通、绿色生态、人工智能等11个重点行动。例如,"互联网+"现代农业,提出构建依托互联网的新型农业生产经营体系,发展精准化生产方式,培养多样化网络化服务模式。这是推动互联网由消费领域向生产领域拓展,加速提升产业发展水平,增强各行业创新能力,构筑经济社会发展新优势和新动能的重要举措。2016年9月,印发《关于加快推进"互联网+政务服务"工作的指导意见》,将互联网与提高政务服务质量和效能结合起来。2015年3月,中共中央、国务院印发《关于深化体制机制改革加快实施创新驱动发展战略的若干意见》。2016年1月,中共中央、国务院印发《国家创新驱动发展战略纲要》。

2015年6月,《国务院关于大力推进大众创业万众创新若干政策措施的意见》印发,从九大领域30个方面明确了96条政策措施。强调要创新体制机制,实现创业便利化;优化财税政策,强化创业扶持;搞活金融市场,实现便捷融资;扩大创业投资,支持创业起步成长;发展创业服务,构建创业生态;建设创业创新平台,增强支撑作用;激发创造活力,发展创新性创业;拓展城乡创业渠道,实现创业带动就业;加强统筹协调,完善协同机制。

据联合国教科文组织2015年10月发布《联合国教科文组织科学报告:面向2030》显示,中国用于研发的投资占全球总数的20%,仅次于美国的28%。中国科学家人数占全球科学家总数的19%,仅次于欧盟。另外,中国的科学出版物数量在5年内增加了近一倍,几乎占到世界总量的1/5,10年前这个比例仅占5%。报告称,中国的快速增长反映出其科研体系时代的到来。报告指出,不论收入水平如何,大多数国家都把研究和创新视为经济可持续增长和促进发展的重点。而就投资、研究者和出版物的数量而言,中国的研究体系正在走向成熟。

2016年8月,由世界知识产权组织、美国康奈尔大学、英士国际商学院共同发布的2016年全球创新指数在瑞士日内瓦公布结果,该指数核心部分由全球经济体创新能力和结果的排名组成,涵盖82项具体评估指标。该指数显示我国首次跻身世界最具创新力的经济体前25强,瑞士、瑞典、英国、美国和芬兰依次占据榜单前五位。世界知识产权组织表示,在过去9年对全球100多个国家和地区创新能力的调查中,高度发达经济体在全球创新指数中一直占主导地位,中国进入25强,标志着中等收入经济体首次加入了高度发达经济体行列。2021年9月,根据世界知识产权组织发布的《2021年全球创新指数》报告,我国排名又提升至12位,比2020年排名上升2位,居中等收入经济体首位。尤其在专利申请、商标申请、工业设计、高新技术出口、创意产品出口和国内市场规模等9项指标中排名第一。与此同时,中国的发明专利申请量、商标申请量已经连续10多年位居世界首位,通过世界知识产权组织《专利合作条约》(PCT)途径提交专利申请数量也于2019年跃居世界第一位,2020年继续保持全球第一。根据2021年

11月世界知识产权组织发布的《世界知识产权指标》报告(WIPI),2020年全球知识产权申请活动仍然很活跃,商标申请增加13.7%,专利申请增长1.6%,外观设计申请增长2%。而中国在专利、商标、植物新品种申请量方面均居世界第一。在信息与通信技术(ICT)领域,中国数字通信、计算机技术、信息化管理等专利申请增长显著,其中中国8.6%的技术专利公开在计算机技术领域。

据工业和信息化部介绍,"十三五"期间我国信息化和工业化融合发展成效显著,尤其以制造业数字化转型步伐不断加快为特征,全国工业企业关键工序数控化率、经营管理数字化普及率和数字化研发设计工具普及率分别达到54.6%、69.8%和74.2%,五年内分别增加9.2、14.9和12.2个百分点。基于工业互联网的融合发展生态加速构建,有影响力的平台数量超过100个、设备连接数量超过7600万台(套),数字化管理、个性化定制、网络化协同、服务化延伸等融合发展新模式新业态发展迅速。与此同时,我国软件和信息技术服务业高速发展,规模效益快速增长,仅业务收入就从2015年的4.28万亿元增至2020年的8.16万亿元,年均增长率达13.8%,占整个信息产业的比重从2015年的28%增长到2020年的40%。近些年来由工业和信息化部推出了若干重要发展规划如《"十四五"信息通信行业发展规划》《"十四五"大数据产业发展规划》《"十四五"软件和信息技术服务业发展规划》《"十四五"信息化和工业化深度融合发展规划》等。在这些发展规划中有一个突出的亮点,即充分发挥科技创新潜能,以科技进步赋能新兴产业和现代服务业发展。

我国科技创新能力显著提升,科技创新水平加速迈向国际第一方阵,进入"三跑并存"、领跑并跑日益增多的历史性新阶段,主要创新指标进入世界前列,已成为具有全球影响力的科技大国。

"三新"与创新驱动发展

2020年10月29日,习近平在中共十九届五中全会第二次全体会议上发表重要讲话,深刻论述了进入新发展阶段、贯彻新发展理念、构建新发展格局问题,指出这是由我国经济社会发展的理论逻辑、历史逻辑、现实逻辑决定的。进入新发展阶段明确了我国发展的历史方位,贯彻新发展理念明确了我国现代化建设的指导原则,构建新发展格局明确了我国经济现代化的路径选择。把握新发展阶段是贯彻新发展理念、构建新发展格局的现实依据,贯彻新发展理念为把握新发展阶段、构建新发展格局提供了行动指南,构建新发展格局则是应对新发展阶段机遇和挑战、贯彻新发展理念的战略选择。

新发展阶段、新发展理念、新发展格局

什么是新发展阶段?习近平指出:"全面建成小康社会、实现第一个百年奋斗目标之后,我们要乘势而上开启全面建设社会主义现代化国家新征程、向第二个百年奋斗目标进军,这标志着我国进入了一个新发展阶段。"[1]这个新发展阶段是社会主义初级阶段中的一个阶段,同时是其中经过几十年积累、站到了新的起点上的一个阶段。新发展阶段是我们党带领人民迎来从站起来、富起来到强起来历史性跨越的新阶段。新发展阶段是我国社会主义发展进程中的一个重要阶段,全面建设社会主义现代化国家、基本实现社会主义现代化,既是社会主义初级阶段我国发展的要求,也是我国社会主义初级阶段向更高阶段迈进的要求。这个新发展阶段,是中

---

[1] 《习近平谈治国理政》第四卷,外文出版社2022年版,第162页。

华民族伟大复兴历史进程的大跨越。

为什么要深刻认识我国所处的发展阶段？习近平指出："正确认识党和人民事业所处的历史方位和发展阶段，是我们党明确阶段性中心任务、制定路线方针政策的根本依据，也是我们党领导革命、建设、改革不断取得胜利的重要经验。"[1]中国共产党领导中国人民进行的伟大奋斗就是建立在深刻认识中国历史发展客观规律和社会主义发展客观规律基础上的，并在这一认识基础上开展了新民主主义革命、社会主义革命和建设、改革开放和社会主义现代化建设等不同阶段的伟大斗争。

这个新发展阶段是新中国成立以来我国社会主义的重要发展阶段，是从全面建成小康社会历史任务完成之后到本世纪中叶全面建设社会主义现代化国家的发展阶段，是社会主义初级阶段的一个阶段和站在新的起点上的一个阶段，这个阶段是最终实现中华民族伟大复兴的历史阶段。习近平指出：我们为什么在当今世界百年未有之大变局中具有这样的定力和底气？主要就是世界和人类发展的时与势在中国这边。这里所说的"时"就是战略机遇，这里所说的"势"就是把握机遇形成的蓬勃形势，时与势在中国这边就是洞察到了中国赢得了不可逆转的建设社会主义现代化国家的重要战略机遇期。

在这个中国当代历史新发展阶段，我国全面建成社会主义现代化国家面临着新的任务、新的环境和新的挑战，国内国际形势也都将很不相同于以往的经济社会发展。首先，从国内发展基础、发展条件和发展要求来看，经过新中国成立以来特别是改革开放 40 多年来的不懈奋斗，我国已经积累了开启新发展阶段的雄厚的物质基础。尤其需要认识到：一是我国的经济实力、科技实力、综合国力以及抵御各种风险的能力空前提高，各项发展指标都取得了令人鼓舞的成绩；二是我国已经全面建成小康社会，解决了困扰中华民族几千年的绝对贫困问题，培育起了超过 4 亿人的中等收入群

---

[1] 《习近平谈治国理政》第四卷，外文出版社 2022 年版，第 161 页。

体;三是我国国家治理体系和治理能力日益完善并提升,保障了人民当家作主的权益,实现了长期社会稳定发展。习近平全面阐释了具有中国特色、符合中国实际的现代化的五个特点:"就是我国现代化是人口规模巨大的现代化,是全体人民共同富裕的现代化,是物质文明和精神文明相协调的现代化,是人与自然和谐共生的现代化,是走和平发展道路的现代化。"[①]新发展阶段就是实现这样的现代化的阶段。我国的奋斗目标和路线图、时间表已经确定,就是要在到本世纪中叶的30年间把我国建设成为富强民主文明和谐美丽的社会主义现代化强国。其次,从近些年的国际形势和国际环境来看,我国新发展阶段将面临不稳定性和不确定性明显增高的更加复杂的国际环境,西方国家对中国全面建设现代化国家的种种限制、阻挠和干扰将空前加强,这都加剧了在这一伟大历史进程中、在国际范围进行伟大斗争的艰巨性和复杂性。这就要求我们要以坚定不移地推进全面建设社会主义现代化国家的努力和决心,及时防范和化解可能发生的各种风险与挑战,推动和捍卫全面建成社会主义现代化国家和全球发展的时代主题,确保实现中华民族伟大复兴的历史进程不被延误和中断。

  什么是新发展理念?习近平指出:中共十八大以来,我们党确立的创新、协调、绿色、开放、共享新发展理念,引导我国经济发展取得了历史性成就、发生了历史性变革。新发展理念是一个系统的理论体系,回答了关于发展的目的、动力、方式、路径等一系列理论和实践问题,阐明了我们党关于发展的政治立场、价值导向、发展模式、发展道路等重大政治问题。可以说,新发展理念是我们党在深刻总结国内外发展经验教训的基础上形成的,也是在深刻分析国内外发展大势的基础上形成的,集中反映了我们党对经济社会发展规律认识的深化,也是针对我国发展中的突出矛盾和问题提出来的。创新发展注重的是解决发展动力问题,协调发展注重的是解决发展不平衡问题,绿色发展注重的是解决人与自然和谐问题,开放发展注

[①] 《习近平谈治国理政》第四卷,外文出版社2022年版,第164页。

重的是解决发展内外联动问题,共享发展注重的是解决社会公平正义问题。坚持创新发展、协调发展、绿色发展、开放发展、共享发展,是关系我国发展全局的一场深刻变革。新发展理念强调的五个方面既是针对我国经济社会发展提出的具有极强针对性的指导方针,也是针对全球经济发展存在严重问题的中国方案。在新发展理念的指引下,我国经济社会发展就是要实现更高质量、更有效率、更加公平、更可持续、更为安全的发展。特别是从近些年来国际经济环境的发展变化来看,全面落实新发展理念是我国积极应对百年未有之大变局的重要指导,是防范和化解国际发展环境不确定性的重要途径。

为什么要在新发展阶段特别强调发展理念问题呢？这是因为:"理念是行动的先导,一定的发展实践都是由一定的发展理念来引领的。发展理念是否对头,从根本上决定着发展成效乃至成败。实践告诉我们,发展是一个不断变化的进程,发展环境不会一成不变,发展条件不会一成不变,发展理念自然也不会一成不变。"[①]发展理念本身就反映出人们对发展客观规律的认识水平和能力,回顾中国共产党在不同发展阶段中提出并实施的发展理念,我们可以发现中国共产党对于我国经济发展客观规律和社会主义发展客观规律的认识不断深化,为我们创造并积累了宝贵的探索经验和思想财富。

习近平特别要求全党必须完整、准确、全面贯彻新发展理念,着重强调了三个方面的重要意义。一是从根本宗旨上把握新发展理念。人民是我们党执政的最深厚基础和最大底气,为人民谋幸福、为民族谋复兴,这既是我们党领导现代化建设的出发点和落脚点,也是新发展理念的"根"和"魂"。只有坚持以人民为中心的发展思想,坚持发展为了人民、发展依靠人民、发展成果由人民共享,才会有正确的发展观、现代化观。共同富裕正是从这个角度提出并确立的,实现共同富裕不能仅仅从经济上考虑,只算

---

① 《习近平谈治国理政》第二卷,外文出版社2017年版,第197页。

经济账,更要从政治上考虑,从中国共产党的奋斗目标考虑,要算政治账、算缩短奋斗目标距离账。二是从问题导向上把握新发展理念。我国发展已经站在新的历史起点上,要根据新发展阶段的新要求,坚持问题导向,更加精准地贯彻新发展理念,举措要更加精准务实,切实解决好发展不平衡不充分的问题,真正实现高质量发展。在新发展阶段,许多制约发展的问题已经解决了,但还有许多深层次问题没有解决,许多新的问题又出现了。如国民经济和科技发展中的"卡脖子"问题日益突出,城乡区域发展不平衡问题日益凸显,绿色低碳转型面临多重压力等。这些问题都需要在新发展理念引领下逐步解决。三是从忧患意识上把握新发展理念。随着我国主要矛盾变化和国际力量对比深刻调整,必须增强忧患意识、坚持底线思维,随时准备应对更加复杂环境的局面。要坚持政治安全、人民安全、国家利益至上有机统一,既要敢于斗争,也要善于斗争,全面做强自己。例如,针对中国人民和世界各国都十分关心的中国社会主义现代化国家伟大蓝图的特征,习近平指出:"我国建设社会主义现代化具有许多重要特征,其中之一就是我国现代化是人与自然和谐共生的现代化,注重同步推进物质文明建设和生态文明建设。""要完整、准确、全面贯彻新发展理念,保持战略定力,站在人与自然和谐共生的高度来谋划经济社会发展,坚持节约资源和保护环境的基本国策,坚持节约优先、保护优先、自然恢复为主的方针,形成节约资源和保护环境的空间格局、产业结构、生产方式、生活方式,统筹污染治理、生态保护、应对气候变化,促进生态环境持续改善,努力建设人与自然和谐共生的现代化。"①

什么是新发展格局?习近平指出,就是加快构建以国内大循环为主体、国内国际双循环相互促进的新发展格局。新发展格局"是把握未来发展主动权的战略性布局和先手棋,是新发展阶段要着力推动完成的重大历

---

① 《习近平谈治国理政》第四卷,外文出版社2022年版,第362—363页。

史任务,也是贯彻新发展理念的重大举措。"①只有立足自身,把国内大循环畅通起来,才能任由国际风云变幻,始终充满朝气生存和发展下去。要在各种可以预见和难以预见的狂风暴雨、惊涛骇浪中,增强我们的生存力、竞争力、发展力、持续力。构建新发展格局的关键在于经济循环的畅通无阻。这就要求必须坚持深化供给侧结构性改革这条主线,继续完成"三去一降一补"的重要任务,全面优化升级产业结构,提升创新能力、竞争力和综合实力,增强供给体系的韧性,形成更高效率和更高质量的投入产出关系,实现经济在高水平上的动态平衡。构建新发展格局最本质的特征是实现高水平的自立自强,必须更强调自主创新,全面加强对科技创新的部署,集合优势资源,有力有序推进创新攻关的"揭榜挂帅"体制机制,加强创新链和产业链对接。要建立起扩大内需的有效制度,释放内需潜力,加快培育完整内需体系,加强需求侧管理,扩大居民消费,提升消费层次,使建设超大规模的国内市场成为一个可持续的历史过程。构建新发展格局,实行高水平对外开放,必须具备强大的国内经济循环体系和稳固的基本盘。要塑造我国参与国际合作和竞争新优势,重视以国际循环提升国内大循环效率和水平,改善我国生产要素质量和配置水平,推动我国产业转型升级。②

在我国经济发展的"三驾马车"投资、消费、出口中,消费所占的比重越来越大,已经成为经济增长的第一拉动力。2021年社会消费品零售总额达44.1万亿元,比2012年增长1.1倍,年均增长8.8%。我国已经成为全球第二大商品消费市场。以电子商务为代表的新兴商业形态发展迅速,2021年全国网上零售额达13.1万亿元,我国从2013年起连续9年成为全球最大的网络零售市场。我国最终消费支出由2012年的27.5万亿元提升到2020年的56.1%万亿元,最终消费支出占GDP的比重由51.1%提升到54.7%。2021年我国消费对GDP增长的贡献率为65.4%,比2012年提

---

① 《习近平谈治国理政》第四卷,外文出版社2022年版,第175页。
② 《习近平谈治国理政》第四卷,外文出版社2022年版,第174—178页。

高了10个百分点。可见,我国消费增长对经济发展的作用是多么重要,这是确立国内大循环为主体的新发展格局的依据所在。

构建新发展格局是我国应对世界大变局的战略举措,也是我国顺应国内发展阶段变化、把握发展主动权的先手棋,可以设想,在我国全面建设社会主义现代化国家新征程中将会产生巨大的世界影响。有14亿多人口的中国大踏步迈进现代化国家行列,对于现有的已经实现了现代化的国家将会产生什么样的影响,对于当今世界现代化经济社会政治格局将会产生什么影响,对于现代化制度体系和道路将会产生什么影响?我国新发展格局的提出就是充分考虑到我国全面建成社会主义现代化国家新征程中的各种因素,特别是中国与世界的紧密联系和互动、发展与安全的相互联系和影响等。

中国为世界发展树立了榜样

中共十九届六中全会通过的《决议》明确指出,中共十八大以来,中国共产党"坚持实施创新驱动发展战略,把科技自立自强作为国家发展的战略支撑,健全新型举国体制,强化国家战略科技力量,加强基础研究,推进关键核心技术攻关和自主创新,强化知识产权创造、保护、运用,加快建设创新型国家和世界科技强国"。这也是我国实现高质量发展的题中应有之义。

第一,创新驱动发展是中国未来30年实现全面建设社会主义现代化国家的根本战略举措。当今世界发展越来越依赖创新发展,综合国力竞争和国际经济竞争说到底就是创新能力竞争。因此,中国要大力实施创新驱动发展战略,加快完善创新机制,全方位推进科技创新、企业创新、产品创新、市场创新、品牌创新,加快科技成果向现实生产力转化,推动科技与经济紧密结合。需要特别说明的是,创新驱动发展更是要将创新的重点放在解决制约发展的环节上来,真正并根本解决中国现代化发展中的各种"卡脖子"问题,只有这样才能将发展的主动权掌握在自己手中。对于超大规模经济体的中国来说,解决这个问题更是要争取更大国际生存空间和促进国际规则改革。正如习近平指出的那样:"供应链的'命门'掌握在别人手里,那就好比在别人的墙基上砌房子,再大再漂亮也可能经不起风雨,甚至会不堪一击。"中国特色的自主创新道路就是要坚持自主创新、重点跨越、支撑发展、引领未来的方针。截至2020年底,在已经论证和启动建设的17家国家制造业创新中心中,包含了动力电池、增材制造、印刷及柔性显示、信息光电子、机器人、集成电路、智能传感器、数字化设计与制造、轻量化材料成型技术及装备、先进轨道交通装备、农机装备、智能物联汽车、先进功能纤维、稀土功能材料、高性能医疗器械、集成电路特色工艺及封装测试、硅基混合集成等关键领域。中共十八大以来,我国科技事业发生了历史性、整体性、格局性变化,我国成功跨入创新型国家的行列,全面融入全球创新网络,展现出了生机勃勃的整体布局和发展态势。

第二,创新驱动发展是更好解决中国进一步发展面临的风险与挑战的整体战略。在中国改革开放和社会主义现代化建设进程中,科学技术是第一生产力的理念已经深入人心。但是进入21世纪以来,中国和世界都发生了许多深刻的变化,包括:一是中国经济发展的动力模式和动力结构必须转变,必须从原有的主要依赖大量廉价劳动力模式转向更多依靠科学技术和创新发展的道路上来,这是中国经济发展即将迎来后工业化阶段的必然要求;二是中国劳动力结构已经发生了深刻变革,改革开放以来培养和成长起来的大量高水平劳动力和科技人员在我国各个产业中已经形成了巨大的创新队伍和创新基础;三是世界经济发展特别是新一轮科技革命的突出特征就是以科技创新和产业创新带动的增长,包括中国的腾讯、华为、小米、京东等企业发展和崛起的轨迹都表明,它们无不是以一个崭新的技术领域和营销模式引领的产业链的腾飞;四是创新驱动发展还表现为专利技术的积累和云集,目前中国的专利技术已经居于世界前列,创新发展的科学技术支撑正在筑牢。特别是中共十八大以来,我国科学研究水平和学科整体实力大幅上升,若干学科方向已经达到国际领先水平,自主研发的大量先进技术装备和系统进入实用。我国国内知识产权保护满意度由63.69 分提升至 80.61 分,我国知识产权收入在贸易总额中的占比持续提高,创意产品出口、知识传播等指标进步明显,进入全球百强的科技集群数量跃居全球第二。

第三,创新驱动发展是空前加强中国科技和产业的原始创新能力建设。目前我国 PCT(专利合作条约)国际专利申请量已经连续三年位居世界首位。创新驱动发展既要求创新驱动成为科技革命和科技进步的重要途径,也要求创新驱动成为社会经济发展的重要途径。据此,首先,国家在充分运用社会主义市场经济体制决定性作用的同时,积极推进形成全国性的充满活力的创新驱动发展和广泛强大的原始创新能力,构建在重大战略性、关键性领域的国家队,有效发挥新形势下的科技攻关"举国体制"作用,并形成千军万马从事创新驱动发展的局面。其次,充分发挥民营企业在创新驱动发展中的重要作用。仅以 2012—2021 年为例,民营企业总量从 1085.7 万户猛增至 4457.5 万户,在全国企业总量中占比从 79.4% 提高到 92.1%,其税收贡献超过 50%、投资占比超过 60%、发明创新占比超过 70%,在稳定增长、促进创新、增加就业、改善民生等方面发挥着重要作用。

第四,创新驱动发展是中国全社会投资的热点和重点之一,强有力的研发经费支持是推动创新驱动发展的坚实物质力量。仅以 2019 年为例,从中国 R&D 经费投入来看,R&D 经费总量达到 22143.6 亿元,首次超过 2 万亿元,仅次于美国居世界第 2 位;在 R&D 活动类型中,基础研究经费为 1335.6 亿元,应用研究经费为 2498.5 亿元,试验发展经费为 18309.56 亿元,分别占 R&D 经费的比重为 6.0%、11.3% 和 82.7%;R&D 经费投入强度为 2.23%,超过欧盟 27 国平均 2.10% 的水平,达到中等发达国家 R&D

经费投入强度水平。其中我国企业 R&D 经费投入为 16921.8 亿元,占全社会 R&D 经费的 76.4%,国家财政科技拨款达 10717.4 亿元,占国家公共财政支出的 4.5%。从研究论文发表来看,这一年中国发表 SCI 论文 49.6 万篇,连续 11 年仅次于美国,排名世界第二位;2013—2019 年中国 SCI 论文占世界总量分别为 13.5%、14.9%、16.3%、17.1%、18.6%、20.2%、21.5%;论文数量中,材料科学、化学、工程技术、计算机科学、物理学、地学、数学和分子生物学与遗传学论文产出超过世界上述学科论文总数的 20%。2021 年中国全社会研发经费更是达到新高,这一年全社会研发经费是 2012 年的 2.7 倍,基础研究经费是 2012 年的 3.4 倍,全社会研发经费投入与 GDP 的比例由 1.91% 提高到 2.44%。

第五,创新驱动发展是抵制单边主义和保护主义、促进全球发展特别是发展中国家整体发展的有效途径。中国倡导的"全球发展"倡议为世界提供了共同分享科技革命和科技进步成果的方案,彻底改变了"中心""外围"的殖民主义国际经济格局和国际经济安排,推动了建立在人类命运共同体共识基础上的全球发展和人类进步,是中国倡导的新经济全球化的核心要义。西方国家在应对全球发展方面表现出了前所未有的"制度性约束"和"制度性弊端",单边主义和保护主义就是这种制度性弊端的充分表现,其力图通过以往美国主导的经济全球化获取世界各国利益的做法遭遇了空前严重挫折,借口以"知识产权"和"专利保护"为特征的利益获取也受到了广大发展中国家的抵制。中国坚持倡导人类命运共同体共识,提出全球发展倡议,主张在人类命运共同体旗帜下维护和推进经济全球化进程,把世界各国特别是广大发展中国家的发展作为重要议题,争取世界更加公平更加和谐的发展。

"十四五"期间我国要加快实现经济发展阶段转换,高质量发展是我国发展阶段转换的重要体现,是新发展阶段我国发展的本质要求。高质量发展不是纸上谈兵、空中楼阁,而是建立在我国经济社会发展阶段和现实基础之上的战略性选择,特别是建立在科技创新和科技进步基础之上的战略性选择。建立在创新基础上的发展才是高质量发展;高质量发展更需要创新作为发展动力。创新是高质量发展的动力和基石,高质量发展不可能建立在粗放经营基础上、不可能建立在低端产业基础上、不可能建立在产业链和供应链不健全的体系上,高质量发展既是对中国过去的发展模式和发展路径说的,也是对世界已有的发展模式和发展路径说的。高质量发展是要经得起时代水平检验和世界水平检验的。高质量发展是将中国真正推向世界科技发展第一方阵的根本力量和要求。只有从根本上明确了二者之间的关系,才能更好地坚持高质量发展的自觉性,更好地确保高质量发展的实现,转变发展方式而非增长方式,就是要转变到高质量发展道路上,而不是转变到其他什么发展方式的路径上,这才是转变发展方式的要义所在。

十、促进全球发展的中国方案

2021年9月,习近平提出并系统阐述了"全球发展"的中国倡议和推动全球发展迈向平衡协调包容新阶段的中国方案。针对全球经济低迷的现状,他提出:"我们必须复苏经济,推动实现更加强劲、绿色、健康的全球发展。发展是实现人民幸福的关键。面对疫情带来的严重冲击,我们要共同推动全球发展迈向平衡协调包容新阶段。"[1]提出促进全球发展的中国方案的理论基石是人类命运共同体理念。

人类命运共同体

构建人类命运共同体倡议是中共十八大以来,中国对世界发展方向和人类发展目标的重大理论贡献。人类命运共同体已经成为国际社会和各国人民十分关注并深刻思考的重大世界性话题:一方面它反映了中国在国家话语权和国际话语权构建方面取得了突破性成就,是中国对当今世界发展的重要贡献;另一方面它也反映了世界各国人民共同的心声,集中体现

---

[1] 《习近平谈治国理政》第四卷,外文出版社2022年版,第468页。

了世界各国人民的共同利益诉求。

人类命运共同体理念的提出

人类命运共同体理念是在中共十八大报告中上升到党的对外战略思想和对外政策主张而被载入历史的。

2012年11月,中共十八大报告鲜明阐述了中国对世界发展和存在问题的看法:"人类只有一个地球,各国共处一个世界。历史昭示我们,弱肉强食不是人类共存之道,穷兵黩武无法带来美好世界。要和平不要战争,要发展不要贫穷,要合作不要对抗,推动建设持久和平、共同繁荣的和谐世界,是各国人民的共同愿望。"主张"在国际关系中弘扬平等互信、包容互鉴、合作共赢的精神,共同维护国际公平正义"。在谈到合作共赢主张时明确提出:"要倡导人类命运共同体意识,在追求本国利益时兼顾他国合理关切,在谋求本国发展中促进各国共同发展,建立更加平等均衡的新型全球发展伙伴关系,同舟共济,权责共担,增进人类共同利益。""中国将继续高举和平、发展、合作、共赢的旗帜,坚定不移致力于维护世界和平、促进共同发展。"[①]

中共十八大以来,习近平从人类历史发展规律的历史高度、从应对当今百年未有之大变局的时代高度、从中国人民根本利益要求的政治高度,深刻阐述了人类命运共同体理念。人类命运共同体理论体系已经成为习近平新时代中国特色社会主义思想的重要组成部分。

中国的发展是世界发展的重要组成部分,中国的发展离不开世界,世界的发展也离不开中国。中共十八大以来,习近平对国际形势的新变化进行了深入分析和科学研判,十分强调树立人类命运共同体理念。他在2016年七一讲话中明确提出:"中国外交政策的宗旨是维护世界和平、促

---

① 《胡锦涛文选》第三卷,人民出版社2016年版,第651页。

进共同发展。中国始终是世界和平的建设者、全球发展的贡献者、国际秩序的维护者,愿扩大同各国的利益汇合点,推动构建以合作共赢为核心的新型国际关系,推动形成人类命运共同体和利益共同体。"①推动形成"人类命运共同体"是我们进行中外经济文化交流的基本指导思想,也应该是世界各国各民族经济文化交流的基本遵循。

对于面临诸多问题的当今世界政治经济格局来说,增进人类命运共同体共识具有十分重要的意义,尤其在当前更是需要世界各国携起手来,共同解决人类面临的各种困难与挑战,共同抵制逆全球化趋势和贸易保护主义,让人类命运共同体共识为经济全球化注入新的生命活力。2017年1月,习近平出席了达沃斯世界经济论坛2017年年会,访问了联合国日内瓦总部,他在这两个国际舞台上发表了重要讲话,系统阐述了人类命运共同体理念。

在达沃斯世界经济论坛2017年年会开幕式致辞中,习近平阐述了人类命运共同体理念,他引用了中国古代思想家文子的话:"积力之所举,则无不胜也;众智之所为,则无不成也。"并指出:"只要我们牢固树立人类命运共同体意识,携手努力,共同担当,同舟共济、共渡难关,就一定能够让世界更美好,让人民更幸福。"②

一天之后,他在联合国日内瓦总部发表演讲,更是集中论述了人类命运共同体理念。③ 他指出:"在达沃斯,各方在发言中普遍谈到,当今世界充满不确定性,人们对未来既寄予期待又感到困惑。世界怎么了?我们怎么办?这是整个世界都在思考的问题,也是我一直在思考的问题。"他回顾了100多年来世界历史发展的历程,指出这100多年来各国人民经历了免于战争、缔造和平、摆脱枷锁、争取独立、扩大合作、共同发展三个发展阶

---

① 《习近平谈治国理政》第二卷,外文出版社2017年版,第42页。
② 习近平:《在世界经济论坛2017年年会开幕式上的主旨演讲》,新华网2017年1月19日。
③ 《习近平谈治国理政》第二卷,外文出版社2017年版,第537—548页。

段,和平与发展是这 100 多年来全人类的共同愿望。

面对当代世界复杂多样的问题与挑战,我们要"让和平的薪火代代相传,让发展的动力源源不断,让文明的光芒熠熠生辉"。我们怎么办?"中国的方案是:构建人类命运共同体,实现共赢共享。"

建立公正合理的国际秩序是人类孜孜以求的目标,人类命运共同体是人类社会理想追求的当代展现和最新成果。习近平指出:"从 360 多年前《威斯特伐利亚和约》确立的平等和主权原则,到 150 多年前日内瓦公约确立的国际人道主义精神;从 70 多年前联合国宪章明确的四大宗旨和七项原则,到 60 多年前万隆会议倡导的和平共处五项原则,国际关系演变积累了一系列公认的原则。这些原则应该成为构建人类命运共同体的基本遵循。"他提出:"要推进国际关系民主化,不能搞'一国独霸'或'几方共治'。世界命运应该由各国共同掌握,国际规则应该由各国共同书写,全球事务应该由各国共同治理,发展成果应该由各国共同分享。"

构建人类命运共同体,关键在于行动。我们必须从伙伴关系、安全格局、经济发展、文明交流、生态建设等方面作出努力。为此,习近平提出五点倡议:一是坚持对话协商,建立一个持久和平的世界;二是坚持共建共享,建设一个普遍安全的世界;三是坚持合作共赢,建设一个共同繁荣的世界;四是坚持交流互鉴,建设一个开放包容的世界;五是坚持绿色低碳,建设一个清洁美丽的世界。中国不但是五点建设意见的倡议者,也是推进人类命运共同体的践行者。"世界好,中国才能好;中国好,世界才更好。"针对"很多人关心中国的政策走向,国际社会也有很多议论",他特别强调指出:中国维护世界和平、促进共同发展、打造伙伴关系、支持多边主义的决心不会改变。[①]

2018 年 4 月,习近平在博鳌亚洲论坛 2018 年年会开幕式上的主旨演讲中提到:"从顺应历史潮流、增进人类福祉出发,我提出推动构建人类命

[①] 《习近平谈治国理政》第二卷,外文出版社 2017 年版,第 537—548 页。

运共同体的倡议,并同有关各方多次深入交换意见。我高兴地看到,这一倡议得到越来越多国家和人民欢迎和认同,并被写进了联合国重要文件。我希望,各国人民同心协力、携手前行,努力构建人类命运共同体,共创和平、安宁、繁荣、美丽的亚洲和世界。"①"中国人民将继续与世界同行、为人类作出更大贡献,坚定不移走和平发展道路,积极发展全球伙伴关系,坚定支持多边主义,积极参与推动全球治理体系变革,推动建设新型国际关系,推动构建人类命运共同体。"②2019年10月1日,他在庆祝中华人民共和国成立七十周年大会上的讲话中进一步强调指出:"我们要坚持和平发展道路,奉行互利共赢的开放战略,继续同世界各国人民一道推动共建人类命运共同体。"③

人类命运共同体的思想渊源

人类命运共同体理念,源于深厚的中华优秀传统文化,是中华优秀传统文化创造性转化、创新性发展的时代结晶;源于中国当代蓬勃发展的社会主义先进文化,是当代中国人民奋斗发展的价值追求;源于世界优秀文化成果包括西方文明成果,是世界优秀文化崇高价值的思想精华;源于人类社会进步和发展规律认识成果,是人类社会历史经验与教训的科学总结。

首先,人类命运共同体有着深厚的中华优秀传统文化的积淀,闪耀着中华优秀传统文化的核心价值理念,是中华优秀传统文化在当代的最好体现。人们都知道中国历史上对"大同社会"和"小康社会"的描述,这些描述承载着中华民族美好的理想追求和未来期盼。历代中国思想家都根据

---

① 习近平:《开放共创繁荣 创新引领未来》,新华网2018年4月11日。
② 《习近平谈治国理政》第三卷,外文出版社2020年版,第194页。
③ 《习近平谈治国理政》第三卷,外文出版社2020年版,第79页。

时代的发展变化对"大同社会""小康社会"进行了积极的阐释,在有关人类未来发展和理想社会构建方面形成了深厚而丰富的思想宝库。

习近平高度重视弘扬中华优秀传统文化,在论述人类命运共同体理念时,始终不忘汲取中华优秀传统文化的丰富养分,经常从中国悠久的历史和丰富的思想中撷取文化素材,信手拈来,运用自如,很好地向世界说明了人类命运共同体理念与中华优秀传统文化之间的神合默契。例如,2015年9月,他在介绍人类共同价值时,引用了《礼记·礼运》"大同社会"的"大道之行也,天下为公"思想[①];2015年11月,他在出席联合国气候变化巴黎大会开幕式讲话中,引用了《荀子·天论》的"万物各得其和以生,各得其养以成",阐释中华文明历来强调天人合一、尊重自然的思想[②];2015年12月,他在第二届世界互联网大会开幕式上的讲话中,引用了《墨子·兼爱上》的"天下兼相爱则治,交相恶则乱",强调必须坚持同舟共济、互信互利的理念,摒弃零和博弈、赢者通吃的旧观念[③]。

2017年1月,他在联合国日内瓦总部的讲话中引用《荀子·君道》中的"法者,治之端也"强调,不能"合则用,不合则弃",要做到《尚书·洪范》所说的"无偏无党,王道荡荡",也就是要求各国和国际司法机构应该确保国际法平等统一适用,不能搞双重标准。[④] 在这次讲话中他还特别向人们介绍了中华优秀传统文化的和平思想:中华文明历来崇尚"以和邦国""和而不同""以和为贵"理念,正像《孙子兵法》首句"兵者,国之大事,死生之地,存亡之道,不可不察也",其要义是提醒人们要慎战、不战。和平在几千年里已经融入了中华民族的血脉中,刻进了中国人民的基因里。[⑤] 他引用孔子"己所不欲,勿施于人"的思想,阐述中国人民深信只有和平安宁才能

---

① 《习近平谈治国理政》第二卷,外文出版社2017年版,第522页。
② 《习近平谈治国理政》第二卷,外文出版社2017年版,第530页。
③ 《习近平谈治国理政》第二卷,外文出版社2017年版,第533页。
④ 《习近平谈治国理政》第二卷,外文出版社2017年版,第540页。
⑤ 《习近平谈治国理政》第二卷,外文出版社2017年版,第545页。

繁荣发展。他用古语"落其实思其树,饮其流怀其源",表达中国发展得益于国际社会,中国也为全球发展作出了贡献。在这次演讲中,他还引用古人"善学者尽其理,善行者究其难",构建人类命运共同体是一个美好的目标,也是一个需要一代又一代人接力跑才能实现的目标,中国愿同广大成员国、国际组织和机构一道,共同推进构建人类命运共同体的伟大进程。他引用《礼记·中庸》中的"万物并育而不相害,道并行而不相悖",表达要建设一个远离封闭、开放包容的世界。他引用《孟子·尽心上》中的"孔子登东山而小鲁,登泰山而小天下"来鼓励人们登高望远,正确认识和把握世界大势和时代潮流。

2018年9月,他引用《管子·形势解》中的"海不辞水,故能成其大",鼓励中国和非洲人民心往一处想、劲往一处使,共筑更加紧密的中非命运共同体,为推动构建人类命运共同体树立典范。2018年11月,他引用《孟子·尽心上》中的"明镜所以照形,古事所以知今",提示人们要以史为鉴,不让历史悲剧重演。

其次,人类命运共同体还源于中国社会主义先进文化,是中国社会主义先进文化根本立场的国际表达。当代中国之所以能够提出人类命运共同体理念,或者说当代中国之所以坚持构建人类命运共同体理念,源于实行中国特色社会主义的中国对历史、现实和未来的深刻理解。

为什么这么说?一是中国是世界上唯一没有中断自身文明发展史的文明古国,中国从古代到近现代都没有对周边国家和其他国家实施过残酷的殖民侵略和掠夺,都没有奴役和欺压周边国家和其他国家人民。中国本身在近代历史进程中遭受了西方列强和日本军国主义的军事侵略,承受了巨大的痛苦,付出了巨大的牺牲。中国自身经历的历史悲剧和历史教训告诉我们,和谐共处、和平发展是人类价值理念和中国价值理念的重要组成部分,背离和抛弃这些基本价值理念,人类社会就不可能真正避免历史悲剧的重演。二是中国在国际舞台上长期受到不公平和不公正对待,使得中国在追求自身经济社会发展进程中,曾经丧失了通过公平正义的国际经济交往争取快速发展的历史机遇,中国经受了来自西方少数国家和势力的长期遏制、打压和封锁,中国太熟悉西方一些国家惯用的伎俩。中国不希望自身经历的不公正待遇继续在广大发展中国家身上再现,广大发展中国家有权利在国际关系中享有公平公正对待。必须捍卫在国际舞台和国际社会中国家无论大小、人民无论贫富一律平等的原则,努力使广大发展中国家获得更多的发展机会。三是中国在近代以来饱受西方列强和日本军国主义发动的战争破坏之苦和人民伤亡之痛,中国深知战争对一个国家国民经济发展和人民生产生活的破坏有多么严重。当前世界仍有一些地区处在战火硝烟之中,那里的人民承受着巨大的战争伤痛,制止战争应该成为世界各国政府和人民的共同呼声。中国坚决反对在国际事务中任意诉诸武力或以武力相威胁,倡导所有国家都应遵守联合国宪章宗旨和国际关系基本准则,维护联合国权威,坚持平等互利和不使用武力原则,反对任何形式的霸权主义和扩张政策。四是中国是一个多民族的社会主义大家庭,在某些外部势力的支持下,中国也深受恐怖主义、分裂主义和极端主义之害,深知打击恐怖主义、分裂主义和极端主义的重要性。特别是最近一些年来,在中国边疆一些地区,境外反华势力和境内敌对势力内外勾结,制造了许多残忍的暴力恐怖事件。中国坚决主张维护安全稳定的国际环境,坚定捍卫国内和谐安宁的生产生活,坚决主张加强对恐怖主义、分裂主义和极端主义的打击。这不仅是世界大多数国家的利益所在,也是中国国家和中国人民的利益所在。

构建人类命运共同体不是无视存在的问题与挑战,不是人为渲染虚假的"太平盛世",而是要世界各国人民为了人类命运共同体的美好未来而奋斗,为了人类命运共同体而进行伟大斗争。这就是说,必须坚决捍卫和平与发展的世界发展道路与趋势,必须坚决遏制各种危害人类社会发展的各种势力,这是构建人类命运共同体应有之义。

中国社会主义核心价值观与构建人类命运共同体价值追求,既具有一定意义上的差异性,也具有十分明显的相同性。看不到前一点,我们就无法很好地认识中国社会主义核心价值观与人类社会共同价值之间的区别,就会将社会主义核心价值观等同于人类命运共同体,而使世界范围构建人类命运共同体的努力受挫;看不到后一点,我们就无法很好地认识人类命运共同体与社会主义核心价值观都具有代表人类社会共同发展要求和共同价值追求的一致性,就不能很好地解释中国大力倡议构建人类命运共同体的伟大所在。

再次,人类命运共同体还源于世界优秀文化成果,爱好和平的世界各国人民就是人类命运共同体的广泛基础。人类文明,无论是东方的印度文明、中华文明和阿拉伯文明,还是西方的希腊文明、罗马文明和西欧文明,都是积极主张和平发展的。没有哪个文明是鼓吹战争、倡导对抗的。人类命运共同体正是人类文明的继承和弘扬,是人类文明在当代的重要体现。

第二次世界大战给中国人民和世界各国人民留下了沉痛的历史教训和惨痛的历史记忆。2015年9月,习近平在美国纽约联合国总部举行的第七十届联合国大会一般性辩论时指出:"作为东方主战场,中国付出了伤亡3500多万人的民族牺牲,抗击了日本军国主义主要兵力,不仅实现了国家和民族的救亡图存,而且有力支援了欧洲和太平洋战场上的抵抗力量,为赢得世界反法西斯战争胜利作出了历史性贡献。""铭记历史,不是为了延续仇恨,而是要共同引以为戒。传承历史,不是为了纠结过去,而是要开创未来,让和平的薪火代代相传。"[1]当今世界并不是莺歌燕舞的时代,仍有8亿人生活在极端贫困之中,每年近600万孩子在5岁前夭折,近6000万儿童未能接受教育。[2] 所以,他提出,站在新的历史起点上,需要深思如何在21世纪更好回答世界和平发展这一重大问题。人类命运共同体就是

---

[1] 《习近平谈治国理政》第二卷,外文出版社2017年版,第521—522页。
[2] 《习近平谈治国理政》第二卷,外文出版社2017年版,第524页。

中国提出的最好答案!

要重视人类命运共同体与包括西方文明在内的人类社会各种文明间的这种亲密关系。习近平在许多国际场合特别是西方国家讲台上阐述人类命运共同体理念时,引用了西方国家熟悉并能够产生共鸣的著名哲学家、思想家、文学家的金句名言,产生了广泛而热烈的反响。例如,2015年11月,他在联合国气候变化巴黎大会开幕式讲话中,谈到世界各国应下决心解决气候变化引发的问题时引用了法国作家雨果的名言"最大的决心会产生最高的智慧"[①];2019年3月,他在中法全球治理论坛闭幕式上的讲话中引用法国谚语"人的命运掌握在自己的手里",呼吁面对人类发展在十字路口何去何从的抉择,各国应该有以天下为己任的担当精神,积极做行动派、不做观望者,共同努力把人类前途命运掌握在自己手中。[②]

2019年5月,在谈到亚洲人民创造的辉煌文明成果时,习近平列举了《诗经》《论语》《塔木德》《一千零一夜》《梨俱吠陀》《源氏物语》等名篇经典,楔形文字、地图、玻璃、阿拉伯数字、造纸术、印刷术等发明创造,长城、麦加大清真寺、泰姬陵、吴哥窟等恢宏建筑。这些都是人类文明的宝贵财富。各种文明在这片土地上交相辉映,谱写了亚洲文明发展史诗。[③]

习近平关于文明多样性和文明和谐相处的论述更是获得了国际社会的普遍赞誉。他指出:"文明相处需要和而不同的精神。只有在多样中相互尊重、彼此借鉴、和谐共存,这个世界才能丰富多彩、欣欣向荣。不同文明凝聚着不同民族的智慧和贡献,没有高低之别,更无优劣之分。文明之间要对话,不要排斥;要交流,不要取代。人类历史就是一幅不同文明相互交流、互鉴、融合的宏伟画卷。我们要尊重各种文明,平等相待,互学互鉴,兼收并蓄,推动人类文明实现创造性发展。"[④]

---

① 《习近平谈治国理政》第二卷,外文出版社2017年版,第527—528页。
② 《习近平谈治国理政》第三卷,外文出版社2020年版,第460页。
③ 《习近平谈治国理政》第三卷,外文出版社2020年版,第466页。
④ 《习近平谈治国理政》第二卷,外文出版社2017年版,第524—525页。

最后,构建人类命运共同体还源于对人类社会进步和发展规律的深刻认识。当今世界矛盾和问题很多,既有物质财富不断丰富和积累、科学技术快速发展带来的变化,人类文明发展达到历史上最好水平的成就,也有地区冲突不断、恐怖主义、难民潮等全球性挑战频发,贫困失业、收入差距拉大、国家间经贸关系紧张等问题的困扰。构建人类命运共同体就是要更好地解决这些问题,构建一个更加有益于人类自身发展的目标和机制,推动实现世界和平、和谐与合作。

2015年9月28日,习近平在美国纽约联合国总部举行的第七十届联合国大会一般性辩论时的讲话中提出:"和平、发展、公平、正义、民主、自由,是全人类的共同价值,也是联合国的崇高目标。""我们要继承和弘扬联合国宪章的宗旨和原则,构建以合作共赢为核心的新型国际关系,打造人类命运共同体。"[1]

2017年1月,习近平在达沃斯世界经济论坛和联合国日内瓦总部的两次讲话中,都举了国际红十字会创始人亨利·杜楠的例子。他引用杜楠的话"真正的敌人不是我们的邻国,而是饥饿、贫穷、无知、迷信和偏见",阐述了当今世界合作共赢的意义。他引用1862年杜楠在《沙斐利洛的回忆》中发出的"杜楠之问":能否成立人道主义组织?能否制定人道主义公约?次年杜楠的愿望实现了,红十字国际委员会应运而生。经过150多年的发展,红十字已经成为一种精神、一面旗帜。从"杜楠之问"和红十字国际委员会的事例中可以得出结论:面对频发的人道主义危机,应该弘扬人道、博爱、奉献的精神,为身陷困境的无辜百姓送去关爱,送去希望;应该秉承中立、公正、独立的基本原则,避免人道主义问题政治化,坚持人道主义援助非军事化。[2]

提出我们要共同构建人类命运共同体,还因为我们都生活在一个地球

---

[1] 《习近平谈治国理政》第二卷,外文出版社2017年版,第522页。
[2] 《习近平谈治国理政》第二卷,外文出版社2017年版,第540页。

上,我们目前还无法找到一个人类可以移民去的新的星球。2017年1月,习近平在联合国日内瓦总部讲话中专门谈到霍金提出关于"平行宇宙"的猜想,霍金希望在地球之外找到第二个人类得以安身立命的星球,但是这个愿望什么时候才能实现还是一个未知数。他用这个例子来呼吁人们要清晰地认识到地球是人类唯一赖以生存的家园,珍爱和呵护地球是人类的唯一选择。① 他还引用了瑞士作家、诺贝尔文学奖获得者黑塞的话:"不应为战争和毁灭效劳,而应为和平与谅解服务。"在演讲中他还提到了从公元前的伯罗奔尼撒战争到20世纪的第二次世界大战,总结出国家和则世界安、国家斗则世界乱的规律,提出要避免大国间出现"修昔底德陷阱",构建新型大国关系;将核武器比喻为"达摩克利斯之剑",主张全面禁止并最终彻底销毁核武器,实现无核世界。②

推动全球治理和全球发展

中国并没有称雄世界、称霸一方的愿望。中国古代哲人孔子曾说"己所不欲,勿施于人",这也符合中国的国家愿望和追求。中共十八大以来,中国为构建人类命运共同体做了许多扎扎实实的工作。

引领全球治理体系改革

中国坚决捍卫以联合国为核心的全球治理体系,联合国宪章仍然是世界和平与发展的重要保障。中国主张推动联合国进行必要的改革,这种改革应该是更好地发挥联合国的作用,尤其是重点发挥好其四个方面的积极

---

① 《习近平谈治国理政》第二卷,外文出版社2017年版,第538页。
② 《习近平谈治国理政》第二卷,外文出版社2017年版,第541页。

作用：一是主持公道。大小国家相互尊重、一律平等是时代进步的要求，也是联合国宪章首要原则。任何国家都没有包揽国际事务、主宰他国命运、垄断发展优势的权力，更不能在世界上我行我素，搞霸权、霸凌、霸道。单边主义没有出路，要坚持共商共建共享，由各国共同维护普遍安全，共同分享发展成果，共同掌握世界命运。二是厉行法治。联合国宪章的宗旨和原则是处理国际关系的根本遵循，也是国际秩序稳定的重要基石，必须毫不动摇加以维护。各国关系和利益只能以制度和规则加以协调，不能谁的拳头大就听谁的。大国更应该带头做国际法治的倡导者和维护者，遵信守诺，不搞例外主义，不搞双重标准，也不能歪曲国际法，以法治之名侵害他国正当权益、破坏国际和平稳定。三是促进合作。促进国际合作是联合国成立的初衷，也是联合国宪章重要宗旨。靠冷战思维，以意识形态划线，搞零和游戏，既解决不了本国问题，更应对不了人类面临的共同挑战。我们要做的是，以对话代替冲突，以协商代替胁迫，以共赢代替零和，把本国利益同各国共同利益结合起来，努力扩大各国共同利益汇合点，建设和谐合作的国际大家庭。四是聚焦行动。践行多边主义，不能坐而论道，而要起而行之，不能只开药方，不见疗效。联合国要以解决问题为出发点，以可视成果为导向，平衡推进安全、发展、人权，特别是要以落实《2030年可持续发展议程》为契机，把应对公共卫生等非传统安全挑战作为联合国工作优先方向，把发展问题置于全球宏观框架突出位置，更加重视促进和保护生存权和发展权。中国是第一个在联合国宪章上签字的国家，是联合国创始会员国，也是安理会常任理事国中唯一的发展中国家。中国将始终做多边主义的践行者，积极参与全球治理体系改革和建设，坚定维护以联合国为核心的国际体系，坚定维护以国际法为基础的国际秩序，坚定维护联合国在国际事务中的核心作用。

中共十八大以来，中国以更加负责任和更加积极的姿态参与到全球经济治理进程之中，尤其是充分运用各种国际舞台，针对全球性问题阐述中国立场、提出中国方案，为全球经济治理提供了基本方向和切实路径。其中，中国充分运用自身的影响力，在 G20 这一重要国际论坛发挥了卓越的作用。G20 包括阿根廷、澳大利亚、巴西、加拿大、中国、法国、德国、印度、印度尼西亚、意大利、日本、韩国、墨西哥、俄罗斯、沙特阿拉伯、南非、土耳其、英国、美国和欧盟共 20 个成员。在当今国际舞台上，有各种国际组织和机构扮演着各种角色，但是还没有一个国际论坛能够发挥出 G20 的特殊作用。G20 是在 2008 年国际金融危机最紧要关头出现的国际论坛，该论坛第一次将这么多大国联系在一起，最大限度减少其中存在的政治分歧和差异，针对国际金融危机提出的严峻挑战，宣扬和秉持同舟共济的伙伴精神，将滑向悬崖的世界经济拉回到稳定和复苏轨道。G20 成员包括世界主要发达经济体和新兴市场经济体，成员的人口占全球的 2/3，国土面积占全球的 55%，贸易额占全球贸易额的 75%，GDP 占世界 GDP 总额的 86%。G20 机制已经形成以峰会为引领、以协调人和财金渠道"双轨机制"为支撑、以部长级会议和工作组为辅助的架构。G20 在全球事务中发挥着举足轻重的作用，成为其成员共同应对全球性问题的有效多边机制。这是新世纪以来一次团结战胜分歧、共赢取代私利的国际合作，同时也确立了 G20 在全球经济治理中的重要地位。2013 年以来，习近平出席 G20 领导人历次峰会，在这一国际舞台上大力倡导人类命运共同体共识，大力倡导平等、开放、合作、共享的全球经济治理观，大力倡导走出一条公平、开放、全面、创新的发展之路，为解决全球发展面临的重大现实问题、完善全球经济治理提供了重要的中国立场和中国方案。从习近平 9 次参与 G20 峰会发表的讲话中，我们能够发现一条贯穿其中的时代主线，即以人类命运共同体为引领的全球发展方案。

2016 年 9 月，在中国杭州举办的 G20 峰会，为中国向世界提供解决人类社会面临的各类问题的中国方案提供了重要的平台。峰会从创新增长方式、完善全球经济金融治理、促进国际贸易和投资、推动包容联动式发展等方面,搭建了多国对话交流的平台。这次峰会在发展领域有三个"第一次",即第一次把发展问题置于全球宏观政策框架的突出位置,第一次制定落实联合国2030年可持续发展议程行动计划,第一次采取集体行动支持非洲和最不发达国家工业化,这很好地表达了广大发展中国家的愿望,充分体现了作为最大发展中国家的中国在举办这次峰会时的深谋远虑。习近平概括了这次峰会的五大深远影响:一是大家决心为世界经济指明方向,规划路径,继续加强宏观政策沟通和协调,促进世界经济强劲、可持续、平衡、包容增长;二是大家决心创新增长方式,为世界经济注入新动力,抓住创新、新工业革命、数字经济等新要素新业态带来的新机遇,支持以科技创新为核心,带动发展理念、体制机制、商业模式等全方位、多层次、宽领域创新,推动创新成果交流共享;三是大家决心完善全球经济金融治理,提高世界经济抗风险能力,全面提升全球经济金融治理结构的平衡性、机制的可靠性、行动的有效性,为世界经济增长保驾护航;四是大家决心重振国际贸易和投资两大引擎作用,构建开放型世界经济,促进包容协调的全球价值链发展,支持多边贸易体系,反对保护主义,释放全球经贸合作潜力,扭转全球贸易增长下滑趋势;五是大家决心推动包容和联动式发展,让G20合作成果惠及全球,着力减少全球发展不平等、不平衡问题,为发展中国家人民带来实实在在的好处,为全人类共同发展贡献力量。

习近平在2017年1月世界经济论坛年会开幕式的主旨演讲和2018年11月亚太经合组织工商领导人峰会上的主旨演讲中,都系统论述了中国对全球治理和全球治理体系的建议。全球经济治理体系要想公平有效,必须跟上时代。我们应该秉持共商共建共享理念,推动全球经济治理体系变革。变革过程应该体现平等、开放、透明、包容精神,提高发展中国家代表性和发言权,遇到分歧应该通过协商解决,不能搞小圈子,不能把自己的意见强加于人。① 中国关于全球治理和全球治理体系改革的建议正在发

---

① 《习近平谈治国理政》第三卷,外文出版社2020年版,第459页。

挥积极的影响,赢得越来越多国家的理解和支持。

倡导全球发展的有效方案

经济全球化是当今世界的必然发展趋势。从一定意义上说,是维护和支持经济全球化还是反对和瓦解经济全球化,已经成为国际社会中少数西方国家同广大发展中国家进行激烈斗争的领域了。中国是经济全球化的积极推动者,是国际社会中反对保护主义、单边主义的重要力量。中国倡导公平、开放、全面、创新的发展之路。中国促进经济全球化的有效举措包括:一是要努力打造平等协商、广泛参与、普遍受益的区域合作框架,合力构建开放型亚太经济,促进贸易和投资自由化便利化。二是要引导经济全球化朝着更加开放、包容、普惠、平衡、共赢的方向发展,造福不同国家、不同阶层、不同人群。三是要主动适应全球产业分工调整变化,积极引领全球价值链重塑,确立新定位,构筑新优势。四是要支持多边贸易体制,坚持开放的区域主义,帮助发展中国家更多从国际贸易和投资中受益。

2021年9月,习近平提出并系统阐述了"全球发展"的中国倡议和推动全球发展迈向平衡协调包容新阶段的中国方案的主要内容:一是坚持发展优先。将发展置于全球宏观政策框架的突出位置,加强主要经济体政策协调,保持连续性、稳定性、可持续性,构建更加平等均衡的全球发展伙伴关系,推动多边发展合作进程协同增效,加快落实联合国2030年可持续发展议程。二是坚持以人民为中心。在发展中保障和改善民生,保护和促进人权,做到发展为了人民、发展依靠人民、发展成果由人民共享,不断增强民众的幸福感、获得感、安全感,实现人的全面发展。三是坚持普惠包容。关注发展中国家特殊需求,通过缓债、发展援助等方式支持发展中国家尤其是困难特别大的脆弱国家,着力解决国家间和各国内部发展不平衡、不充分问题。四是坚持创新驱动。抓住新一轮科技革命和产业变革的历史性机遇,加速科技成果向现实生产力转化,打造开放、公平、公正、非歧视的科技发展环境,挖掘疫后经济增长新动能,携手实现跨越发展。五是坚持人与自然和谐共生。完善全球环境治理,积极应对气候变化,构建人与自然生命共同体。加快绿色低碳转型,实现绿色复苏发展。六是坚持行动导向。加大发展资源投入,重点推进减贫、粮食安全、抗疫和疫苗、发展筹资、气候变化和绿色发展、工业化、数字经济、互联互通等领域合作,加快落实联合国 2030 年可持续发展议程,构建全球发展命运共同体。[①] 上述六项中国主张充分体现了中国作为负责任大国的国际担当和正义力量。

此后不久,习近平在中国恢复联合国合法席位 50 周年纪念会议的讲话中又一次深刻阐述了中国主张:我们应该顺应历史大势,坚持合作、不搞对抗,坚持开放、不搞封闭,坚持互利共赢、不搞零和博弈,坚决反对一切形式的霸权主义和强权政治,坚决反对一切形式的单边主义和保护主义。一是我们应该大力弘扬和平、发展、公平、正义、民主、自由的全人类共同价值,共同为建设一个更加美好的世界提供正确理念指引。二是我们应该携手推动构建人类命运共同体,共同建设持久和平、普遍安全、共同繁荣、开放包容、清洁美丽的世界。人类是一个整体,地球是一个家园。人类应该和衷共济、和合共生,朝着构建人类命运共同体方向不断迈进,共同创造更加美好未来。三是我们应该坚持互利共赢,共同推动经济社会发展更好造福人民。推动发展、安居乐业是各国人民共同愿望。为了人民而发展,发展才有意义;依靠人民而发展,发展才有动力。四是我们应该加强合作,共同应对人类面临的各种挑战和全球性问题。地区争端和恐怖主义、气候变化、网络安全、生物安全等全球性问题正摆在国际社会面前,只有形成更加包容的全球治理、更加有效的多边机制、更加积极的区域合作,才能有效加以应对。五是我们应该坚决维护联合国权威和地位,共同践行真正的多边主义。推动构建人类命运共同体,需要一个强有力的联合国,需要改革和

[①] 《习近平谈治国理政》第四卷,外文出版社 2022 年版,第 468—469 页。

建设全球治理体系。世界各国应该维护以联合国为核心的国际体系、以国际法为基础的国际秩序、以联合国宪章宗旨和原则为基础的国际关系基本准则。①

针对联合国未来的发展之路,习近平强调指出联合国宪章仍然是世界和平与发展的重要保障。针对联合国应如何发挥好自己的作用,他提出了四点建议:一是主持公道,二是厉行法治,三是促进合作,四是聚焦行动。作为第一个在联合国宪章上签字的国家,中国是联合国创始会员国,也是安理会常任理事国中唯一发展中国家。他指出:中国"将始终做多边主义的践行者,积极参与全球治理体系改革和建设,坚定维护以联合国为核心的国际体系,坚定维护以国际法为基础的国际秩序,坚定维护联合国在国际事务中的核心作用"。② 这三个"坚决维护"充分表达了中国对于世界话语体系和世界治理体系的坚定立场。

面对百年未有之大变局对全球发展带来的挑战,特别是有的国家将发展议题政治化、边缘化,搞"小院高墙"和极限制裁,人为制造分裂和对抗,习近平2022年6月24日在全球发展高层对话会上明确提出了中国方案,即"我们要认清世界发展大势,坚定信心,起而行之,拧成一股绳,铆足一股劲,推动全球发展,共创普惠平衡、协调包容、合作共赢、共同繁荣的发展格局"③。一是要共同凝聚促进发展的国际共识。把发展置于国际议程中心位置,落实联合国2030年可持续发展议程,打造人人重视发展、各国共谋合作的政治共识。二是要共同营造有利于发展的国际环境。真心实意谋发展、齐心协力促发展,建设开放型世界经济,构建更加公正合理的全球治理体系和制度环境。三是要共同培育全球发展新动能。推动科技和制度创新,加快技术转移和知识分享,推动现代产业发展,弥合数字鸿沟,加快

---

① 《习近平谈治国理政》第四卷,外文出版社2022年版,第475—476页。
② 《习近平在联合国成立75周年纪念峰会上的讲话》,新华网2020年9月22日。
③ 习近平:《构建高质量伙伴关系共创全球发展新时代——在全球发展高层对话会上的讲话》,《人民日报》2022年6月25日。

低碳转型,推动实现更加强劲、绿色、健康的全球发展。四是要共同构建全球发展伙伴关系。发达国家要履行义务,发展中国家要深化合作,南北双方要相向而行,共建团结、平等、均衡、普惠的全球发展伙伴关系,不让任何一个国家、任何一个人掉队。

全球发展体现国际共同呼声

中国坚定、持续倡导全球发展,获得了越来越多的国际支持和认同。许多国家和地区把中国倡导的全球发展与本国本地区的发展紧密结合起来,许多国际组织把促进全球发展倡议融入自己的发展诉求和发展目标之中。全球发展倡议在世界纷繁复杂的发展中,越来越成为更广泛的国家和人民的共同呼声。

全球发展正在成为国际共识

中共十八大以来,中国举办和承办了一系列重大国际活动,这些重大国际活动成为国际政治经济文化领域举行的高端会议和开展的高端对话的重要舞台。例如,每年 4 月举办的博鳌亚洲论坛、2014 年 11 月在北京举办的亚太经合组织第 22 次领导人非正式会议、2015 年 9 月在北京举行的纪念中国人民抗日战争暨世界反法西斯战争胜利 70 周年大会、2016 年 9 月在杭州举办的 G20 领导人第十一次峰会、2017 年 9 月在厦门举办的金砖国家领导人第九次会晤、2017 年 12 月在北京举办的中国共产党与世界政党高层对话会、2018 年 6 月在青岛举办的上海合作组织成员国元首理事会第十八次会议、2018 年 7 月在北京举办的中阿合作论坛第八届部长级会议、2018 年 9 月在北京举办的中非合作论坛北京峰会、2018 年 11 月在上海举办的首届中国国际进口博览会、2019 年 4 月在北京举办的第二届"一带一路"国际合作高峰论坛、2019 年 4 月在北京举办的中国北京世界园艺博览会、2019 年 5 月在北京举办的亚洲文明对话大会,等等。在全球新冠肺炎疫情肆虐的 2020 年初至今,中国通过视频和线上方式举办了一系列重要的国际论坛和高端对话会,加强国际合作,加深相互了解,促进全球发展倡议深入人心,推动了人类命运共同体共识进一步深化。

此外,自 2013 年以来,习近平先后 40 多次出访世界不同国家和国际组织,足迹遍及五大洲 70 个国家和地区。尤其是新冠肺炎疫情发生以来,他同 60 多位外国领导人及国际组织负责人通话近百次,出席 10 余场重大多边活动,引领中国全方位参与国际抗疫合作,呼吁世界各主要国家支持发展中国家开展有效的抗疫活动。

近些年来,中国为促进全球发展采取了一系列积极务实的做法。例如,中国加大了对全球发展合作的资源投入,将南南合作援助基金整合升级为"全球发展和南南合作基金",在 30 亿美元基础上增资 10 亿美元;中国加大对中国—联合国和平与发展基金的投入,支持开展全球发展倡议合作。又如,中国与世界许多国家携手深化全球减贫脱贫合作,提升粮食生产和供应能力,推进清洁能源伙伴关系;加强疫苗创新研发和联合生产;促进陆地与海洋生态保护和可持续利用;提高全民数字素养和技能,加快工业化转型升级,推动数字时代互联互通,为各国发展注入新动力。再如,中国搭建了国际发展知识经验交流平台,成立全球发展促进中心,建立全球发展知识网络,开展治国理政经验交流,促进互学互鉴;举办世界青年发展论坛,共同发起全球青年发展行动计划,等等,为落实联合国 2030 年可持续发展议程汇聚最广泛力量。

中国面对疫情的国际担当

2020 年是不平凡的一年,一场突如其来的新冠肺炎疫情席卷全球。

这场世纪疫情给人类敲响了警钟,习近平在各种国际舞台和国际论坛上大声疾呼要"秉持人类命运共同体理念""深化命运共同体意识",人类比任何时候都更需要有"命运共同体"理念和认识,这就是"中国主张"。这一年中,他对深化人类命运共同体进行了一系列新阐述。

第一,他提出构建卫生健康共同体,"扎牢维护人类健康安全的篱笆"。2020年11月10日,他在上海合作组织成员国元首理事会第二十次会议上提出:"加强抗疫合作,构建卫生健康共同体。"他不断呼吁:"病毒不分国界,团结合作是抗击疫情最有力的武器,全力挽救生命是当务之急。"为此,中国建议要加强各国联防联控,支持彼此抗疫努力,维护地区和全球公共卫生安全;要支持世界卫生组织发挥关键领导作用,反对将疫情政治化、病毒标签化,共同抵制"政治病毒";要用好本组织卫生领域合作机制,深化疫情监测、科研攻关、疾病防治等领域交流合作。2020年11月21日,他在出席G20领导人第十五次峰会第一阶段会议发表的讲话中再次提出:"要加强世界卫生组织作用,推动全球疾病大流行防范应对,扎牢维护人类健康安全的篱笆,构建人类卫生健康共同体。"[①]面对空前严重的新冠肺炎疫情,人类的最好选择就是团结合作,这是战胜新冠肺炎疫情最有力的武器。最近几十年来,国际社会团结合作联合抗击了艾滋病、埃博拉、禽流感、甲型H1N1流感等重大疫情,取得了重要经验。2020年11月17日,他在金砖国家领导人第十二次会晤时指出:"近一年的抗疫实践证明,只要团结一心、科学防治,病毒传播可以控制,疫情影响能够克服。"中国坚持认为"利用疫情搞'去全球化',鼓吹所谓'经济脱钩''平行体系',最终只会损害本国和各国共同利益"。中国"坚定不移构建开放型世界经济,维护以世界贸易组织为核心的多边贸易体制,反对滥用国家安全之名

[①] 《习近平在二十国集团领导人第十五次峰会上的讲话》,人民出版社2020年版,第7页。

行保护主义之实"①。

第二,他提出构建发展共同体,"推动世界共同发展"。2020年11月21日,习近平在G20领导人第十五次峰会第一阶段会议上强调指出:"即将过去的一年,人类经历了百年来最严重的传染病大流行,超过百万人失去生命,世界经济陷入衰退,社会民生遭遇重创,影响超出2008年发生的国际金融危机。"中国愿意身体力行,帮助广大发展中国家方面作出更大的努力,中国承诺向发展中国家提供帮助和支持,努力让疫苗成为各国人民用得上、用得起的公共产品;中国提出建立基于核酸检测结果、以国际通行二维码为形式的健康码国际互认机制,希望更多国家参与;中国将为数字经济营造有利发展环境,加强数字安全合作,为各国科技企业创造公平竞争环境,同时弥合数字鸿沟;中国全面落实G20缓债倡议,总额超过13亿美元,并对确有困难国家加大缓债减债力度。截至2022年5月,中国已经向120个国家和国际组织提供了超过21亿剂疫苗,还将继续向非洲和东盟分别援助6亿剂、1.5亿剂疫苗,为弥补"免疫鸿沟"作出切实努力。

第三,他提出构建人类命运共同体,让人类命运之舟行稳致远。面对当今世界的不稳定因素,各国不能视而不见、袖手旁观,特别是广大发展中国家面临的严重发展困境更需要世界各国伸出援手。2020年,他利用各种国际论坛反复强调要继续推动共建"一带一路"倡议,加强"一带一路"同各国发展战略及欧亚经济联盟等区域合作倡议深入对接;落实好二十国集团"暂缓最贫困国家债务偿还倡议",积极开展国际发展合作,帮助非洲等发展中国家渡过难关;全面实施外商投资法及其实施条例、进一步缩减外商投资准入负面清单、稳步推动金融市场准入,等等。这些就是中国向世界传达的积极信号:中国将坚定不移奉行互利共赢的开放战略,从世界汲取发展动力,也让中国发展更好惠及世界。他在上海合作组织成员国元

---

① 习近平:《守望相助共克疫情 携手同心推进合作——在金砖国家领导人第十二次会晤上的讲话》,人民出版社2020年版,第3、4页。

首理事会第二十次会议上再次提出了他若干年前就向各国发出的问题:"世界怎么了,我们怎么办?"中国的答案十分坚定,那就是"秉持人类命运共同体理念""深化命运共同体意识""构建人类命运共同体"。他针对世界不同国家和不同地区面临的困难,还提出要构建"安全共同体",遵循共同、综合、合作、可持续的安全观,有效应对各类威胁和挑战,营造良好地区安全环境;要构建"人文共同体",促进文明互学互鉴,增进各国睦邻友好,夯实长远发展民意基础。

第四,他提出构建"亚太命运共同体",使亚太命运共同体建设走在世界的前列。2019年他提出构建开放包容、创新增长、互联互通、合作共赢的亚太命运共同体。2020年11月19日,他以视频方式在亚太经合组织工商领导人对话会上发表了演讲,更是期待亚太各国加快构建亚太命运共同体。他指出:"这场疫情再次说明,人类命运休戚与共,各国利益紧密相连,世界是不可分割的命运共同体。无论是赢得全球抗疫最终胜利,还是推动世界经济复苏,国际社会必须团结协作,共同应对危机考验。"他进一步强调说:"亚太是我们的共同家园,维护亚太和平稳定、促进发展繁荣符合我们的共同利益。亚太各国既有人员密切往来之利,也有跨洋相望的地利之便。我们顺应市场规律,抓住经济全球化、区域经济一体化机遇,领风气之先,走在了世界经济增长的前列。亚太地区发展和区域经济合作深化,有其深刻的历史必然性,符合亚太各国人民愿望,也必将继续展现出强大生命力。"①

习近平指出:"人类生活在同一个地球村,各国利益休戚与共、命运紧密相连。各国人民对美好生活的向往更加强烈,和平、发展、合作、共赢的时代潮流不可阻挡。历史已经并将继续证明,睦邻友好必将超越以邻为

---

① 习近平:《构建新发展格局 实现互利共赢——在亚太经合组织工商领导人对话会上的主旨演讲》,新华网2020年11月20日。

壑,互利合作必将取代零和博弈,多边主义必将战胜单边主义。"①他特别指出:"构建人类命运共同体是一个历史过程,不可能一蹴而就,也不可能一帆风顺,需要付出长期艰苦的努力。为了构建人类命运共同体,我们应该锲而不舍、驰而不息进行努力,不能因现实复杂而放弃梦想,也不能因理想遥远而放弃追求。"②人类命运共同体是新时代中国在国际思想舞台上和人类发展进程中树起的一面鲜明的大旗。

---

① 习近平:《弘扬"上海精神" 深化团结协作 构建更加紧密的命运共同体——在上海合作组织成员国元首理事会第二十次会议上的讲话》,新华网2020年11月11日。
② 《习近平谈治国理政》第三卷,外文出版社2020年版,第436页。

结　语

中国人民前进的步伐不可阻挡！在新冠肺炎疫情十分严峻的背景下，2021年中国仍然交出了一份令世界振奋的社会经济发展成绩单：

这一年我国经济持续保持旺盛发展活力和发展后劲，新登记市场主体2887万户，日均新登记企业2.5万户，年末市场主体达1.5亿户；全国财政收入突破20万亿元，城镇新增就业1269万人。这些市场主体的创造性经济活动支撑和活跃着我国超大经济体的繁荣发展。

这一年我国国内生产总值（GDP）比2020年增长8.1%，两年平均增长5.1%，在全球主要经济体中名列前茅；我国经济规模达到114.4万亿元，突破110万亿元大关，稳居全球第二大经济体；按年平均汇率折算，我国经济总量达到17.7万亿美元，预计占世界经济的比重超过18%，对世界经济增长的贡献率为25%左右。

这一年我国人均GDP突破8万元，达到80976元，按年平均汇率折算达12551美元，超过世界人均GDP水平。全国居民人均可支配收入35128元，快于人均GDP增速。脱贫县农村居民人均可支配收入14051元，比上年名义增长11.6%，实际增长10.8%，快于全国农村居民人均可支配收入增速。

这一年我国秉持一切为了人民健康理念，有序推进疫苗接种工作，建立起强大的生命安全防线。截至2021年底,全国累计报告接种新型冠状病毒疫苗28.4亿剂次,疫苗全程接种覆盖率超过85%。我国还向120多个国家和国际组织提供超过20亿剂疫苗。

这一年我国货物贸易额39.1万亿元,比上年增长21.4%,按年平均汇率折算已超过6万亿美元,连续5年居全球货物贸易第一位;实际使用外商直接投资金额1.1万亿元,比上年增长14.9%,首次突破1万亿元;外汇储备余额3.25万亿美元,居世界首位;服务贸易、对外投资、消费市场规模稳居世界前列,为推动世界经贸复苏、维护全球产业链供应链稳定发挥了不可替代的重要作用。

……

这就是我国在"十四五"开局之年的优异答卷!

习近平在2022年3月5日参加全国"两会"分组会时,系统提出并论述了五个"必由之路":一是坚持党的全面领导是坚持和发展中国特色社会主义的必由之路。只要坚定不移坚持党的全面领导、维护党中央权威和集中统一领导,我们就一定能够确保全党全国拥有团结奋斗的强大政治凝聚力、发展自信心,集聚起守正创新、共克时艰的强大力量,形成风雨来袭时全体人民最可靠的主心骨。二是中国特色社会主义是实现中华民族伟大复兴的必由之路。只要始终不渝走中国特色社会主义道路,我们就一定能够不断实现人民对美好生活的向往,不断推进全体人民共同富裕。三是团结奋斗是中国人民创造历史伟业的必由之路。只要在党的领导下全国各族人民团结一心、众志成城,敢于斗争、善于斗争,我们就一定能够战胜前进道路上的一切困难挑战,继续创造令人刮目相看的新的奇迹。四是贯彻新发展理念是新时代我国发展壮大的必由之路。只要完整、准确、全面贯彻新发展理念,加快构建新发展格局,推动高质量发展,加快实现科技自立自强,我们就一定能够不断提高我国发展的竞争力和持续力,在日趋激烈的国际竞争中把握主动、赢得未来。五是全面从严治党是党永葆生机活力、走好新的赶考之路的必由之路。办好中国的事情，关键在党、关键在全面从严治党。只要大力弘扬伟大建党精神，不忘初心使命，勇于自我革命，不断清除一切损害党的先进性和纯洁性的有害因素，不断清除一切侵蚀党的健康肌体的病原体，我们就一定能够确保党不变质、不变色、不变味。

我国读者和许多国家读者都想了解是什么促成了中国发展的奇迹。本书阐述的，就是中国发展奇迹的"密码"！

主要参考文献

1. 毛泽东选集(第1—4卷)[M].2版.北京:人民出版社,1991.
2. 毛泽东文集(第1—8卷)[M].北京:人民出版社,1993、1996、1999.
3. 邓小平文选(第1—3卷)[M].北京:人民出版社,1994、1994、1993.
4. 江泽民文选(第1—3卷)[M].北京:人民出版社,2006.
5. 胡锦涛文选(第1—3卷)[M].北京:人民出版社,2016.
6. 习近平谈治国理政(第一卷)[M].北京:外文出版社,2018.
7. 习近平谈治国理政(第二卷)[M].北京:外文出版社,2017.
8. 习近平谈治国理政(第三卷)[M].北京:外文出版社,2020.
9. 习近平谈治国理政(第四卷)[M].北京:外文出版社,2022.
10. 习近平谈"一带一路"[M].北京:中央文献出版社,2018.
11. 习近平.论坚持全面深化改革[M].北京:中央文献出版社,2018.
12. 习近平.论坚持推动人类命运共同体[M].北京:中央文献出版社,2018.
13. 习近平.论坚持党对一切工作的领导[M].北京:中央文献出版社,2019.
14. 习近平.论中国共产党历史[M].北京:中央文献出版社,2021.
15. 中共中央文献研究室.习近平关于社会主义经济建设论述摘编

[M].北京:中央文献出版社,2017.

16.中共中央党史和文献研究院.习近平关于"三农"工作论述摘编[M].北京:中央文献出版社,2019.

17.中国共产党第十八次全国代表大会文件汇编[M].北京:人民出版社,2012.

18.中国共产党第十九次全国代表大会文件汇编[M].北京:人民出版社,2017.

19.中共中央关于党的百年奋斗重大成就和历史经验的决议[M].北京:人民出版社,2021.

20.《中共中央关于党的百年奋斗重大成就和历史经验的决议》辅导读本[M].北京:人民出版社,2021.

21.中共中央文献研究室.十八大以来重要文献选编(上)[M].北京:中央文献出版社,2014.

22.中共中央文献研究室.十八大以来重要文献选编(中)[M].北京:中央文献出版社,2016.

23.中共中央文献研究室.十八大以来重要文献选编(下)[M].北京:中央文献出版社,2018.

24.中共中央党史和文献研究院.十九大以来重要文献选编(上)[M].北京:中央文献出版社,2019.

25.中共中央党史和文献研究院.中国共产党一百年大事记[M].北京:人民出版社,2021.

26.本书编写组.中国共产党简史[M].北京:人民出版社,2021.

27.本书编写组.中华人民共和国简史[M].北京:人民出版社,2021.

28.胡绳.中国共产党的七十年[M].北京:中共中央党校出版社,1999.

29.中共中央党史研究室.中国共产党的九十年[M].北京:中共党史

出版社,2016.

30. 中共中央党史研究室.中国共产党历史(第二卷)(1949—1978)[M].北京:中共党史出版社,2011.

31. 当代中国研究所.新中国70年[M].北京:当代中国出版社,2019.

32.《中共中央关于制定国民经济和社会发展第十四个五年规划和二〇三五年远景目标的建议》辅导读本[M].北京:人民出版社,2020.

33. 国务院新闻办.中国军队参加联合国维和行动30年(白皮书)[NB/OL].新华社,2020-09-18.

34. 中共中央文献研究室.毛泽东传(1949—1976)[M].北京:中央文献出版社,2003.

35. 中共中央文献研究室.周恩来传[M].北京:中央文献出版社,1997.

36. 中共中央文献研究室.周恩来年谱[M].北京:中央文献出版社,1998.

37. 中共中央文献研究室.刘少奇传[M].北京:中央文献出版社,2007.

38. 中共中央文献研究室.刘少奇年谱[M].北京:中央文献出版社,1996.

39. 中共中央文献研究室.刘少奇论新中国经济建设[M].北京:中央文献出版社,1993.

40. 中共中央文献研究室.邓小平思想年谱[M].北京:中央文献出版社,2004.

41. 中共中央文献研究室.邓小平年谱[M].北京:中央文献出版社,2004.

42. 中共中央文献研究室.陈云传[M].北京:中央文献出版社,2005.

43. 中共中央文献研究室.陈云年谱[M].北京:中央文献出版

社,2000.

44.《李先念传》编写组.李先念传(1949—1992)[M].北京:中央文献出版社,2009.

45.《李富春选集》编辑组.李富春选集[M].北京:中国计划出版社,1992.

46.薄一波.若干重大事件与决策的回顾(修订本,上、下)[M].北京:人民出版社,1997.

47.余秋里.余秋里回忆录[M].北京:人民出版社,2011.

48.《康世恩传》编写组.康世恩传[M].北京:当代中国出版社,1998.

49.谷牧.谷牧回忆录[M].北京:中央文献出版社,2009.

50.李铁映,彭森,陈立,等.中国经济体制改革重大事件(上、下)[M].北京:中国人民大学出版社,2008.

51.李铁映.改革 开放 探索(上、下)[M].北京:中国人民大学出版社,2008.

52.曾培炎.新中国经济50年[M].北京:中国计划出版社,1999.

53.曾培炎.中国投资建设50年[M].北京:中国计划出版社,1999.

54.曾培炎.西部大开发决策回顾[M].北京:中共党史出版社,2010.

55.陈锦华.国事忆述[M].北京:中共党史出版社,2005.

56.陈锦华.国事续述[M].北京:中国人民大学出版社,2012.

57.陈锦华,等.开放与国家盛衰[M].北京:人民出版社,2010.

58.袁宝华.袁宝华文集(全10卷)[M].北京:中国人民大学出版社,2013.

59.袁宝华.袁宝华回忆录[M].北京:中国人民大学出版社,2018.

60.刘仲藜.奠基:新中国经济五十年[M].北京:中国财政经济出版社,1999.

61.曲青山,高永中.新中国口述史(1949—1978)[M].北京:中国人民大学出版社,2015.

62. 欧阳淞,高永中.改革开放口述史[M].北京:中国人民大学出版社,2014.

63. 曲青山,吴德刚.改革开放四十年口述史[M].北京:中国人民大学出版社,2019.

64. 国家发展和改革委员会国际合作中心对外开放课题组.中国对外开放40年[M].北京:人民出版社,2018.

65. 苏星.新中国经济史(修订本)[M].北京:中共中央党校出版社,2007.

66. 孙健.中华人民共和国经济史[M].北京:中国人民大学出版社,1992.

67. 孙健.孙健文集(全六卷)[M].北京:中国人民大学出版社,2016.

68. 董志凯.1949—1952年中国经济分析[M].北京:中国社会科学出版社,1995.

69. 董志凯,等.中华人民共和国经济史(上、下)(1953—1957)[M].北京:社会科学文献出版社,2011.

70. 武力.中华人民共和国经济史(增订版,上、下卷)[M].北京:中国时代经济出版社,2010.

71. 武力.中国发展道路(上、下)[M].长沙:湖南人民出版社,2012.

72. 武力,郑有贵.中国共产党"三农"思想政策史(1921—2013年)[M].北京:中国时代经济出版社,2013.

73. 武力.改革开放40年:历程与经验[M].北京:当代中国出版社,2020.

74. 汪海波.中国产业机构演变史(1949—2019)[M].北京:中国社会科学出版社,2020.

75. 贺耀敏,武力.六十年国事纪要(经济卷)[M].长沙:湖南人民出版社,2009.

76.贺耀敏.中国经济发展的轨迹[M].北京:中国人民大学出版社,2014.

77.贺耀敏,甄峰.数字解读中国:中国的发展坐标与发展成就[M].北京:中国人民大学出版社,2021.

78.贺耀敏.中国话语体系的建构[M].北京:中国人民大学出版社,2021.

79.刘国新,贺耀敏,刘晓,武力.中华人民共和国史长编(九卷)[M].天津:天津人民出版社,2010.

80.郑谦,庞松.中华人民共和国通史(七卷)[M].广州:广东人民出版社,2020.

81.《中国经济发展史》编写组.中国经济发展史(1949—2019)[M].上海:上海财经大学出版社,2020.

82.阎明复.阎明复回忆录(一、二)[M].北京:人民出版社,2015.

83.阎明复.亲历中苏关系:中央办公厅翻译组的十年(1957—1966)[M].北京:中国人民大学出版社,2015.

84.李捷.奋斗与梦想:近代以来中国人的百年追梦历程[M].北京:中国社会科学出版社,2021.

85.刘世锦,等.传统与现代之间:增长模式转型与新型工业化道路的选择[M].北京:中国人民大学出版社,2006.

86.刘世锦.在改革中形成增长新常态[M].北京:中信出版社,2014.

87.刘世锦.读懂"十四五":新发展格局下的改革议程[M].北京:中信出版集团,2021.

88.谢伏瞻.中国改革开放:实践历程与理论探索[M].北京:中国社会科学出版社,2021.

89.蔡昉.中国智慧[M].北京:中国社会科学出版社,2018.

90. 江小涓.新中国对外开放 70 年[M].北京:人民出版社,2019.

91. 张卓元,房汉廷,程锦锥.中国经济体制改革 40 年[M].北京:经济管理出版社,2019.

92. 金碚.中国工业化进程 40 年[M].北京:经济管理出版社,2019.

93. 张宇燕.中国对外开放 40 年[M].北京:经济管理出版社,2019.

94. 林毅夫,付才辉.解读世界经济发展[M].北京:高等教育出版社,2020.

95. 顾海良.马克思主义中国化史(全四卷)[M].北京:中国人民大学出版社,2015.

96. 顾海良,邹进文.中国共产党经济思想史(1921—2021)[M].北京:经济科学出版社,2021.

97. 中国企业史编辑委员会.中国企业史:典型企业卷(上、中、下)[M].北京:企业管理出版社,2002.

98. 中共中央宣传部宣传教育局,人民出版社.伟大的变革:庆祝改革开放 40 周年大型展览[M].北京:人民出版社,2019.

99. 中华人民共和国国家经济委员会.中国工业五十年(20 卷)[M].北京:中国经济出版社,2000.

后　记

从繁忙的行政工作岗位上退下来,可以有更多的时间从事教学和写作了。

我们这一代是幸运的一代!我们亲身经历了中国经济腾飞的时代。作为恢复高考制度后的第一届大学生,我们见证了我国改革开放和社会主义现代化建设的历史步伐,见证了新时代中国特色社会主义蓬勃发展的时代进程,我们深深为国家发生的深刻变化和取得的辉煌成就而感到骄傲和自豪。

我有幸协助被誉为"共和国经济建设的高级工程师"的袁宝华老校长工作。1992年底,学校和黄达校长安排我去协助宝华老校长整理回忆录、传记和文集,前后20多年,使我有机会长期近距离聆听宝华老校长讲述中国共产党的奋斗史、新中国国民经济建设史和他亲身经历的重大经济决策过程。我常常想,能够打动我的那些共和国经济建设的故事,一定能够打动今天的青年学生。

正是抱着这样的想法,我坚持为大学一年级、二年级的学生讲授"中华人民共和国经济史"和"中国改革开放史研究"课程,就是想把我所知道的共和国经济建设的成功经验、历史规律和伟大实践告诉青年学生。因为他们这一代人必将成为建设社会主义现代化国家新征程和实现中华民族伟大复兴的中坚力量。

本书写作之时,恰逢中共十九届六中全会审议通过了《中共中央关于党的百年奋斗重大成就和历史经验的决议》,这成为本书行文的根本遵循。我要感谢安徽人民出版社何军民总编辑,他最早向我提出了本书的策划建议,并为本书的形式和内容付出了大量的心血。还要感谢李芳主任和各位编辑,她们为本书的出版付出了大量的劳动。更要感谢中宣部出版局、安徽省委宣传部等单位领导的关心和支持。我愿继续为读者奉献更多有关共和国经济建设的生动故事。

本书出版之际,正值中共二十大胜利闭幕。这是我国全面建成社会主义现代化强国、实现第二个百年奋斗目标伟大进程中一次具有里程碑意义的大会。在以习近平同志为核心的党中央领导下,我们伟大祖国前途必定无限光明!

贺耀敏

2022 年 10 月